WALTER FELLMANN

Mätressen

Walter Fellmann

MÄTRESSEN

elkage

Der Verlag dankt dem Bildarchiv der Stiftung Preußischer Kulturbesitz, Berlin; der Sächsischen Landesbibliothek Dresden, Abteilung Deutsche Fotothek; den Staatlichen Kunstsammlungen Dresden; dem Württembergischen Landesmuseum, Stuttgart; dem Stadtmuseum Kassel, Stiftung Gräfin Bose und der Stadtmarketing GmbH Ludwigsburg für freundliche Unterstützung bei den umfangreichen Bildrecherchen und für Leihgaben.

Bildquellennachweis: Bildarchiv Preußischer Kulturbesitz, Berlin: Schutzumschlag, Porträts auf den Seiten 10, 11, 28, 29, 46, 76, 77, 100, 101, 119, 136, 137, 190, 191, 212, 213, 236, 237; Sächsische Landesbibliothek, Deutsche Fotothek, Dresden: Kupferstich auf Vor- und Nachsatz, Porträts auf den Seiten 47, 118; Stadtmuseum Kassel, Stiftung Gräfin Bose: Porträts auf den Seite 158, 159; Württembergisches Landesmuseum, Stuttgart: Porträt auf der Seite 172; Ludwigsburger Stadtmarketing GmbH, Ludwigsburg: Porträt auf der Seite 173.

Die Deutsche Bibliothek – CIP-Einheitsaufnahme

Fellmann, Walter:
Mätressen / Walter Fellmann. – 1. Aufl. – Leipzig : LKG · Leipziger Kommissions- und Großbuchhandelsgesellschaft mbH, 1994. – 280 S. : 24 Porträts in hist. Abb.
ISBN 3-376-05004-X

Gestaltung: Jochen Busch
Gesamtherstellung:
Offizin Andersen Nexö Leipzig GmbH
Printed in Germany

Inhaltsverzeichnis

Zum Geleit

Eine der ersten Mätressen deutschsprachiger Herrscher war die Sächsin Sibylle von Neitschütz, eine der letzten Helene Lupescu. Dazwischen liegen vier Jahrhunderte.

Schon frühzeitig nahm das Bild der Mätresse in der öffentlichen Meinung Züge einer Vision an: Sie hatte einfach jung zu sein, strahlend schön, raffiniert erotisch, intrigant, machtlüstern, raffgierig...

Vor allem mußte sie klug sein, sonst sah sie sich auf dem Altar der Hofintrigen geopfert. Sie war in der Regel auch schön, denn der Herrscher hatte die Wahl. Welche Dame entzog sich schon den Wünschen des Landesherrn? Welche konnte sich seinen Wünschen auf Dauer entziehen? Nicht immer übertraf sie an Schönheit die Landesherrin. Kaiser Franz Josef verbrachte sein Privatleben unauffällig mit Katharina Schratt, obwohl er mit „Sissi", der schönsten Monarchin jener Zeit, verheiratet war. Rudolf, sein Sohn, suchte das Glück auch außerhalb seiner Ehe, verband sich letztlich mit Mary Vetsera. Sie war sicher eine Snobistin, aber keinesfalls intrigant oder berechnend. Gerade erst 17jährig, begleitete sie den Kronprinzen in den Tod. Die Grävenitz und die Reichenbach rissen Macht und Reichtum an sich. Nicht so Aurora von Königsmarck. – Keine Mätresse glich der anderen.

Die vielen Liebschaften „zur linken Hand" wurzelten entscheidend im Hausgesetz der Fürstenhäuser, der bis heute anzutreffenden, bornierten Nötigung zur „standesgemäßen" Heirat. Erzherzog Franz Ferdinand ehelichte zum Entsetzen des Kaisers das Hoffräulein Sophie Gräfin Chotek. Kinder aus dieser Ehe

blieben ohne jeden Anspruch auf den Thron. Als der Erzherzog
und seine Frau 1914 in Sarajevo jenem berüchtigten Attentat er-
lagen, das letztlich den ersten Weltkrieg auslöste, wurde der Sarg
Sophies tiefer gestellt und mit Fächer und Handschuh ge-
schmückt, den Insignien der Hofdame. Wien demonstrierte
noch im 20. Jahrhundert finsterstes Mittelalter.

Längst konnte ein Bürger relativ frei seine Brautwahl treffen,
als dynastische Rücksichten dem Landesherrn kaum Spielraum
ließen. So stellte er nach seinem Verständnis nur eine Art Gleich-
berechtigung her, wenn er sich neben der aufgezwungenen, oft
ungeliebten Gattin, die dem Land allein die Erbfolge sichern
sollte, ein Liebchen hielt. Dabei hatte die offiziell anerkannte Fa-
voritin durchaus einen Rang am Hofe, wurde im Protokoll gleich
nach der Landesherrin und noch vor dem Premierminister ge-
nannt. Daß Mätressen den ihnen möglichen Einfluß auf Herr-
scher und die politischen Zeitenläufte unterschiedlich wahrnah-
men, ist in den Einzelbiographien nachzulesen. Der Hof sah in
der Mätresse zumindest dann einen Gewinn fürs Staatswesen,
wenn die Landesherrin auch den Repräsentationspflichten nicht
gewachsen war. Eine geistreiche und schöne Mätresse nützte
dem Ansehen des Staates. Die Macht ließen willensstarke Fürsten
wie August der Starke nie aus der Hand...

Die fürstlichen Landesherrinnen gaben Bemühungen um die
Zuneigung ihres Ehegemahls meist früher auf, als den Kampf um
Ansehen und Rang bei Hofe. Ihre Situation war denkbar unglück-
lich, die bloße Existenz einer Mätresse eine permanente Demüti-
gung. Oft duldeten sie still die Seitensprünge des Landesfürsten.
Diese Haltung ging auf Erfahrungen im Elternhaus und eine ent-
sprechende Erziehung zurück. Daß eine Dame des Hochadels ge-
gen ihr Schicksal aufbegehrte und wie Sophie von Hatzfeldt auf
Scheidung klagte, erregte noch im 19. Jahrhundert großes Aufse-
hen. Typisch war dagegen die Haltung der Großherzogin Louise
von Sachsen-Weimar. Sie machte zunächst der Gräfin Werthern das
Leben zur Hölle, bis diese schließlich entnervt aufs Land flüchtete,
akzeptierte aber später Karoline Jagemann; nicht weil sie diese sym-
pathischer fand, sondern weil sie inzwischen resigniert hatte.

In der Regel waren Mätressen ihrem Fürsten in Liebe zugetan, wollten aber ihre Zukunft und die ihrer Kinder gesichert sehen. Ein sogenanntes „Eheversprechen“ des Fürsten oder wenigstens kirchlicher Segen zu dieser Verbindung konnte sowohl ihr Risiko verkleinern, als auch zur öffentlichen moralischen Rechtfertigung der Verbindung dienen. Vor allem wurde der Eindruck reiner Liebe-Geld-Beziehungen verdrängt. Keine Mätresse wollte sich mit einer Kurtisane gleichgesetzt sehen, wollte um keinen Preis als ausgehaltenes Flittchen gelten.

Anders als die Höflinge war die Mätresse allein vom Herrscher abhängig. So trachtete dessen Nachfolger auf dem Thron – der ja in der Regel der Sohn der rechtmäßigen Gattin war und auch die seiner Mutter angetanen Kränkungen zu „rächen“ hatte – stets danach, alles zurückzufordern, was sein Vorgänger mit vollen Händen verschenkt hatte. Da die Annahme von Präsenten nicht strafbar war, galt es einen Strafbestand zu finden. August der Starke leitete gegen die tote Sibylle von Neitschütz und deren Mutter einen Hexenprozeß ein. Es sei nicht mit rechten Dingen zugegangen; allerlei teuflisches Werk sei im Spiel gewesen, sein Bruder sei „verzaubert“ worden. Sibylle war, wie manch andere Mätresse auch, gewiß kein Unschuldslamm, aber was immer sie auch getan haben mochte, es geschah ohne Hexerei und mit Duldung des Landesfürsten.

Jede Kritik der Mätressenwirtschaft führt zur Kritik der Gesellschaft, die so etwas hervorbrachte. Das System verdient diese Kritik. Die Frauen weniger. Sie lebten frei ihrer Liebe oder nutzten die einzige Chance, mit weiblichen Mitteln Hofkarriere zu machen, teilzuhaben an Macht und Reichtum jener Zeit. Zwölf schöne, kluge und starke Frauen werden hier vorgestellt, ihr Weg zum Gipfel beschrieben und ihr so unterschiedlich verlaufenes, gelegentlich tragisches Ende. Von zwölf großen Liebesgeschichten wird erzählt, über die mit Häme immer öfter nur hinter vorgehaltener Hand gesprochen wurde. Der Blick in die Schlafzimmer der Fürsten erhellt aber auch einige jener Umstände, die für den Verlauf von Geschichte gar nicht so unbedeutend waren.

Sibylle von Neitschütz und der sächsische Liebeszauber

Mit Sibylle von Neitschütz wurde aus Sachsen ein „Galantes Sachsen“, das meinte zumindest Friedrichs des Großen Oberzeremonienmeister Carl Ludwig Frhr. von Pöllnitz in seinem gleichnamigen Buch, einem Bestseller des Barockzeitalters.

Als Johann Georg IV. 1691 Kurfürst wurde, überraschte er seine Sachsen mit einer Neuigkeit: er leistete sich als erster Herrscher in der langen Reihe der Wettiner offiziell eine Mätresse – keine Liebschaft nach Gewohnheit seines gleichnamigen Vaters, sondern eine „Favoritin“ wie der „Sonnenkönig“ Ludwig XIV. mit der Marquise de Maintenon. Dresden zählte etwa 26 000 Einwohner, hatte einen ausgeprägt provinziellen Charakter und betrachtete Versailles noch keineswegs als Vorbild europäischer Hofhaltung, schon gar nicht in puncto Mätressenwirtschaft. Und wenn der Kurfürst sich auch auf die Bibel berief, es sei doch „keineswegs in der hl.Schrift zwei Weiber zu haben verboten“, der Zuspruch blieb aus. Keine Mätresse stieß am Dresdner Hof auf so viel Widerspruch wie die erste. Sie wurde als Hexe angesehen, die mit außerirdischen Kräften im Bund den armen Landesherren verzaubert hatte. In den späteren Mätressen sah man weitaus nüchterner schon Wesen ganz „von dieser Welt“.

Die Auserwählte des Kurfürsten hiess Magdalena Sibylle von Neitschütz und entstammte dem Lausitzer Adel mit erst 1685 erworbenem Erbgut in Gaußig. Ihr Vater, Rudolf von Neitschütz, kämpfte 1683 als Generalmajor vor Wien, kommandierte später die Leibgarde, lebte aber 1691 beim Regierungswechsel zurückgezogen als Administrator in Hoyerswerda; daran trug Sibylle

Magdalena Sibylle von Neitschütz
*Reichsgräfin von Rochlitz · * 1675, † 1694*
Kupferstich von V. Froer

Kurfürst Johann Georg IV. von Sachsen
** 1668, † 1694, Kurfürst von 1691–1694*
Zeitgenössischer Kupferstich

Schuld. Die Mutter, Ursula Margareta geb. von Haugwitz, kam aus dem Erzgebirgischen, mochte Hoyerswerda oder ihren Mann oder beides nicht und verbrachte ihre Zeit zum größeren Teil in Dresden. Man munkelte, sie hätte eine Liaison mit dem früheren Kurfürsten – Johann Georg III. – gehabt, mehr noch: er sei Sibylles Vater, aber das mochte mit dem Bemühen in Verbindung stehen, die „Favoritin" auszuschalten. In der Klatschspalte des „Magazins für die neue Historie und Geographie", gab es dazu ausführliche Erläuterungen, aber im Jahrgang 1774, also nur vom Hörensagen. Der Ehemann wurde dargestellt als „ein Edelmann von gar schlechten Qualitäten", der als General „Jahr und Tag von ihr abwesend gewesen". Die „Generalin", wie Sibylles Mutter genannt wurde, sollte sich auf manchen Liebeszauber verstehen, wovon angeblich auch Sibylle profitiert habe. Es müssen Frauen gewesen sein, die das behaupteten; Männer wußten sich auch so zu erklären, warum dem Kurfürsten die kleine Neitschütz gefiel, war sie doch nach dem Porträt im Venustempel zu Pillnitz eine sinnliche Schönheit, wohlproportioniert, bildhübsch, zierlich, mit auffallend großen Augen und so sympathisch keck, wie es ein Backfisch (und nur er) sein darf. Die Natur hatte es gut mit ihr gemeint, sie verwöhnt. Was brauchte sie Liebeszauber?

Wenige nur wußten zur Zeit des Herrscherwechsels, daß die Romanze schon eine Weile währte. Johann Georg IV. äußerte 1694 gegenüber seinem Diener Heinrich Besser, er habe Sibylle bei seiner Mutter kennengelernt, die das schöne Generalskind gern um sich wußte, und daß „seine mit ihr unterhaltene Liebe in allem sieben Jahre gedauert" hätte.[1] Dann wäre sie allerdings zu Beginn der Beziehungen zwölf Jahre alt gewesen, was wenig glaubhaft klingt, selbst bei diesem früh zum Weib erblühten Mädchen. Wollte der Kurfürst sie mit seinem Bekenntnis nur schützen, weil man sich erzählte, sie hätte halbwüchsig bereits ein Verhältnis mit ihrem Sprachlehrer Saladon, dann mit Oberkriegskommissar Johann Friedrich Klemm, Obersthofmeister Christian August von Haxthausen und dem Pagen Vitzthum von Eckstädt gehabt? Einiges spricht allerdings dafür, daß die Erinnerung den Kurfürsten keineswegs trog. Er mußte als Kurprinz seine Liebste gegenüber den Eltern verteidigen, ebenso gegenüber dem Bruder Friedrich August, bekannt als August der Starke und Schwerenöter. Trotz aller Geheimniskrämerei drang einiges über die Kontroversen im Herrscherhaus nach draußen.

Madame Neitschütz und ihre Tochter bewohnten das Wiegnerische Haus auf dem Taschenberge, ganz in der Nähe des Schlosses. Durch den Pferdestall pflegte sich Sibylle nachts verkleidet ins Schloß zu stehlen. Mitwisser flüsterten den Eltern des Kurprinzen bald etwas von einer Nachtwandlerin ins Ohr. Kurfürst Johann Georg III. war selbst ziemlich oft im Dienste Amors unterwegs, und der leidgeprüften Kurfürstin wäre wahrscheinlich eine feste Rivalin genehmer gewesen als die häufig wechselnden Liebschaften ihres Herrn Gemahls. Mit seinem Sohn Johann Georg jedenfalls verfuhr er unnachsichtig. Mutter und Tochter Neitschütz erhielten Hofverbot. Daß er beide nicht mehr sehen wollte, nährte das Gerücht, Sibylles Mutter sei ihm einmal sehr vertraut gewesen. Ob Hofklatsch oder nicht, Sibylle war schließlich noch minderjährig und die Verbannung auch ihrer Mutter keineswegs unlogisch. Dem Kurprinzen verordnete der gestrenge Vater Klimawechsel. Obwohl er die übliche Kavalierstour bereits 1685/86 unternommen hatte, mußte er im Mai 1687 wieder auf Reisen gehen. Wie selbstverständlich brachte der Hof diesen „Ausflug" mit der Neitschütz in Verbindung. Sie wurde am 8. Februar 1675 geboren, zählte also damals wirklich erst zwölf Lenze.

Der Kurprinz blieb lange von Dresden fort, allerdings aufgehalten durch den Krieg gegen Frankreich. Im fränkischen Winterquartier widerfuhr ihm im Gegensatz zu seinem ebenfalls anwesenden Vater eine angenehme Überraschung: Des Generals Neitschütz' Familie stellte sich ein. Da auch andere Generäle ihre Frauen bei sich hatten, mußte der Kurfürst gute Miene zum bösen Spiel machen – bis ihm ein Einfall kam: Er gab Neitschütz den Abschied wegen Unregelmäßigkeiten bei der Soldatenbesoldung. Das erregte denn doch Erstaunen im Hauptquartier. Im ganzen, gerade neu geschaffenen stehenden Heer stand die schleppende und kaum durchschaubare Besoldung in der Kritik, und Neitschütz traf so wenig oder so viel Schuld wie jeden anderen General. Im Feldzug von 1674 hatte er den Kurfürsten einst durch einen kühnen Handstreich vor der Gefangenschaft bewahrt, weshalb ihm dieser eigentlich verpflichtet war. Fürstendank verflüchtigte sich jedoch wieder einmal. Tief gedemütigt und nichts begreifend verließ Neitschütz das Winterquartier – begleitet von Frau und Tochter, die keinen Grund mehr hatten, länger zu verweilen.

Erst im Oktober 1689 traf die Armee wieder in Dresden ein. Nach kurzer Verschnaufpause mußte der Kurprinz erneut verreisen, diesmal für vier Monate nach Italien; er sollte eben keine Gelegenheit zu einem Stelldichein mit Sibylle haben.

Merkwürdig verhielt sich der Kurfürst, als auf dem Taschenberg eine Kindesleiche entdeckt wurde. So mancher Höfling meinte zu wissen, nur die kleine Neitschütz könne die Mutter gewesen sein. Entweder hielt der Kurfürst das für ein Gerücht, oder er wollte kein neuerliches Aufsehen erregen, denn die schmachvolle Behandlung des Generals Neitschütz war noch nicht vergessen. Wie auch immer: Johann Georg III. zeigte keine Reaktion, trotz der sich bietenden Gelegenheit, der Neitschütz den Prozeß zu machen und sie ausschalten zu können. Vor der Pest flüchtete er wenig später aus Dresden und starb, erst 44jährig, in Freiberg an den Blattern (Pocken).

Der Kurprinz rückte als Landesherr nach.

Friedrich August war als Rivale derweil in dieser Liebesaffäre ausgeschieden. Die Brüder lebten ewig auf gespanntem Fuß. Sie hätten „stehten Krieg miet einander“ geführt, räumte Friedrich August 1700 in seinen Aufzeichnungen ein. Ihm zufolge war sein Bruder „von Natur und Glietmaßen schwag, von Gemiette zornig und melanquollich“.[2] Dieser hatte ihn und die Neitschütz in Ostra in zweideutiger Situation überrascht und den Degen gezogen, doch der allgemeine Aufruhr lockte die Begleiter an, die einen Kampf der Brüder auf Leben und Tod verhinderten. Die Eltern erfuhren von diesem Zwischenfall und verboten auch Friedrich August den Umgang mit dem Fräulein von Neitschütz, und wie es schien, hielt er sich daran.

Mit dem Machtantritt Johann Georgs IV. beherrschte Sibylle

die Damenwelt des Hofes binnen weniger Wochen souverän. Für ihre 16 Jahre erwies sie sich als eine erstaunlich kühle Rechnerin, selbst wenn – wie später behauptet wurde – ihre lebenserfahrene Mutter, die „Generalin", Regie führend im Hintergrund operierte. Obwohl es ihr Johann Georg IV. nahelegte, wollte sie keinesfalls ins Schloß übersiedeln. Sie bezog das Fürstenberg'sche Palais, das spätere Finanzministerium, das durch einen hölzernen Gang – den sogenannten Schwarzen Gang – mit dem Schloß verbunden war. „Der Kurfürst speiste bei ihr gemeiniglich zu Abende unter vier Augen und blieb alsdann auch bei ihr zur Nacht", heißt es bei Jühling kommentarlos.[3]

Der Kurfürstin-Witwe Anna Sophie mißfiel das Treiben ihres Sohnes. Sie zog sich nach Lichtenburg zurück, wo sie demonstrativ während der gesamten Regierungszeit Johann Georgs IV. verweilte, denn die Hoffnung, ihr Erstgeborener werde seinen Lebenswandel ändern, wenn er erst verheiratet sei, blieb unerfüllt. Im Frühjahr 1692 ließ er sich allerdings dazu bringen, nach Berlin zu fahren und Ausschau nach einer standesgemäßen Gattin zu halten. Sachsen stand gerade mit Brandenburg auf ziemlich vertrautem Fuß, und so lag es nahe, sich dort nach einer ehewilligen Dame umzusehen. Sibylle wollte er wegschicken und mit einer jährlichen Pension von 4 000 Talern abfinden.

Am 17. April 1692 heiratete er in Leipzig die sechs Jahre ältere Eleonore Erdmuthe Luise verw. Markgräfin von Ansbach aus dem Hause Sachsen-Eisenach, und zu den in Torgau stattfindenden Beilagerfestivitäten lud er zu aller Überraschung auch die Neitschütz ein, ohne die er nun doch nicht auszukommen glaubte. Sibylle konnte sich Empfindsamkeiten nicht leisten und akzeptierte. Wie man sich am Hof erzählte, rügte der Kurfürst in ihrem Beisein seine Braut, weil sie trotz strahlender Sonne ein Samtkleid trug: „Sie müssen toll sein!" soll er gesagt, „ihr den Rücken (zugekehrt) und sein Gespräch mit der Neitschütz fortgesetzt" haben. Die junge Kurfürstin, ohnehin verwundert, wer sich da zu ihrer Hochzeit eingefunden hatte, fühlte sich durch den kleinen Zwischenfall vollends brüskiert. So lagen schon über den Flitterwochen dunkle Wolken.

Johann Georg IV. hatte nur geheiratet, um die Erbfolge zu sichern, fand aber zu seinem angetrauten Weib keine rechte Zuneigung; die Ehe blieb kinderlos. Sein Diener Heinrich Besser wußte zu berichten: „Er hätte...geklaget, es würde ihm heiß und übel, sobald er nur den Fuß zu ihr in das Ehebette setzen wollte".[4] Zwischen Gattin und Mätresse gestellt, erlebte er permanenten Ärger. Die Neitschütz verweigerte sich ihm im Vollgefühl ihrer Macht tagelang, so sie annehmen mußte, er käme aus dem Bett der Kurfürstin. Diese wiederum, maßlos eifersüchtig, machte ihm unter umgekehrten Vorzeichen Szene um Szene, und der Kurfürst, überaus jähzornig, hielt dagegen. Die ehelichen Auseinandersetzungen steigerten sich bis zu Gewalttätigkeiten. Friedrich August fuhr einmal dazwischen, entriß dem Bruder den blanken Degen, zerbrach ihn und zog sich dabei eine Handverletzung zu.[5] Ein Arzt wurde gerufen. Auf diese Weise erhielt der Hof einen trefflichen Einblick in das landesherrliche Familienidyll.

Sibylle hatte die Ehe des Kurfürsten mit der Markgräfin nicht zu verhindern vermocht, aber auf Verlangen bescheinigte er ihr, „daß obwohl zwischen ihm und dem Fräulein von Neitzschütz keine priesterliche Kopulation vorgegangen, ...er dennoch solches für eine rechtmäßige Ehe erkläret haben wollte, dergestalt daß, woferne aus dieser Verbindung Kinder erzeuget würden, solche für rechtmäßig, nicht aber als unehelich geachtet, nur aber solche, um keine Zerrüttung in dem Kurhause Sachsen zu machen, keinen Teil an der Kurwürde und den sächsischen Landen haben, sondern nur Grafen und Gräfinnen heißen..."[6] Im Archiv fehlt das Dokument, was nicht verwundert, denn dem Hause Wettin mußte daran gelegen sein, ein solches Papier verschwinden zu lassen. Wie gleich befürchtet, haben sich andere Mätressen und Landesherren darauf berufen, so die Cosel und August der Starke. Datiert wurde es fälschlich mit „16. Oktober 1691". Der Kurfürst war zu diesem Zeitpunkt noch unverheiratet; so sollte Zweifeln an der Rechtsgültigkeit des Dokumentes begegnet werden. Zustande kam es vermutlich im Frühjahr 1693, als Sibylle schwanger war. Sie sicherte ihren Kindern den Grafenstand, ohne selbst Gräfin zu sein. Das vertrug sich nicht mit ihrem Ehrgeiz. Sie erreichte, was sie erreichen wollte: Am 4. Februar 1693 bedachte Kaiser Leopold I. sie mit der Würde einer Gräfin von Rochlitz. Habsburg warb aus außenpolitischen Gründen um Sachsen, und wenn dem Kaiser auch die Erhebung einer Mätresse in den Grafenstand wenig behagte, zeigte er sich mit Rücksicht auf die große Politik gegenüber seinem „Dresdner Bruder" gefällig. Die Neitschütz, die den Kurfürsten auf dessen Feldzug gegen Frankreich begleitete, entband in Frankfurt am Main eine Tochter. Sie erhielt den ganz und gar unsächsischen Namen Wilhelmine Marie Friederike, vermutlich ein Zugeständnis des Kurfürsten an das gerade etwas vernachlässigte Brandenburg.

Die Neitschütz war minderjährig bei ihrer Ernennung zur Gräfin, durfte also zufrieden sein, aber sie strebte den Titel einer Fürstin an. Einem später geborenen Sohn hätte dann das Erstgeburtsrecht zugestanden, falls des Kurfürsten Ehe kinderlos blieb – und er sie heiratete. Johann Georg IV. leitete gefügig Sibylles Ernennung in die Wege. Ein Anlaß, Verhandlungen mit dem Kaiser aufzunehmen, fand sich. Seit 1692 saß auf dem Spielberg zu Brünn wegen angeblicher Begünstigung französischer Interessen Sachsens Generalfeldmarschall Hans Adam von Schöning ein. Hofrat Beichling sollte sich für ihn in Wien verwenden – und bei dieser Gelegenheit die Ernennung der Gräfin Rochlitz zur Fürstin durchsetzen. Mit Geld war er gut versehen. Beichling versprach dem Kaiser sogar den Übertritt des Kurfürsten zum Katholizismus. Sachsens Landesherr spekulierte seit längerem auf den polnischen Thron, der aber nur für einen Katholiken zu haben war. Wollte die Rochlitz Königin von Polen werden?

Sie hatte durchaus Chancen, den Platz der Kurfürstin einzunehmen. Johann Georg IV. war nicht nur der ewigen Eifersüchteleien und Streitereien mit seiner Frau müde, er sorgte sich zunehmend auch um die Sicherung der Erbfolge. Die Erhebung der Gräfin Rochlitz in den Fürstenstand erschien ihm bald selbst sehr opportun. Daß Kaiser Leopold I. noch kein Einlenken signalisierte, besagte wenig. Vermutlich war er nur auf mehr Geld aus, und daran würde es der Kurfürst nicht fehlen lassen. Oder wollte der Kaiser Soldaten? Das wäre kompliziert geworden. Drei Monate nach Ernennung der Neitschütz zur Gräfin hatte Sachsen 12 000 Soldaten an den Rhein zur Unterstützung des Kaisers im Kampf gegen Frankreich entsandt. Das leistete der Meinung Vorschub, Landeskinder müßten der kurfürstlichen Mätresse Eitelkeit mit ihrem Blut bezahlen. An den rheinischen Feldzügen hatte sich Sachsen allerdings auch vor der Neitschütz schon beteiligt, aber trotz allem blieb ein bitterer Beigeschmack zurück. Möglicherweise aber meinte der Kaiser tatsächlich, was er Beichling sagte: Erst 18jährig sei die Neitschütz in den Grafenstand erhoben worden; sie solle nicht erwarten, 19jährig schon zur Fürstin ernannt zu werden. Leopold I. vermochte ohnehin nie recht zu begreifen, warum der erst seit reichlich einem Jahr verheiratete Kurfürst von Sachsen dauernd die Kinderlosigkeit seiner Ehe beklagte und ihn zu überzeugen trachtete, nur durch Heirat der Gräfin Rochlitz den Wettinern die Erbfolge sichern zu können. Johann Georg IV. hoffte, früher oder später den Kaiser umstimmen zu können. Er vertraute auf die Zeit, doch eben die blieb ihm nicht.

Die Gräfin Rochlitz drängte energischer. In der Wahl der Mittel war sie dabei wenig zimperlich: Sie beschuldigte die Kurfürstin sogar des versuchten Giftmords. Nach dem Verzehr einer Pastete klagten die Gräfin und ihre Gesellschafterin, Agnes Dorothea von Kühlau, über Unwohlsein. Der Kurfürst glaubte an die Version seiner Mätresse, daß die Kurfürstin Gift in die Pastete gemischt habe und versprach, sich umgehend scheiden zu lassen. Das dürfte es gewesen sein, was die Gräfin hören wollte. Die Hofärzte, zwar vom Landesherrn besoldet und so in einem Abhängigkeitsverhältnis stehend, konstatierten, was weder dem Kurfürsten noch der Rochlitz gefiel, die Pastete sei zwar „angegangen", aber giftfrei gewesen, und die Kühlau, die sich rasch wieder erholte, besäße eindeutig von beiden Damen die bessere Konstitution, während die Rochlitz seit Jahren „stimulierende Mittel eingenommen und ihre Gesundheit zerrüttet" habe. Lebensgefahr bestünde zwar nicht, aber die Patientin sei geschwächt und müsse sich vor einer Infektion hüten. Ernst nahm diese Warnung niemand.

Avancierte Sibylle trotz aller Finten und Winkelzüge auch nicht zur Fürstin, so wurde sie doch eine reiche Frau. Sie bekam Schmuck von ungeheurem Wert, so zu ihrem 18. Geburtstag ein „Bukett Diamanten“ für 24 000 Taler, was dem Preis für ein großes Gut entsprach. Da sie eine eigene Hofhaltung hatte, durfte sie Tafel-, Hand- und Schatullegelder beanspruchen, fernerhin Wein, Holz und was sonst der Haushalt erforderte. Sie hatte vom Hof bezahlte Diener, besaß eigene Equipagen und – was ihrem Geltungsdrang besonders entsprach – vor ihrem Palais stand als Zeichen ihrer Macht eine von Offizieren befehligte Wache. Der Kurfürst erwarb für sie in Pillnitz den Besitz des Heinrich von Bünau, schenkte ihr die Kammergüter Gorbitz und Pennerich, im Plauenschen Grund bei Dresden einen Lustgarten, zwei Weinberge und Teiche. Sie gehörte zu den raffgierigsten Mätressen in der Geschichte Sachsens und – sparte nichts, verlebte, was sie verleben konnte.

Die Neitschütz-Rochlitz verstand es auch, ihre Familie zu versorgen, zu der neben den Eltern vier Brüder und drei Schwestern zählten. Der Mutter verschaffte sie eine Pension von jährlich 2 000 Talern; niemand wußte, worauf sich diese Ansprüche gründeten. Der Sibylles wegen vom einstigen Landesherrn gemaßregelte Vater wurde rehabilitiert, zum Generalleutnant ernannt und mit einem Monatssold von 200 Talern wieder ins Heer übernommen. Soweit – so gut. Nach einem halben Jahr kletterte sein Sold auf monatlich 400 Taler, und damit rückte er in den Kreis der bestbezahltesten Generäle des Landes auf. Die Geschwister kamen ebenfalls nicht zu kurz. Johanna Louise von Miltitz, die partout nicht Sibylles unansehnlichen Bruder Christoph Adolf ehelichen wollte, wurde regelrecht erpreßt; der Kurfürst werde sie „einem Lumpen“ zur Frau geben, so sie sich verweigere, was die Widerspenstige zahm machte. Ob der Kurfürst etwas von diesen Manipulationen wußte, liegt allerdings im Dunkeln. Ihre Schwester Anna Catharina verlobte sich unter ähnlichen Vorzeichen mit eben jenem Hofrat Wolf Dietrich von

Beichling, der Sibylle in Wien den Titel einer Fürstin verschaffen sollte.

Wer seinerzeit in Sachsen etwas erreichen wollte, sei es einen Gnadenbeweis oder eine Konzession, wandte sich an die Neitschütz. Sie sah sich mit Gesuchen so überschüttet, daß sie extra einen Sekretär einstellte: Christian Heinrich Engelschall. Sein und seiner Herrin Eifer wurde maßgeblich durch die Höhe der Bestechungsgelder beeinflußt; die Leipziger Kaufleute beispielsweise zahlten für ein Tuchhandelsprivileg 24 000 Taler...[7] Der Nutznießer gab es allerdings viele. Die „Generalin" allein bekam 800 Taler, das war mehr als das Jahresgehalt eines Leipziger Universitätsprofessors. Auch die Beamten wurden „bedient". Vieles ließ sich zur vollen Zufriedenheit der Bittsteller ohne den Kurfürsten klären, da es in dessen Umgebung einflußreiche Höflinge gab, die sich der Macht der Gräfin Rochlitz bewußt waren, etwa Generalmajor Julius Heinrich Frhr. von Friesen, Oberhofjägermeister Wolf Dietrich von Erdmannsdorff, Geheimrat Curt Reinicke Graf Callenberg, Hofrat Wolf Dietrich von Beichling und Kammerdirektor Ludwig Gebhard von Hoym. Sie galten als Kern des Sibylle hörigen Klüngels.

Johann Georg IV. hatte sich durch Hinwendung zu Brandenburg und zu einer absolutistischen Politik beim Adel viel verscherzt, und seine Mätressenwirtschaft schürte das Mißtrauen gegen ihn zusätzlich. Er sah seinen Räten manches nach, um seine enge Basis nicht noch weiter zu begrenzen. Die Besorgnis über Sachsens Zukunft unter einem politisch schwachen Kurfürsten und einer willensstarken Mätresse erwies sich indes bald als grundlos: Beider Herrschaft endete schneller als erhofft. Am 4. April 1694 starb die Gräfin Rochlitz in Moritzburg an den Blattern. Was sie während ihres kurzen Erdendaseins zuwege gebracht hatte, ließ das Aufatmen im Lande verständlich erscheinen; nicht auszudenken, wäre sie noch zehn oder gar zwanzig Jahre des Kurfürsten „Favoritin" gewesen.

Der Kurfürst ordnete Hoftrauer an. Wer nicht schwarz gekleidet war, erhielt keine Audienz. Vier Tage lang ward die Leiche öffentlich aufgebahrt. Am 12. April, dem Tage der Beisetzung, läuteten von 11–12 Uhr alle Dresdner Kirchenglocken und noch einmal abends zwischen 20 und 22 Uhr, der Dauer der Beerdigung. „Die Leiche ward in karmesinroten Samt mit goldenen Schleiflein gekleidet und ihr nicht nur viel kostbare Spitzen angetan, eine schöne Fontangenhaube aufgesetzet, sondern auch viel Geschmeide angelassen und mitgegeben".[8] Den Dresdner Bürgern drohten schwere Strafen, so sie keine Wachfeuer unterhielten und die Gräfin auf ihrem letzten Gang nicht begleiteten. Den Wagen mit dem Sarg zogen sechs mit schwarzem Tuch bedeckte Pferde. Mit einem Sechsspänner folgte der Kurfürst. Daran schlossen sich 54 zweispännige Equipagen der Hofkavaliere an. Fremde hätten glauben können, die Landesherrin werde zu Grabe getragen. Im Scheine hunderter Fackeln ist Sibylle Neitschütz-Rochlitz im Gewölbe hinter dem Altar der 1945 durch Kriegseinwirkung zerstörten Sophienkirche beigesetzt worden. Die endlos lange Grabinschrift verfaßte Johann Georg IV. selbst; sie glich einer einzigen Lobpreisung:

> „Weil sie nun jung von Jahren
> auch
> angenehmer Gestalt,
> also war sie
> auch
> mit anständigen Sitten
> und
> vielen Tugenden begabet
> In Summa
> von vortrefflichen Qualitäten" usw. usf.

Mit der Logik war es nicht weit her. Jugend und angenehme Gestalt allein erklären schwerlich gute Sitten und Tugenden. Und von diesen glaubten die braven Untertanen bei Sibylle keine entdeckt zu haben. Zwar sagen Grabinschriften ohnehin nur Gutes über Verstorbene aus, aber der Kurfürst hatte etwas gar arg aufgetragen und provozierte damit geradezu eine Parodie, die Volksempfinden ausdrückte und sich rasch verbreiten sollte. Sie ahmte in Länge und Aufbau exakt die von Johann Georg IV. formulierte Inschrift nach, nur der Inhalt las sich ganz anders:

„Sie ist geboren 1675
und gestorben am 4. April 1694,
Hat also
Zur Plage des Landes
gelebet 19 Jahr....
Durch groß Geld
gemacht
zu des Hl.Römischen Reiches
Gräfin von Rochlitz,
...erhob sie sich
wider ihre Fürstin,
der sie gleichwohl
im geringsten nicht zu vergleichen war...
Sie war jung an Jahren,
der Gestalt nach zierlich,
aber in Geilheit und
Hurerei
unvergleichlich ...“ .

Die tote Gräfin Rochlitz erregte weit mehr Aufsehen als die lebende. Das lag zunächst daran, daß sie, wenn auch unverschuldet, den Kurfürsten in den Tod folgen ließ. Er war in ihren letzten Tagen nicht von ihrem Bett gewichen, infizierte sich und starb 26jährig knapp fünf Monate später – am 27. April 1694. Als letzter Wettiner wurde er im Freiberger Dom neben dem Moritz-Sarkophag beigesetzt.

August der Starke, auf die Übernahme der Regierungsgeschäfte gar nicht vorbereitet, wurde Kurfürst von Sachsen, einer der bedeutendsten in der Geschichte des Landes. Zu seinen Pflichten gehörte auch die Vormundschaft über seines Bruders und Sibylles einjährige Tochter Wilhelmine Marie Friederike Comtesse von Rochlitz; er hat sie später mit dem polnischen Grafen Peter von Dunin, dem Kastellan von Radom, verheiratet. Als dieser 1738 starb, verlautete, sie sei pekuniär durch eine Pension aus Sachsen abgesichert. Verwunderlich war die Aussetzung einer Rente schon. Allerdings gab Augusts des Starken Haltung zur Familie Neitschütz auch andere Rätsel auf. Kurz nach Beisetzung seines Bruders ließ er deren Familienbesitz konfiszieren; angeblich soll er sechs Tonnen Gold gefunden haben. Sibylle, die er einst liebte, gönnte er auch im Tode keine Ruhe. In einer Nacht-und-Nebel-Aktion ließ er ihren Leichnam aus der Sophienkirche entfernen und irgendwo auf dem nahen Kirchenacker verscharren.[9] Dann leitete er einen Prozeß gegen Mutter und Tochter Neitschütz ein, was letztere in ihrem Sarg nicht mehr berührte, die „Generalin" dagegen hart traf. Die Prozeßakten füllen 15 stattliche Bände. Der „Generalin" wurde vorgeworfen, Johann Georg III. umgebracht und Johann Georgs IV. Frau behext zu haben, so daß sie kinderlos blieb. Den Kurfürsten habe sie durch allerlei „Mittelchen" an ihre Tochter gefesselt und sich bereichert. Zumindest letzteres entsprach der Wahrheit. Der Neitschütz-Rochlitz-Prozeß war einer der letzten großen Hexenprozesse in deutschen Landen. Einbezogen waren sieben weitere Personen. Engelschall, der Sekretär, wurde mit „Staupenschlägen des Landes verwiesen". Ausgerechnet des intimsten Kenners der Materie entledigte sich der Hof merkwürdigerweise unverzüglich. Der wichtigste Zeuge stand nun nicht mehr zur Verfügung. Der Verfolgung ausgesetzt sahen sich Personen, die der „Generalin" durch Rezepturen für „Mittelchen" behilflich gewesen sein sollten, so ein Apotheker und der Scharfrichter Vogel aus Greiz. In dieser abergläubischen Zeit schworen viele auf irgendein die Liebe förderndes Mittel. Die damals 44jährige Mutter Neitschütz erfuhr am 8. Juli 1696 die dreifache Tortur mit „den Daumenstöcken, Banden und Beinschrauben". Sie bestritt entschieden, sich irgendwelcher zauberischer Mittel bedient zu haben. Juristenfakultät und Schöppen von Leipzig urteilten im Dezember 1696 sicher nicht ohne einen Wink des Kurfürsten zu Gunsten der „Generalin". Sie wurde vorerst auf den Königstein gebracht, am 18. November 1699 jedoch entlassen, wenn auch mit der Auflage, das Stadtgebiet von Dresden nicht mehr zu betreten. Sie zog sich auf das Familiengut Gaußig zurück, das ihr der Kurfürst gelassen hatte, was eigentlich typisch für ihn gewesen ist: In unschönen Auseinandersetzungen trieb er es gerade Frauen gegenüber selten auf die Spitze. Anders als mit Handschuhen, welche die Narben der Folter verdeckten, zeigte sich die „Generalin" in Gaußig nie. Ihr Mann, zunächst einmal mit 100 Talern Strafe bedacht, weil er August den Starken des Prozesses wegen mit „Anzüglichkeiten bedacht" hatte, starb als Kammerherr desselben 76jährig noch vor der „Generalin" in Gaußig.

August der Starke, in die Geschichte als aufgeklärter und mit Amor verbundener Landesherr eingegangen, zog aus dem Hexenprozeß mancherlei Vorteile. Beim aufgebrachten Volk gewann er sofort an Sympathie, weil er den Eindruck erweckte, unter seiner Regentschaft sei Schluß mit der Mätressen- und Günstlingswirtschaft. Er sorgte dafür, daß sich der Volkszorn zu entladen vermochte. Dem Ansehen des verstorbenen Bruders und dem Haus Wettin gereichte es zum Vorteil, wenn die Neitschütz-Rochlitz-Affäre mit überirdischen Kräften, Zaubereien und Schwarzen Künsten in Verbindung gebracht wurde. Im Prozeß holte er sich, was der Bruder einst der Gräfin Rochlitz aus dem Staatsschatz schenkte! Nicht minder wichtig war ihm, daß er seines Bruders und dessen Mätresse Günstlinge „feuern", die frei werdenden Stellen mit Leuten seiner Wahl besetzen konnte. So entging er der jedem neuen Herrscher so lästigen moralischen Verpflichtung, die Minister und Räte des Vorgängers zu übernehmen. Es kam zu Amtsenthebungen, Landesverweisen und Verhaftungen. Kammerdirektor Ludwig Gebhard von Hoym traf es besonders hart: Er wurde 1694 auf den Königstein gebracht – als erster Staatsgefangener dieser alten Feste. Einer seiner beiden Söhne war der Gatte der Gräfin Cosel. Entlassen wurden selbst die Diener Johann Georgs IV.

August der Starke war ein ebenso kühler Rechner wie die Gräfin Rochlitz, nur unter anderen Vorzeichen: Mätressen waren ihm keineswegs verleidet, doch aus den Regierungsgeschäften suchte er sie nach den Erfahrungen seines Bruders herauszuhalten.

Mit der Gräfin Rochlitz hatte am Hof zu Sachsen das „berüchtigte süße Leben“ à la Versailles Einzug gehalten. Es täuschten sich all die braven Sachsen, die da meinten, der Neitschütz-Rochlitz-Prozeß signalisiere, Dresden sei nunmehr gegen französische Zustände gefeit.

Aurora von Königsmarck und Augusts kurze Leidenschaft

IM HERBST 1694 BAT EINE MARIA AURORA GRÄFIN KÖNIGSMARCK AUS Hamburg am Dresdner Hof um eine Audienz bei August dem Starken. Der Kurfürst aber hielt sich zur Michaelismesse in Leipzig auf, und seine Rückkehr lag im Ungewissen. Es war die erste Messe, die er als Landesherr besuchte, und er zollte ihr großes Interesse. Im Anschluß an die Messe, das verschwiegen die Höflinge allerdings der Fremden, wollte er für einige Wochen zur Jagd fahren. Kurfürstin-Mutter Anna Sophie tröstete Aurora. Nach Leipzig reisen? Das solle sie besser nicht, aber sie sei wie ihre beiden Begleiterinnen – ihre Schwester Amalie Wilhelmine, verheiratet mit dem schwedischen General Karl Gustav Graf Löwenhaupt, und Cousine Gräfin Steenbock – als Gast des Hofes in Dresden willkommen.[1]

Anna Sophie, aus dänischem Hause stammend, und Aurora von Königsmarck, eine Norddeutsche mit schwedischem Grafentitel, legten in vier langen Wochen des Wartens den Grundstein zu einer lebenslangen Freundschaft. Die Kurfürstin-Mutter erregte Auroras Schicksal. Deren Bruder Philipp, ein bekannter Schwerenöter, hatte sich auf eine Liaison mit der Erbprinzessin von Hannover eingelassen und war unter mysteriösen Umständen seit 1. Juli 1694 in Hannover spurlos verschwunden. Mord oder Duell mit tragischem Ausgang? Aurora hoffte auf Beistand durch August den Starken, an dessen Seite Philipp einst als Oberst gefochten hatte. Erst kürzlich war ihm der Rang eines sächsischen Generals zugesprochen worden. War der Bruder tot, gebot es höfischer Brauch, Schwert und Wappen über dem offenen Grab zu zerbrechen, denn es gab keinen weiteren männlichen Nachkommen der

Familie Königsmarck. Aurora trieben aber auch existentielle Nöte nach Dresden. Sollte ihr Bruder nicht mehr unter den Lebenden weilen,[2] mußte seine Leiche oder ein Zeuge seines Todes gefunden werden, sonst blieb ihr und ihrer Schwester Erbe blockiert. Philipp hatte das Familienvermögen verwaltet, und seit seinem Verschwinden waren die Schwestern ohne finanzielle Zuwendungen, worunter die unverehelichte Aurora mehr litt als ihre verheiratete Schwester. Der leichtlebige Philipp hatte zudem bedeutende Schulden selbst bei Fürsten, gegen deren Ansprüche zwei junge Frauen schwerlich ankommen würden. So waren sie nach Dresden geeilt, um Schutz „wider diejenigen zu suchen, so sich weigerten, ihnen die Schätze und Kleinodien ihres verstorbenen Bruders auszuhändigen".[3]

Als August der Starke Aurora sah, gestand er seiner Mutter: „O Himmel, wie schön ist sie". Der französische Gesandte berichtete nach Paris: „Sie ist von mittlerer Größe, und ihr Antlitz zeigt eine so wunderschöne regelmäßige Schönheit, wie man sie kaum wiederfindet. Zu den herrlichen dunklen Augen, aus denen Feuer, Geist und Frohsinn strahlen, stimmt das schwarze Haar, das den wunderbaren weißen Teint noch mehr hervorhebt. Auf ihren Wangen blüht die Farbe der Gesundheit, und wenn sich ihre frischen, roten Lippen zu anmutigem Lächeln öffnen, zeigen sich zwei Reihen kleiner, köstlicher Zähne. Die Erscheinung der künftigen Favoritin – das wird sie sicher – ist so ungewöhnlich blendend, daß unter den Männern und selbst unter den Frauen niemand ihr den Apfel des Paris verweigern wird."[4] Der Gesandte erwies sich als guter Beobachter.

Aurora kam als Bittstellerin zu August dem Starken, aber nicht die Bitte, die Bittende rührte ihn. Für einen verschwundenen sächsischen General mußte er sich zwar engagieren, das gebot die Reputation, aber er wollte keinen Zwist mit Hannover. Einer seiner Höflinge sollte sich daselbst nach dem Schicksal des Grafen Königsmarck erkundigen – bei dieser Demarche ließ er es dann bewenden –, doch wünschte er keineswegs die rasche Rückkehr des Unterhändlers, denn solange dessen Nachrichten aus-

*Maria Aurora von Königsmarck · * um 1668, † 1728*
Porträt nach einem Kupferstich von Schenk

*Kurfürst Friedrich August I. von Sachsen · * 1670, † 1733*
Kurfürst von 1694–1733 · Als August II. König von Polen von 1697–1704
und von 1709–1733 · Gemälde von Louis de Silvestre

blieben, würde die schöne Schwedin geduldig in Dresden ausharren. So blieb ihm Zeit für ein Liebesabenteuer. Eigens für Aurora ließ August der Starke ein Fest in Moritzburg ausrichten, das zwei Wochen währte; Aurora zählte die Moritzburger Tage später zu den schönsten ihres Lebens. Wieder in Dresden, bezog sie in der Wilsdruffer Straße ein Palais.

War die sympathische Königsmarck nur ein Opfer der Wollust Augusts des Starken? Diese Version gab es, und Aurora trug unbeabsichtigt dazu bei: Sie gab sich als 16jährige aus, und eine Hilfe erbittende halbwüchsige Schöne konnte schließlich nicht anders, als sich dem Willen des mächtigen Kurfürsten zu beugen! Wie ein Kavalier verhielt sich August der Starke gewiß schwerlich, eher schon wie ein Erpresser, doch Aurora war keineswegs ein Backfisch, sondern eine vermutlich 26jährige Dame, die ihre ersten Liebesabenteuer längst genossen hatte.

Ihr Vater fiel als niederländischer General 1673 bei Breda; sie kann also nicht laut ihren eigenen Angaben 1678 auf die Welt gekommen sein. Diese an ein biologisches Wunder grenzende Ungereimtheit in ihrer Biographie scheint sie nie gestört zu haben. Großzügig wie mit dem Geburtsjahr verfuhr sie auch mit ihrer Staatsangehörigkeit. In Dresden gab sie sich als Schwedin aus und, weil es ihrem Anliegen nützlich sein konnte, als Schwester eines sächsischen Generals; führte sie der Weg nach Berlin, zählte sie sich zum märkischen Adel gehörig.

Sie wurde auf einer schwedischen Besitzung in Deutschland, auf der nach ihrer Großmutter benannten Agathenburg bei Stade geboren, dem letzten Stammsitz der Königsmarcks; der älteste, schon im Mittelalter nachgewiesene, war das altmärkische Königsmar(c)k. Auroras Großvater Hans Christoph von Königsmarck (1600–1663) schloß sich im 30jährigen Krieg Gustav Adolf an und brachte es bis zum Marschall. Er war ein bekannter Feldherr und ein nicht weniger bekannter Freibeuter. Königin Christine, Gustav Adolfs Tochter, ernannte ihn zum Grafen und überschrieb ihm die baltischen Grafschaften Westerwick und Stegeholm, berief ihn zum schwedischen Gouverneur von Bremen und Verden und schenkte ihm mehrere Güter. So vermochte er sich in Stade eine eigene Herrschaft aufzubauen. Seinen Nachkommen hinterließ er außer dem schwedischen Grafentitel neun Schlösser und ein Vermögen, das angeblich die Millionen-Taler-Grenze überstieg, ein jährliches Einkommen von etwa 130 000 Talern sichernd.[5] Da der Familienbesitz in Stade 1712 von den Dänen samt Kirche und Begräbnisstätte zerstört wurde und das Archivgut einschließlich der Kirchengüter verbrannte, läßt sich nicht mehr feststellen, wann Aurora tatsächlich auf die Welt gekommen ist.

Der Großvater mütterlicherseits war der aus dem Märkischen stammende Hermann von Wrangel, ebenfalls als Marschall in schwedischen Diensten stehend. Die beiden Großväter sollen sich so spinnefeind gewesen sein, daß selbst ihre Hunde nicht gemeinsam jagen gingen, hieß es.

Auroras Mutter, 1638 in Schweden geboren, lebte mit ihren Kindern nach dem frühen Tod des Gatten zunächst in Hamburg, siedelte aber 1680 auf Einladung von Königin Christine nach Schweden über und starb 1691 vereinsamt in Stockholm.

Aurora, seit dem Tode der Mutter in Hamburg bei der Schwester lebend, wurde zweisprachig erzogen, deutsch und schwedisch. Sie sprach aber auch perfekt englisch, französisch und italienisch und beherrschte zudem Latein. Ungewöhnlich wie ihre Sprachgewandtheit war ihre musische Begabung. Sie sang vorzüglich, spielte mehrere Instrumente, am liebsten die Laute, komponierte, malte und dichtete. Von rascher Auffassungsgabe, fand sie fast immer ein sicheres Urteil, und sie vermochte es zu verteidigen, ohne zu verletzen. In Gesellschaft bildete sie wie selbstverständlich den Mittelpunkt. Daß sie auf Gegner stieß, blieb nicht aus, aber sie soll nie einen wirklichen Feind besessen haben, ausgenommen vielleicht König Karl XII. von Schweden. Als Mann wäre ihr zweifellos eine glänzende Karriere in der Diplomatie beschieden gewesen.

Für François Voltaire (1694–1778) sollte Aurora von Königsmarck einmal „eine der bemerkenswertesten Frauen der letzten drei Jahrhunderte" sein, für August den Starken war sie es nicht. „Das damalige Deutschland war nicht reif für ein Weib dieser Art, für einen eminenten schöpferischen Geist, den die Natur wie im absichtlichen Contrast, in die weichste, schönste weibliche Körperform gekleidet hatte“, schrieb Alexander von Sternberg. „Frankreich hätte diese Tochter des Genies und der Schönheit besser zu stellen, ihre Eigenschaften besser zu nutzen gewußt. Friedrich August sah in ihr nichts als eine reizende Geliebte, während er in ihr einen Freund, einen Minister hätte sehen sollen! Er suchte bei ihr nur das Weib, während er bei ihr... den rettenden kühnen Geist, den Genius seiner Krone hätte finden können.“[6]

Auroras Mätressendasein sollte auf einige wenige Monate beschränkt bleiben. Im Mai 1695 begleitete sie August den Starken zur Kur nach Karlsbad. Dann nahm der Kurfürst an dem für ihn ruhmlosen Türkenkrieg teil, der ihn, die Wintermonate ausgenommen, bis Ende 1696 von Sachsen fernhielt. Am 11. Dezember 1696 gab er in Dresden ein großes Fest für Kurfürst Friedrich III. von Brandenburg. Bei dieser Gelegenheit sah Aurora erstmals die neue Favoritin, die Gräfin Esterle, „eine schöne Blondine aber frech“.[7] August der Starke hatte sie in Wien kennengelernt und sich rasch mit ihrem Mann geeinigt: dieser entsagte allen Rechten als Gatte, war aber bereit, Kinder seiner Frau und des Kurfürsten als seine eigenen anzuerkennen. Wenige Tage nach dem Fest für den Brandenburger zog die Esterle als offizielle Mätresse Augusts des Starken ins Schloß.

Aurora, deren Schwager Graf Löwenhaupt den Kurfürsten nach Wien begleitet hatte, dürfte rechtzeitig von den Veränderungen erfahren haben. Sie war die erste Mätresse des Kurfürsten Augusts des Starken; im Verhältnis des Kurfürsten Johann Georg IV. zur Gräfin Rochlitz (Sibylle von Neitschütz) hatten viele Sachsen noch eine landesherrliche Entgleisung gesehen, mit Augusts des Starken Hinwendung zu Aurora zeichnete sich ab, daß auch in Dresden die Mätresse zur „Institution“ werden würde. Anders als die Rochlitz war aber Aurora am Hofe beliebt. Sie intrigierte nicht, raffte keine Reichtümer, schwang sich nicht zur verkappten Landesherrin auf. Und sie beugte sich nicht den Launen Augusts des Starken; dazu war sie zu feinfühlig – und zu wenig berechnend. Als Gräfin Esterle in Dresden eintraf, hatte Aurora bereits Vorkehrungen für einen stillen Abschied getroffen; sie machte es August dem Starken so leicht wie keine andere seiner Mätressen.

Kurfürstin Eberhardine, seit 1694 mit August dem Starken verheiratet, gebar am 17. Oktober 1696 den Erbprinzen Friedrich August, Aurora elf Tage darauf August des Starken illegitimen Sohn Moritz, nach der Moritzburg genannt, in der sie dem Charme des sächsischen Herkules erlegen war. Vor der Entbindung hatte sie sich unauffällig in den Harz zurückgezogen. Im Goslaer Kirchenbuch findet sich folgender Eintrag:

„Den achtundzwanzigsten Oktober im Jahr sechszehnhundertsechsundneunzig abends zwischen sieben und acht Uhr ist von der vornehmen Frau in R. Heinrich Christoph Winkels Hause ein Söhnchen geboren und den 30. ejusd. getauft, des abends im Hause von M. S. Alb, und mit dem Namen Mauritius, dem Herrn Jesu einverleibt. Gevatter haben gestanden Hr. Dr. Trumph, R. N. Dusings und R. Heinrich Christoph Winkel."[8] Liselotte von der Pfalz, sonst recht tolerant, berichtete am 2. Januar 1697 der Kurfürstin Sophie von Hannover geradezu empört: „Die Orora Königsmarckin muß eine wunderliche Creatur sein und gantz ohne schamhafftigkeit, daß sie burgermeister und sindicus in einer statt zu zeugen nimbt, wie sie einen bastard auff die Welt bringt."[9] Pöllnitz ignorierte Auroras Ausflug nach Goslar und schrieb etwas rührselig in „Das galante Sachsen": „Der Kurfürst verließ seine Geliebte während der Zeit ihres Wochenbettes fast gar nicht."[10] In Wirklichkeit weilte dieser noch in Wien. Kurfürstin Sophie vermeldete am 4. Dezember 1696 einer Freundin korrekter als Pöllnitz, wie August der Starke sich bei seiner Rückkehr nach Dresden verhielt: „Der Kurfürst hat... nachdem er bei seiner Gemahlin ist gewesen im Ballhaus gespielt und nach dem Ring gerannt, ohne zu der Königsmarckin zu gehen, will vielleicht seiner Mätresse zu Wien keine Jalousie geben; es ist eine Lamberg, hat einen Grafen Esterle geheiratet; sie hat Ihrer Liebden schon dreimalhundertausend Gulden gekostet. Die Königsmarckin hat nur einen Sohn davon."[11]

Sohn Moritz gehörte zu den talentiertesten Nachkommen, die je von einer Mätresse geboren wurden. Er erbte die Intelligenz seiner Eltern – und deren unstetes Wesen. Wie sein Vater schätzte er das Schwert und die Frauen. Es war Aurora, die ihn 1717 in die Ehe mit der reichen Viktoria Gräfin von Löben aus der Lausitz drängte, um ihn materiell abzusichern und „in feste Hände" zu bringen. Die Hochzeit wurde zu einem Ereignis des Dresdner Hofes, doch dabei blieb es; die Ehe mündete in einer Katastrophe. Viktoria war nicht minder leichtlebig als Moritz. Zu ihren Liebhabern gehörte der später unter Minister Graf Brühl berühmt gewordene Kapellmeister Johann Rudolph Hasse. Die Ehe wurde 1721 geschieden, und Moritz ließ sich auf keine neue ein.

Er genoß die Liebschaften bis zum Überdruß; ein Jahr vor seinem Tode räumte er, inzwischen ein bekannter Feldherr, ein, sie machen „mir mehr zu schaffen, als die Husaren der Königin von Ungarn". Aus einer seiner Verbindungen ging die Mutter der Schriftstellerin George Sand (1804–1876) hervor, in der die musisch begabte Aurora fortlebte. Moritz' berühmteste Geliebte war Adrienne le Couvreur, gern als Rachel des 18. Jahrhunderts bezeichnet, die einflußreichste Anna von Kurland, die spätere Zarin von Rußland; ihr verdankte er 1726 die Wahl zum Herzog von Kurland, doch nur der Herzog-Titel blieb ihm.

Mit Sachsen lebte Moritz meist im Zwist. Von seinem Vater fühlte er sich vernachlässigt. Querelen traten schon auf, als er das 14. Lebensjahr vollendete. Sein Erzieher, der General von der Schulenburg, sah seine Aufgabe als erfüllt an und quittierte die sächsischen Dienste. Die 2 000 Taler, die er als ausstehenden Sold forderte, zahlte August der Starke nicht. Es mochte zwar seine Richtigkeit damit haben, daß in der Forderung des Generals verkappte Schulden von Moritz steckten, aber schon der Anstand hätte es geboten, die Zahlungsverpflichtungen des minderjährigen Sprößlings zu begleichen. Schulenburg ist wohl nie zu seinem Geld gekommen. Er stand schon seit zwölf Jahren nicht mehr im Dienste Sachsens, als er noch immer seinen Sold anmahnte, dann gab er offensichtlich entnervt auf.

Moritz hatte auch Grund zur Klage, weil sein Vater ihn sehr spät und erst auf Drängen Auroras 1711 anerkannte. August der Starke war damals Reichsverweser und konnte mit leichter Hand Titel vergeben. Den inzwischen 15jährigen Moritz ernannte er zum Grafen von Sachsen, beliehen mit einer Grafschaft, die ein Jahreseinkommen von 10 000 Talern sicherte. Allerdings blieb unklar, wo diese einträgliche Grafschaft liegen sollte.[12]

Moritz verstand sich mit keinem der leitenden Minister Sachsens, weder mit Flemming noch mit Brühl. Seinem Halbbruder Kurfürst Friedrich August II. ging er tunlichst aus dem Wege. Als dieser ihm eine führende Stellung im Heer anbot, lehnte er ab. Zumeist lebte er in Paris und nahm schließlich die französische Staatsangehörigkeit an. Er wurde 1744 Marschall von Frankreich, siegte in den Schlachten bei Fontenay, Raucoux und Laffeld und erhielt 1750 von Ludwig XIV., dem „Sonnenkönig", Schloß Chambord – unter Napoleon als Fürstentum Wagram bekannt –, hatte aber nichts von dem schönen Inselschloß, da er im selben Jahr noch starb. Frankreich setzte ihm ein Denkmal in der protestantischen Thomaskirche zu Straßburg. – Diesen Sohn also hatte Aurora „davon"! Sie hätte um keinen Preis mit der spöttelnden Kurfürstin Sophie von Hannover getauscht.

Daß Aurora die Beziehungen zu August dem Starken aufrechtzuerhalten suchte, geschah gewiß auch aus Sorge um Moritz. Sie erbat für ihn manches, was sie für sich selbst nicht wahrnahm. Sie galt als die billigste Mätresse, die August der Starke je besaß. Die Schwester schrieb zwar am 15. April 1698 ihrem Mann, Aurora ziehe an einer Glückssträhne, habe „außer dem Schutze des Königs von Polen… – 50 000 Taler",[13] aber dabei handelte es sich wohl nur um Versprechen. Ihre Freunde schalten sie eine Törin, freiwillig beim Auftauchen ihrer Rivalin Esterle zu gehen, ohne wenigstens auf einem Schloß oder einer anderen Sicherheit als Abfindung zu bestehen – wie nach ihr die Lubomirska. Trotzdem zollte man ihrem ehrenvollen Rückzug Respekt, auch wenn man selbst anders gehandelt hätte.

Aurora ging in ein Stift, und das war für eine Ex-Mätresse ungewöhnlich. Ohne Vermittler bewarb sie sich im 966 von Mathilde, einer Tochter Ottos I., gegründeten Stift Quedlinburg um die Anwartschaft auf die Stellung einer Äbtissin, wohl wissend, daß dies gleichbedeutend mit einer Trennung von ihrem Sohn war. (Eine Stiftsdame mit Kind ...!) Die Äbtissin von Quedlinburg stand im Rang einer Reichsfürstin, hatte Anspruch auf den Titel Exzellenz und verfügte über das sagenhafte Jahreseinkommen von 34 000 Talern, fast dreimal soviel wie ein sächsischer Minister. Als Äbtissin wäre Aurora von August dem Starken unabhängig geworden. Es glückte ihr, sich des Kaisers Unterstützung zu sichern. Löwenhaupt, ihr Schwager, schrieb ihr am 17. Oktober 1696 aus Wien, „der Kaiser (hat) Ihr Gesuch bewilligt und befohlen, deshalb ein Schreiben an die Äbtissin von Quedlinburg auszufertigen".[14] Die k. und k. Mühlen mahlten jedoch sprichwörtlich langsam, und die kaiserliche Order ließ auf sich warten. Äbtissin Anna Dorothea Prinzessin von Sachsen-Weimar war bereits gewonnen. Anders als die Stiftsdamen, die Aurora alle ablehnten, sah die Äbtissin in ihr eine Nachfolgerin, von der das Stift dank ihrer Verbindungen zum Schutzpatron August dem Starken profitieren könne. Weil er dringend Geld für die Krone Polens brauchte, verkaufte jedoch August der Starke 1698 zum Entsetzen der Stiftsdamen Quedlinburg für 340 000 Taler an Brandenburg[15], bemühte sich aber, Auroras Interessen bei den Verhandlungen mit Friedrich III. zu berücksichtigen. In der Transacte vom 27. Januar 1698 hieß es: „So wollen Wir... dahin ermitteln helfen, daß die Gräfin Fräulein Aurora von Königsmark zur Koadjutorin der Abtei von Quedlinburg möge angenommen ... werden".[16] Seit sich das Stift in preußischem Besitz befand, galt jedoch die Meinung des Kurfürsten von Sachsen wenig. So verstärkte sich vorerst der Widerstand der Stiftsdamen gegen Aurora. Vom Brandenburger Kurfürsten erfuhr sie zwar manch aufmunterndes Wort, aber keine praktische Unterstützung. Noch im April 1698 behauptete sie in einem Brief an ihren Schwager Löwenhaupt, „ich fange nachgerade an einzusehen, daß es meine Bestimmung ist, Äbtissin zu werden",[17] doch einige Monate später schien es ihr ratsam, sich fürsorglich anderwärts zu versorgen.

Am 17. Januar 1699 ließ sie sich als Lehns- und Gerichtsherrschaft auf Gut Wilksen bei Breslau huldigen. Durch Übersiedlung ins österreichische Schlesien entzog sie sich Sachsen wie Brandenburg-Preußen. Die 10 000 Taler, die ihr zum Gutserwerb fehlten, lieh ihr der Breslauer Makler Kloß. Mit dem Gut erwarb sie aber 25 Prozesse, von denen 18 bei ihrem Tod noch immer nicht zum Abschluß gelangt waren.

Als neue Herrin von Wilksen wurde Aurora auch bei Herzog Christian Ulrich von Württemberg-Oels eingeführt. Er interessierte sich sehr für sie, wollte sie heiraten. Der gängigen Literatur zufolge verweigerte ihr jedoch August der Starke den Heiratskonsens. Dazu gab es allerdings für ihn im österreichischen Schlesien bei einer schwedischen Gräfin gar keine Handhabe. Und warum hätte er gegen eine ihn entlastende Verheiratung Auroras sein sollen? Vermutlich brachte sie, bemüht um eine den Herzog nicht verletzende Ausrede, August den Starken als vermeintliches Hindernis ins Spiel. Eine andere Version vertrat Palmblad. Er meinte, eine alte Jugendliebe von 1683 sei dazwischengekommen, der Livländer Johann Heinrich von Patkul.[18] Er wurde 1707 von den Schweden als Landesverräter auf bestialische Weise hingerichtet – nachdem August der Starke ihn ausgeliefert hatte. So konnte Palmblad in seinem romanhaft angelegten Werk ein wenig Eifersucht des Kurfürsten in dieser Affäre andeuten. Freunde und Bekannte redeten Aurora zu, eine so „glänzenden Partie“ wie die mit dem Herzog keinesfalls auszuschlagen; der Herzog vermochte ihr schließlich zu bieten, weswegen sie in Quedlinburg, Dresden, Wien und Berlin als Bittstellerin auftrat: eine privilegierte Stellung und Reichtum. Die „Oelser Lösung“ aber sagte ihr nicht zu, obwohl sie zu begreifen begann, daß das Interesse der Männer an ihr nachlassen werde; schließlich war sie keine „Aurora“ mehr. Konfrontiert mit einem ernstzunehmenden Heiratsantrag, wurde ihr wohl erst bewußt, daß ihre Bindung an August den Starken enger als eingestanden war. Obwohl jetzt Gutsherrin im Schlesischen, bedeutete ihr die Stellung einer Äbtissin noch immer viel, mehr als die einer Herzogin. Die Verhältnisse im Stift hatten sich inzwischen zu ihren

Gunsten gewandelt, da Prinzessin von Holstein-Beck ohne öffentliche Angabe eines Grundes auf ihre Kapitelstelle verzichtete.

Am 14. Mai 1700 wurde Aurora mit einem Jahreseinkommen von 8 000 Talern und der Aussicht auf das Amt einer Äbtissin Pröpstin. Die Stiftsdamen stammten fast ausnahmslos aus dem Sächsischen, und das gereichte dem jetzt preußischen Stift zum Nachteil. Aurora, aus dem Märkischen kommend, Enkelin des berühmten Wrangel und aus ihrer Dresdner Zeit mit den Mächtigen Preußens persönlich bekannt, erschien dem in ständiger Furcht vor der Säkularisation lebenden und in zahlreiche Prozesse mit Preußen verstrickten Stift als letzter Hoffnungsträger. Die ihr zufallenden Aufgaben waren ganz nach ihrem Geschmack. Sie erwies sich als geschickte Unterhändlerin und machte sich verdient um die Überwindung einer gefährlichen Krise des Stifts (es konnte sich bis 1803 halten). Als die größte Gefahr gebannt schien, verblaßte jedoch ihr Stern.

In den kritischen Jahren fand es niemand anstößig, daß sie selten im Stift präsent war, und ihre hohen Spesen – sie lebte gern auf großem Fuß – wurden widerspruchslos beglichen. Aurora suchte aber nicht nur Berlin auf, sondern auch Dresden, Leipzig, Warschau, Hamburg…, und das wurde selbst der ihr wohlgesonnenen Äbtissin Anna Dorothea zuviel. Als sie 1704 erst 47jährig in Karlsbad starb, hinterließ sie die Empfehlung, Magdalene Sibylle von Sachsen-Weißenfels als Äbtissin einzusetzen – Aurora reise dauernd, statt „sich das Weltliche ganz aus dem Sinn zu schlagen und nur der Huth des Stiftes zu widmen“.

Die Wahl der neuen Äbtissin beschwor Schwierigkeiten im Stiftsleben und Einsprüche des Kaisers wie des Preußen-Königs herauf. Erst 1718 konnte man sich auf Maria Elisabeth von Holstein-Gottorp als neue Äbtissin einigen. Bis zu diesem Zeitpunkt oblag Aurora als Pröpstin die Leitung des Stiftes, und vermutlich rührt daher die weitverbreitete Auffassung, sie sei Äbtissin gewesen. Obwohl in der Hierarchie des Stiftes nur an zweiter Stelle stehend, vermochte sie, die mit Königen und Fürsten in Verbindung stand, dem Stift manch guten Dienst zu leisten. Einen

Höhepunkt stellte in ihrer Amtszeit 1711 der Besuch des Zarewitsch Alexej, des Sohns Peters des Großen von Rußland, in Quedlinburg dar.

Außerhalb des Stifts nahm sich Auroras diplomatische Karriere ziemlich bescheiden aus. Ende 1701 erschien sie überraschend in Warschau. Vielleicht waren ihre Beweggründe gar nicht so heroisch, wie ihre Freunde meinten. Die schwedische Politik gefährdete den Bestand des Familienbesitzes, sowohl der Linie Königsmarck als auch der Linie Wrangel. Karl XII., in Polen eingefallen, hielt die Schenkung von Gütern an Offiziere des 30jährigen Krieges durch seine Vorfahren für Verschwendung. Aurora suchte wegen ihres Familienbesitzes in Schweden und Livland das Gespräch mit ihm, was dem um Polen bangenden August dem Starken gerade recht kam. Sie sprach schwedisch und war eine schwedische Gräfin, und er brauchte dringend den Frieden, wozu sie ihm verhelfen sollte. Er gab ihr ein Begleitschreiben folgenden Inhalts mit auf den Weg: „Ich bitte Sie, allen Zusicherungen, welche Ihnen die Gräfin Königsmarck in meinem Namen macht, Vertrauen zu schenken."[19] Das war ganz ungewöhnlich, hatte doch Aurora kein staatliches Amt inne, weder ein sächsisches noch ein polnisches, war sie weder Minister noch Gesandter. August der Starke übernahm auch die Spesen in Höhe von 4 000 Talern.

Karl XII. hatte sein Hauptquartier zu Würzau unweit Mitau aufgeschlagen. Die Winterreise, die Aurora unternahm, war strapaziös und dauerte einige Wochen. Schwedischerseits hieß es: „Man wies ihr ein gutes Logis an, und jede an einem solchen Ort mögliche Aufmerksamkeit, jedes Vergnügen wurde ihr zuteil. Graf Piper, der Minister, war auch geneigt, ihr eine Privataudienz bei Karl XII. zu verschaffen; der König ging nicht darauf ein, weil er wußte, daß Augusts Friedensbedingungen mit seinen Plänen auf die polnische Republik unvereinbar waren." Als er ihr unvermittelt auf freier Flur begegnete, habe er „mit dem Hut salutiert, dann dem Pferd den Zügel schießen lassen und sei vorbeigeritten".[20] Falls sie auf ihren Charme gesetzt hatte – Karl XII. war dafür nicht empfänglich; ihre Mission mißglückte. Sie war in ihren privaten Vermögensangelegenheiten keinen Schritt weitergekommen und vermochte auch Augusts des Starken Anliegen nicht an die rechte Adresse zu bringen.

Im polnischen Reichstag wurde sie heftig attackiert, obwohl die Kritik weniger ihr als vielmehr August dem Starken und seinem angestrebten Vergleich mit dem Schwedenkönig galt. Sie sah sich bloßgestellt auch durch überraschend schnell auftauchende Spottmünzen und Spottverse. Eine sich aufs spiegelglatte Parkett der Diplomatie begebende Pröpstin mußte, wenn sie erfolglos war, darauf gefaßt sein, ein Opfer der Karikaturisten zu werden. Aurora würde sich selbst verleugnet haben, hätte sie resigniert. Obwohl sie nur mit leeren Händen kam, gewann sie ihrem diplomatischen Auftritt das Beste ab; sie verbreitete die Version, Karl der XII. von Schweden habe nur deshalb ein Gespräch mit ihr verweigert, weil er sich ihr nicht gewachsen fühle. Die europäische Diplomatie zollte ihr Beifall – aus Respekt vor ihrem Geschick, selbst einen eindeutigen Mißerfolg noch in einen Erfolg umzuwandeln. Am Ende glaubte sie selbst an ihren vermeintlichen moralischen Sieg.

Wegen ihres Familienbesitzes mußte sie mit Schweden im Gespräch bleiben. Ihre Briefe adressierte sie an Minister Graf Piper, der sich in Würzau sehr freundlich gezeigt hatte und ihr wohlgesonnen blieb. Als die Schweden Sachsen 1706 besetzten, suchte der Minister erneut, ihr zu einem Gespräch mit Karl XII. zu verhelfen: er lud sie zur Hochzeit seiner Schwester nach Leipzig ein. Bei Festlegung der Tischordnung aber war er sich unschlüssig über den Rang einer Pröpstin und konsultierte vorsichtshalber seinen König. Karl XII. enthob ihn mit einem einzigen Satz aller Protokollfragen: „Wie kann sie auf Rang Anspruch machen, sie ist eine Hure."[21] – Aurora blieb der Hochzeitsfeier fern.

Am Dresdner Hof verspielte sie viel von ihrem Ansehen durch ihre zahlreichen Besuche. In verletztem Stolz hatte sie sich die Trennung vom Kurfürsten leichter vorgestellt. In der Rolle der fürsorglichen Mutter, die Angelegenheiten des Sohnes zu besprechen habe, überzeugte sie bald nicht mehr, und August der

Starke behandelte sie zunehmend kühler. So beantwortete er 1719 ihre Neujahrswünsche mit ein paar belanglosen Floskeln, wie er sie für jeden Gesandten oder Höfling parat hielt:

„Ihren Glückwunsch zum Neujahr habe ich richtig erhalten. Ich danke Ihnen für die mir gemachten Glückverheißungen, indem ich auch Ihnen jede Art der Wohlfahrt wünsche und Gott bitte, daß er Sie, Frau Gräfin von Königsmarck, in seinen heiligen Schutz nehme.

Warschau, den 11. Januar 1719
August, König“[22]

Persönliche Wünsche scheint Aurora nur selten vorgetragen zu haben. Bekannt wurde nur, daß sie 1725 in großer Geldverlegenheit August den Starken bat, einige verpfändete Perlen für sie einzulösen, was er ohne Zögern zusicherte; 1727 waren die Pfänder allerdings noch immer nicht eingelöst!

Aurora starb in der Nacht vom 15. zum 16. Februar 1728, bis zuletzt mehr auf Kosmetika und Pülverchen aus der Alchimistenküche denn auf Medizin bauend. Der erzürnte Arzt warf ihr vor, Monate, vielleicht gar Jahre ihres Lebens zu verschenken, doch ihr lag wenig daran, „das bittere Ende durch Pillen und Tee hinauszuschieben“. Sie war mittlerweile 60 Jahre alt und in der Taille schon etwas füllig. Als ihre Schönheit verblaßte, verlor der Tod für sie seinen Schrecken.

Das Stift zeigte wegen der Beerdigung keine Eile. Aurora war schon drei Tage tot, als die Benachrichtigung der Verwandten in die Wege geleitet wurde. Die Äbtissin schrieb an die in Hamburg lebende Schwester, die Gräfin Löwenhaupt – und beantragte zeitgleich bei den Gerichten in Celle und Hannover die vorläufige Beschlagnahme des Königsmarck'schen Besitzes, da das Stift aus der Erbmasse der Verstorbenen 4 500 Taler zu beanspruchen habe. Als sich die Nachricht von Auroras Ableben verbreitete, wurden auch von anderer Seite Forderungen geltend gemacht – ohne Zinsen insgesamt 21 252 Taler und 7 Groschen.[23]

Kurz vor ihrem Ende hatte Aurora noch ein Testament verfaßt, zwar Sohn Moritz zum Erben bestimmt, aber auch so manches

Legat für Bedienstete und Freunde ausgesetzt. Sie muß den Überblick über ihre Finanzen völlig verloren haben und vererbte großzügig nicht vorhandenes Geld. Der greifbare Nachlaß bestand aus 52 Talern 10 Groschen und 8 Pfennigen sowie einem Perlenhalsband im Wert von 320 Talern und etwas Mobiliar.

Die Beisetzung Auroras wuchs zu einer Peinlichkeit aus. Selbst bei Ignorierung der ausgesetzten Legate war mit Kosten in Höhe von 1 000 Talern zu rechnen. Neben Sarg und Trauerfeier erforderte die Auszahlung des Personals größere Summen. Die Verstorbene hatte sich mit einem kleinen Hofstaat umgeben, zu dem allein im engeren Sinne 18 Personen gehörten – unter anderem drei Kammerjungfern, ein Kammerfräulein, eine Kammermagd, ein Page, ein Sekretär, ein Koch und ein Kutscher. Um Zeit zu gewinnen, ordnete die Äbtissin ein vierwöchiges Trauergeläut an. Das Stift verstand es angesichts der Schulden Auroras als unzumutbar, die Beisetzung zu bezahlen – und auch als unnötig, denn August der Starke, der Millionen für den Bau des Dresdner Zwingers und die Erneuerung der Armee ausgab und so manche Schöne mit 40 000 Taler teuren Brillant-Buketts umworben hatte, würde doch wohl 1 000 Taler für die Beisetzung einer Frau übrig haben, die er einmal geliebt und die ihm einen Sohn geboren hatte! Sachsens prachtliebender Kurfürst stellte sich jedoch taub.

Die Schwester, Gräfin Löwenhaupt, schickte ihren Sohn nach Quedlinburg, der – auf ein ansehnliches Erbe aus – fluchtartig wieder abreiste, ohne sich um seine noch immer aufgebahrte Tante zu kümmern.

Sohn Moritz, der die Adresse Auroras gut kannte, wenn er Geld brauchte und ihren Schuldenberg anhäufen half, ließ erst drei Monate nach ihrem Ableben von sich hören, schickte aber nur seinen Sekretär, einen Juristen, der sich einen Einblick verschaffte und sarkastisch meinte: Wer diese Erbschaft antrete, müsse sehr reich sein und sehr jung – um das Ende der unüberschaubaren Vermögensauseinandersetzungen noch erleben zu können. Und damit sollte er recht behalten. Moritz verklagte seine Tante, die Gräfin Löwenhaupt, wegen vermeintlicher Beseitigung des Testaments; man hatte ihm nur einen Briefumschlag ausgehändigt, auf dem von der Verstorbenen Hand geschrieben stand:

„Dies ist mein letzter Wille wegen meiner hiesigen Angelegenheit.

Maria Aurora Königsmarck".

Ob die Gräfin Löwenhaupt für den fehlenden Inhalt verantwortlich war, ließ sich nie klären. Sie brachte ihrerseits zur Sprache, daß sie am 28. Mai 1700 mit 100 000 Talern für Aurora die pröpsteiliche Kapitulation verbürgt hätte, nicht August der Starke, wie allgemein als selbstverständlich angenommen wurde. Der Familienbesitz der Königsmarcks bot wegen der Ansprüche Schwedens keine Sicherheit. Zudem sollten noch zwei Jahrhunderte vergehen, bis endlich 1930 das Schicksal von Auroras Bruder Philipp erhellt wurde: Er war im Auftrage des Kurfürsten Ernst August von Hannover wegen seiner Liebeshändel ermordet worden. Moritz mußte seine Forderungen immer wieder reduzieren. Aurora hatte Außenstände, jedoch vorwiegend bei Königen und Fürsten, und damit schwer einklagbare; die meist vagen Ansprüche im Baltikum sowie in Schweden, Schlesien und Bremen sollen sich auf 40 000 Taler belaufen haben. In den Prozeß wurde halb Nordeuropa einbezogen, und als das Stift Quedlinburg 1748 die Akten nach Magdeburg abgab, schwebte das Verfahren noch. So lebte Aurora in den Rechtshändeln fort.

Nachdem Auroras Leiche ein Jahr lang im Gewölbe lag, setzte das Stift dem unwürdigen Zustand ein Ende. Am 12. Februar 1729 erfolgte die Umbettung, am 29. April 1729 die Beisetzung im Gruftgewölbe der Schloßkirche. Um die Kosten zu decken, wurden Auroras Möbel versteigert. Bedeutend scheint der Erlös nicht gewesen zu sein, denn Superintendent von der Schulenburg beklagte sich, als ihm für die Ausrichtung der Totenfeier nur 10 Taler gezahlt wurden, und weil er gerade dabei war, seine Unzufriedenheit kundzutun, mahnte er das ihm von Aurora zugedachte Legat von 100 Talern an.

Ob Aurora von Königsmarck als Pröpstin noch ihr malerisches

Talent zu nutzen suchte, bleibt fraglich. Ihr später zugeschriebene Gemälde, darunter das Quedlinburger „Selbstporträt", erwiesen sich als von anderer Hand gemalt. In ihrem Nachlaß fanden sich weder begonnene Arbeiten noch eine Staffelei. Sie komponierte aber und förderte Komponisten, indem sie ihnen Kost und Logis in Quedlinburg gewährte, musizierte fast täglich allein oder im kleinen Kreis, lud auch des öfteren Musiker zu einem Konzert im Stift ein. Und sie dichtete! Johann Christoph Gottsched hielt gleich mehrere ihrer Lustspiele sowie ein deutsches Trauerspiel in seinem „Handlexikon" für erwähnenswert. Aurora verfaßte auch einfühlsame Poeme. Im Nachlaß fand sich eines, das sie ihren Memoiren voranstellen wollte. Die ersten Zeilen lauten:

Mein Anfang war ein Anfang zum Beklagen,
Vom Frühling durft' ich nur die Dornen tragen.
Das Jahr der Lust – es band mir keinen Kranz,
Und Sorge hat verdunkelt meiner Jugend Glanz.

Gräfin Cosel oder die Bitternis der Gefangenschaft

STOLPEN IN SACHSEN BRINGT ES IN MANCHEN JAHREN AUF 150 000 Gäste. Das ist viel für einen Ort, der wenig mehr als 2 000 Seelen zählt und abseits der Touristenzentren liegt. Anziehungspunkt ist die Burg, die sich auf der eigenartig geformten Kuppe erhebt. 1764 gab Sachsen die Feste als militärisch bedeutungslos auf. Napoleon entschied sich für eine Erneuerung und Vergrößerung der Anlage. Als er 1813 zum Rückzug genötigt wurde, ließ er sprengen, was er gebaut hatte – und die Altbauten dazu. Seither ist Burg Stolpen Ruine. Jenen aber, die sich umsehen möchten, wo Constanze Cosel 28 Jahre in Haft saß und weitere 21 Jahre aus angeblich freiem Entschluß vergessen von der Welt den Tod erwartete, ist Stolpen allemal einen Abstecher wert.

Als sich 1873 Jozef Kraszewski mit seinem Roman „Gräfin Cosel" in die Herzen seiner Leser schrieb, begann die „Vermarktung" der Cosel. Plötzlich waren Porträts von ihr gefragt, aber Nachforschungen schwierig. Den Handel berührten Verunsicherungen und Bedenken der Experten wenig; er versorgte den Markt stets reichlich mit Cosel-Bildnissen. Wer sie vergleicht, fragt sich etwas verwundert: welche der freundlich dreinschauenden Hofdamen ist nun eigentlich die Cosel? Als sie in Ungnade fiel, mußten ihre Porträts aus Sammlungen und Galerien entfernt werden. Die Porträts, die sich noch im Besitz der Künstler befanden, verkauften deren Erben später unter neutralen Bezeichnungen wie „Bildnis einer Dame" oder „Hofdame". Inzwischen war eine Generation herangewachsen, die sich an die Cosel nicht mehr zu erinnern vermochte.

Als schwierig erwies sich die Suche nach dem Grab der Cosel. Ei-

*Anna Constantia Reichsgräfin von Cosel · * 1680, † 1765*
Porträtdarstellung als „Venus" nach einer Vorlage von Valee

Kurfürst Friedrich August I. von Sachsen
** 1670, † 1733, Kurfürst von 1694–1733*
Als August II. König von Polen 1697–1704 und 1709–1733
Kupferstich von Hieronimus Rossi

ner alten Überlieferung zufolge befindet es sich in einer Höhle am Schaftberg nahe Langenwolmsdorf. Ihre Schätze soll sie im Sarg versteckt haben. Tatsächlich wollte sie sich in einer der Höhlen zur letzten Ruhe betten lassen, nur erlaubten dies weder die kirchlichen noch die weltlichen Behörden. Der Sarg wurde in der Schloßkapelle beigesetzt, die Napoleon dann sprengen ließ. Man muß annehmen, daß die Cosel keinen Grabstein wünschte. Auf jeden Fall traf sie keine Vorkehrungen, obwohl sie sonst rechtzeitig und bis ins Detail alles für den Fall ihres Todes festlegte. Das Grab ist 1881 im Felsen entdeckt, der Sarg analysiert worden; er müßte aus grobem Tannenholz bestanden haben. Die Fundstelle wurde mit einer unauffälligen Steinplatte sorgfältig geschlossen, und die Spuren sind schon wieder verblaßt.

Die Cosel starb am 31. März 1765; die Beisetzung erfolgte am 4. oder 5. April. Die Angaben im Kirchenbuch weichen von denen des Amtmanns ab. Zur Trauerfeier fanden sich nur einige wenige Personen ein. Tochter Friederike Alexandria, Witwe des polnischen Grafen Moszinsky, konnte wohl nicht rechtzeitig benachrichtigt werden. Auguste Constantia, die zweite Tochter, war bereits 1728 verstorben, und auch ihr Mann, Graf Friesen, lebte nicht mehr. So blieb der einzige Sohn, der in Dresden lebende General Friedrich August Graf von Cosel. Er kam begleitet von seiner Frau als einziger Familienangehöriger zur Beerdigung. Von den einstigen Freunden und Verehrern der fast 85 Jahre alt gewordenen Cosel lebte kaum einer mehr. Außerhalb des Hofes hatten ohnehin nur wenige Kenntnis von ihrem Schicksal. Selbst Carl Ludwig von Pöllnitz wähnte sie 1734 in seinem Buch „Das galante Sachsen“ auf dem Gut des Grafen Friesen.[1] Und saß damit einem vom Hof verbreiteten Gerücht auf. Damit kein Befreiungsversuch erfolge, sollte niemand ihren Aufenthaltsort erfahren. Die Version von dem geruhsamen Alterssitz bei Verwandten kam auf, um heimlich verbreiteten Nachrichten über eine skandalöse Kerkerhaft die Glaubwürdigkeit zu nehmen. Für die meisten Sachsen aber war die Cosel vor ihrem Tod schon gestorben.

Nach der Trauerfeier sahen sich Sohn und Schwiegertochter im Johannisturm etwas um; unter seinem amtlichen Namen ist er heute kaum noch bekannt; Fremde erkundigen sich besser nach dem Coselturm, so bezeichnet im Volksmund, weil er der Cosel in den letzten Jahren ihres Lebens als Quartier diente. Ihre erste Wohnung auf Burg Stolpen war wegen grober Vernachlässigung baufällig geworden. Beim Einsturz eines altersschwachen Ofens wurde der Gräfin ein Schenkel zerschmettert; sie durfte daher 1744 in den Johannisturm umziehen: „Vorietzo haben Ihre Exzellenz die Frau Gräfin Cosel dero Wohnung in diesem Thurme". Wie ein Wunder vermochte er Napoleons Zerstörungswut zu trotzen. Amtmann Christoph Friedrich Gülden, der General Cosel zur Erfassung des Nachlasses in den Turm begleitete, verdanken wir eine wohl doch als authentisch zu betrachtende Beschreibung, nach der sich fünf Zimmer in der ersten Etage befanden, darunter die Küche; die Aufenthaltsräume lagen im zweiten Stockwerk. „In dem kleinen Wohnzimmer", erinnerte sich Gülden, „waren keine Tapeten, zwei alte sehr schadhafte Stühle, eben so viele kleine hölzerne Tische, ein hölzernes Bett ohne Vorhänge und der Gräfin eigener Stuhl, darauf sie zwischen zwei hölzernen Seitenlehnen ohne Rückenstück auf zwei alten übereinander liegenden Federkissen, den Rücken allezeit dem Ofen zukehrend, gesessen. Durch den vielen Rauch und Dampf einer mitten im Zimmer an der Decke herabhängenden Lampe, welche von Abend bis zum hellen Morgen brennen mußte, war alles so schwarz geworden, daß man den Zeiger einer an der Wand hängenden schlechten Schlaguhr nicht erkennen konnte".[2] Von der Bibliothek abgesehen, waren die Räume mit billigem Hausrat überladen, lieblos eingerichtet und ungepflegt. Zwar las die Cosel zuletzt nur noch in der Bibel, aber sie besaß etwa 3 000 Bücher, vor allem historische und theologische Schriften sowie Arbeiten über Kräuter und Heilkunde. Es fehlten die Tagebücher. Die Bediensteten behaupteten, sie habe alle Aufzeichnungen kurz vor ihrem Tode ins Feuer geworfen. Diese Vernichtungsaktion bedauern die Historiker, vielleicht aus überzogenen Erwartungen. Die Cosel hat zumindest in den ersten

Jahren ihrer Haft viel geschrieben, Briefe an Behörden, Briefe an Freunde. Einige Dutzend der Zensur in die Hände gefallene Briefe liegen heute im Sächsischen Staatsarchiv, reine Beschwerdebriefe. Sie stand bei Feind und Freund bald als lästige Nörglerin in Verruf, und ihre Tagebücher dürften inhaltlich den Briefen entsprochen haben.

Die Cosel verbrachte 17 965 Tage in Stolpen. Der Nachlaß bereitete Amtmann Gülden keine Mühe, denn General Cosel war Alleinerbe. Er beglich die Bestattungskosten, zahlte die von der Verstorbenen den Armen Stolpens vermachten 100 Taler und rechnete mit den beiden Bediensteten ab. Wie sich herausstellte, war das Stubenmädchen seit zwei Jahren ohne Lohn geblieben. Sie sei es zufrieden gewesen, meinte sie, da ihr die Gräfin Kleider versprochen habe; es waren genug vorhanden, sechs Koffer voll, recht kostbare, aber völlig aus der Mode. In einem mit Leder überzogenen Sitzbrett, allgemein auch als „Sparstrumpf" genutzt, fanden sich 105 Gulden. Für die täglichen Ausgaben genügten ihr einige Gulden vollauf, und in den „Strumpf" steckte die Nachfahrin einer alten Kaufmannsfamilie kein Geld, das legte sie an.

Ihren beiden Töchtern hatte sie je 100 000 Taler als Mitgift ausgezahlt. Als ihr 1743 die uneingeschränkte Verfügungsgewalt über ihr Geld eingeräumt wurde, rechneten die Kuratoren mit ihr ab: ihr Vermögen belief sich auf 511 871 Taler und 16 Gr.[3] Trotz angelaufener Zinsen dürften Verluste aufgetreten sein, weil Preußen während des Siebenjährigen Krieges minderwertige „Ephraimiter" in Umlauf setzte, was Sachsens Währung zerrüttete. Ihr Sohn erbte aber noch immer eines der größten Vermögen des Landes, nur sollte ihm keine Zeit bleiben, den Reichtum zu genießen. Er starb fünf Jahre nach seiner Mutter. Erst 35jährig folgte ihm 1789 kinderlos sein Sohn Sigismund, mit dem die männliche Linie der Cosel erlosch.

Festungsgefangene versorgten sich selbst – eine merkwürdige Praxis. Der Staat mutete seinen Häftlingen zu, sich auf eigene Kosten einsperren zu lassen. Wer über Geld verfügte – und zu Festungshaft wurden vornehmlich Begüterte verurteilt –, konnte sein Kerkerdasein etwas freundlicher gestalten. Die Cosel besaß ausreichend Geld. In den ersten Jahren hat ein pedantischer Festungskommandant sie allerdings übel schikaniert. Auf Weisung des Hofes bekam sie kein Bargeld in die Hand, aus Furcht, sie werde Fluchthelfer anwerben oder über Boten mit der Außenwelt in Verbindung treten. So konnte sie ohne Zustimmung des Kommandanten nichts kaufen, und sei es nur ein Pfund Salz oder eine Flasche Wein. Er wählte auch ihre Bediensteten aus und machte sie quasi zu Mitgefangenen, indem er ihnen verbot, die Festung zu verlassen. Erst nach wiederholten Protesten der Gräfin begnügte er sich mit der eidesstattlichen Versicherung des Personals, keinerlei Botschaften für die Inhaftierte zu besorgen. Der zermürbende Kleinkrieg mit dem Kommandanten entnervte sie völlig und reduzierte Kauf- oder Personalwünsche auf ein Minimum.

Daß sie in Stolpen blieb, als niemand sie mehr dazu nötigte, gab manche Rätsel auf, noch mehr, daß sie ihr kümmerliches Dasein fortsetzte. Als 1743 die Aufhebung der Kuratel erfolgte, forderte sie unverzüglich jährlich 8 000 Taler. Sie gab aber kaum einen Groschen mehr als in der Haftzeit aus, etwa täglich drei Taler für sich und das ursprünglich fünfköpfige Personal. Auf dem Höhepunkt ihrer Macht galt sie als geltungssüchtig und ehrgeizig, in den Stolpener Jahren als starrsinnig und dem Geiz verfallen – der kahle Johannisturm scheint es zu bezeugen. Das letzte Geheimnis lüften auch die unwohnlichen Räume nicht.

Der amouröse Lebenswandel Augusts des Starken ist stets als recht ergötzlich verstanden worden. Auf Burg Stolpen verkam seine langjährige Mätresse, die Mutter seiner drei Kinder, eine der schönsten und geistreichsten Frauen des 18. Jahrhunderts. Es fällt schwer, sich das Vergehen einer Hofdame vorzustellen, das 28 Jahre Festungshaft rechtfertigen könnte. Offiziell wurde sie übrigens nie in Freiheit gesetzt, es kümmerte sich nur von 1743/44 an niemand mehr um sie. Die wenigen Menschen, die noch Umgang mit ihr pflegten, fanden ihr Verhalten grotesk. Warum ging sie nicht mit ihrem Geld nach Italien oder in die Schweiz, an einen Ort, wo keiner sie kannte? Aber sie war entwurzelt. Sie hatte keine Zukunft, nur eine Vergangenheit. So vegetierte sie Jahr um Jahr im Johannisturm zu Stolpen dahin, zutiefst verletzt und grenzenlos verbittert. Es gab in ihren Ausgabenrechnungen nur einen Posten, der Beachtung verdient: Honorare für den Pfarrer aus Uttenreuth. Er übersetzte ihr aus dem Hebräischen, was er über die Kabbala, eine mystische Strömung im Judentum, in Sachsen aufzutreiben vermochte. Sie verstand sich aufs Zaubern, meinten ihre Dienstboten. Verzweifelt hatte sie sich in die von Geheimnissen umwitterte kabbalistische Mystik geflüchtet, um schließlich völlig in ihr aufzugehen, jegliches Interesse an irdischen Vorgängen verlierend. Kerker oder Freiheit – ihr war eines so gleichgültig wie das andere.

Sie zählte 33 Jahre, eine Frau im besten Lebensalter, als sie vom Hof und dessen Glanz verbannt und einem ungewissen Schicksal überlassen wurde. Ihre Lebensstationen in der Freiheit nehmen sich, verglichen mit Haft und dem endlos langen Warten auf den erlösenden Tod, wie Episoden aus.

Der Lebensbaum der Gräfin Cosel wurzelt im Holsteinischen, wo sie am 17. Oktober 1680 auf Gut Depenau als Anna Constanze (Constantia) von Brockdorff geboren wurde. Eines der Nachbargüter gehörte der märkischen Familie Königsmarck. Aber wer konnte damals ahnen, daß die beiden Töchter dieser Familien sich als Mätressen Augusts des Starken einmal ablösen würden? Depenau fiel als Mitgift der Urgroßmutter Constanzes väterlicherseits ans Haus Brockdorff. Der Großvater hatte das Familienschiff allerdings weit sicherer zu steuern vermocht als der dünkelhafte und jähzornige Vater. Im Duell erschoß er seinen Verwandten Leopold Joachim von Rantzau, flüchtete nach Kopenhagen, hatte Glück und fiel 1672 unter die Amnestie, trat in die Dienste des dänischen Königs, stand bei Constanzes Geburt im Range eines Rittmeisters und nahm seinen Abschied 1689 als Oberst. Er brachte seiner Tochter vor allem zwei Dinge bei: Reiten und Schießen. Constanze ritt im Damen- wie im Herrensattel gleichermaßen gut und schoß besser als die meisten Ritter. Sie sollte dereinst manch selbstbewußtem männlichen Rivalen beim Preisschießen die Prämien entführen. Reiten und Schießen beherrschte sie.

Zum Grund und Boden fand sie dagegen kein rechtes Verhältnis. Der Vater gehörte zu den Gutsherren, die mit Leibeigenen willkürlich umsprangen. Constanze war sieben Jahre alt, als er drei Frauen seiner Herrschaft als Hexen verbrennen ließ. Die Teilung der Gesellschaft in Herrschende und Beherrschte erschien ihr als natürlichste Sache der Welt. Sie hatte schon großen Einfluß in Sachsen, als 1707 ihr Vater vom dänischen König angeklagt wurde, einen Leibeigenen totgeschlagen, Bauern „gelegt" und ganze Dörfer gewaltsam vereinnahmt zu haben. Nur durch Constanzes Eingreifen konnte das Gut für die Familie gerettet werden. Handelte sie aus Familienbewußtsein, oder sicherte sie sich einen Zufluchtsort? Als jähzornig galt sie nicht nur bei ihren Feinden: Die Veranlagung erbte sie vom Vater.

Die Mutter stammte aus dem Bürgertum. Sie heiratete als verwitwete Berns geb. Marselis den ungestümen Ritter von Brockdorff. Ihr Großvater, ein überzeugter Calvinist, war zu Zeiten des Herzogs Alba aus Brabant geflohen, gelangte als Kaufherr in Hamburg zu Reichtum und wurde Leiter eines verzweigten Familienunternehmens, das liiert mit dem Kopenhagener Handelsunternehmen Albert Baltzer Berns deutsches Getreide, holländische Juwelen, Brabanter Spitzen und englische Waffen mit eigener Flotte im gesamten alten Hanseraum vertrieb und zum bedeutendsten Bankier der dänischen Krone aufrückte. Da der dänische König durch einen Willkürakt die Marselis & Berns verpfändeten Güter einzog, blieben der Mutter nur zwei Güter, eines in Jütland und eines in Norwegen. Letzteres verkaufte sie, um für die Brockdorffs, die 1681 teils als Spätfolge des 30jährigen Krieges, teils wegen unangemessener Lebensführung in Konkurs gerieten, für 47 000 Taler Gut Depenau zu retten.

Nach dem Zeitverständnis drohte Constanze eine schwierige Position in der adligen Gesellschaft. Sie stammte aus einer nicht standesgemäßen Ehe, die Familie des Vaters war bankrott und die Familie der Mutter vom Abstiegsstrudel erfaßt. Gut Depenau würde ihr nur zufallen, falls ihre beiden Brüder als Erben ausschieden. Also blieb ihr als Ausweg nur die Karriere eines Hoffräuleins. Da vier Schwestern des Vaters an Höfen lebten, fand sich dank dieser Verbindungen auch für Constanze ein Platz – in Gottorp bei Prinzessin Sophie Amalie. Diese heiratete 1695 August Wilhelm von Braunschweig-Wolfenbüttel, und die 15jährige Constanze durfte zu den Jungvermählten ziehen.

Wolfenbüttel war Residenz einer welfischen Linie und ein Zentrum der schönen Künste. Die Herzog-August-Bibliothek zählte mit 120 000 Bänden zu den größten Büchereien Europas. Der Hof im Zeitalter des Barock hielt viel vom Schein. Der Landesherr hatte den Adel weitgehend einstiger Macht beraubt und entschädigte ihn mit einer zwar bedeutungslosen, aber doch glanzvollen Stellung am Hof. Die kleine Landadlige aus Depenau geriet vom nüchternen Gutsbetrieb in eine Welt der Eitelkeit, in der man etwas vorstellen mußte, so man etwas gelten wollte.

Am Hofe des Barock brauchte eine Dame viel Zeit für Kleidung und Haarschmuck. Im Vergleich zur Renaissance zeigte sich die Mode zwar bescheidener, war aber strengen Vorschriften unterworfen. Die Länge der Schleppe deutete auf den Rang der Dame. Die Mode war darauf bedacht, den Körper weitestgehend zu verbergen. Eine Dame zeigte niemals Beine, denn Beine besaß doch jedes Bauernmädchen, und der Adel, auf Distanz bedacht, umgab sich mit gewaltigen Stoffhüllen. Wichtigste, vom Bürgertum entrüstet abgelehnte Neuerung war das Décolleté, mit dem der Halsschmuck Bedeutung gewann. Beträchtlicher Aufwand wurde mit dem Haar getrieben. Man formte die unterschiedlichsten, mit Draht gestützten, möglichst hohen Figuren.

Die Damen des Hofes brauchten Stunden, sich für die Höhepunkte des Tages, das Theater und die anschließende „Gesellschaft" vorzubereiten. Constanze begriff rasch, wie sehr ihre Position am Hof von Äußerlichkeiten abhing. Mit hübschem Gesicht und guter Figur durfte sie sich Chancen ausrechnen, die noch stiegen, wenn sie sich wie andere mit Perlen und Brillanten schmücken konnte.

Wie die Mode war auch der Tanz strengen Ritualien unterworfen. Constanze liebte die körperliche Bewegung, und der höfische Tanz mit seinem vorgeschriebenen Rhythmus und den stets gleichen Bewegungen schien ihr wie ein geometrisches Ornament. Um die Figuren perfekt ausführen zu können, bedurfte es jahrelanger Übungen. Verboten war fast alles, was den Tänzern Spaß bereitete; es durfte weder gesprochen noch gelacht werden, es war nicht gestattet, den Partner anders denn mit den Fingerspitzen zu berühren usw. usf. Der Tanz war reine Zeremonie. Trotzdem kam Freude auf, gelang eine Figur besonders gut. Lustiger als beim Menuett ging es auf dem Karneval zu, den alle sehnsüchtig erwarteten und ausgelassen feierten.

Auf dem „Stundenplan" stand auch Konversation. Ein Hoffräulein sollte in der Lage sein, sich in jeder Gesellschaft zu unterhalten, und das möglichst geistreich. Man brachte ihr sichere Rede und vollendeten Ausdruck bei, aber das notwendige Allgemeinwissen mußte sie sich größtenteils selbst erarbeiten. Die Anleitung beschränkte sich auf die Geschichte des regierenden Hauses und der europäischen Fürstengeschlechter, in Wolfenbüttel allerdings auch auf Fragen der Kunst, denn darauf legte der Herzog besonderen Wert. Constanze lernte die herzogliche Bibliothek schätzen.

Das vierte Hauptfach war der Sprachunterricht, in dessen Mittelpunkt das Französische stand, die Sprache der Diplomatie und des Hofes. Dänisch beherrschte Constanze von Haus aus. Die Mutter sprach als Nachkommin eines weitgereisten Kaufmanns fast alle Sprachen des Hanseraums und hielt Constanze ganz im Sinne alter Kaufherrenmentalität an, sich in möglichst vielen Sprachen verständigen zu lernen. Dies sollte ihr einmal zu großem Vorteil gereichen.

Das Herrscherpaar von Braunschweig-Wolfenbüttel besuchte 1699 in angespannter politischer Situation Stockholm; Constanze, die als Begleiterin mitfuhr, fand König Karl XII. flegelhaft. Die Rückreise erfolgte über Kopenhagen; so lernte Constanze die Hauptstadt jenes Landes kennen, mit dem ihr Elternhaus seit Generationen eng verbunden war.

Zwei Jahre später war Constanze schwanger. Die Herzogin stellte keine Fragen; sie schickte ihr Hoffräulein kurzerhand nach Hause. Die Familie war entsetzt, vor allem der Vater. Von

Wolfenbüttel her schwappten zwar mancherlei Gerüchte bis Depenau, aber Constanze hüllte sich in Schweigen. Die Depenauer Version war, daß es zu einer Fehlgeburt kam, doch Constanze sprach noch kurz vor ihrem Tode von vier Kindern, drei von August dem Starken, eines von... ? Vermutlich gab sie ihr erstes Kind in Pflege. Constanze verlebte ein unglückliches Jahr. Nach Wolfenbüttel konnte sie nicht zurückkehren, in Depenau, von der Familie verachtet und von unkontrollierbarem Geschwätz umgeben, nicht bleiben. Sie war bereit, den erstbesten Ausweg zu wählen, wenn er sie nur weit von Depenau wegführte. Der Ausweg wandelte auf Freiersfüßen, hieß Adolph Magnus Frhr. von Hoym und war Direktor der neuen Akziseverwaltung Sachsens.

Hoym kannte Constanze von Wolfenbüttel her, wo er des öfteren im Auftrage Augusts des Starken weilte. Schon von Amts wegen in keinem guten Ruf stehend und selbst Mittelpunkt des Hoftratsches, interessierte es ihn wenig, was in Wolfenbüttel und Depenau über Constanze berichtet wurde. Sie zählte jetzt 22 Lenze und konnte nicht wählerisch sein. Am 2. Juni 1703 fand in Depenau ihre Vermählung mit dem 34jährigen Hoym statt.

Von Dresden war Constanze begeistert. Die Stadt ähnelte Wolfenbüttel, vornehmlich in kultureller Beziehung, aber alles wirkte gewichtiger, weniger provinziell. Die Hoyms besaßen nahe der Kreuzkirche ein Haus, das sich von Kreuzgasse bis Große Frohngasse erstreckte. Den Ton gab der Schwiegervater an, als Kammerpräsident einer der einflußreichsten Männer des Landes. Schwägerin Rahel Charlotte, die Schwester des Gatten, war verheiratet mit Friedrich Vitzthum von Eckstädt, einem August dem Starken besonders nahestehenden Minister Sachsens und befreundet mit der damals am Hof in Gunst stehenden Gräfin Reuß. Constanze schloß sich eng an die Vitzthums an. Eine andere wichtige Bezugsperson sollte zu Beginn ihrer Dresdner Zeit die Königin-Mutter werden; sie war dänischer Herkunft, eine Tante eben jener Prinzessin Sophie Amalie von Wolfenbüttel, bei der Constanze fast acht Jahre lang als Hoffräulein gelebt hatte. Im Frühjahr 1704 durfte Constanze mit ihrem Mann nach

Schloß Lichtenburg kommen, dem Sitz der Königin-Mutter. Dies war die erste bedeutende Einladung, die sie sich selbst verdankte.

Soviel Erfreuliches Constanze in Dresden auch vorfand, über eines war sie entsetzt: Hoym beherbergte in seinem Haus eine Geliebte und ihr Kind. Wenige Wochen nach der Hochzeit mußte er August den Starken nach Polen begleiten, und Constanze lebte notgedrungen monatelang mit der Mätresse ihres Mannes unter einem Dach. Unter diesem Vorzeichen hielt die Ehe kaum länger als die Flitterwochen. Hoym verklagte Constanze am 22. Januar 1705 auf „Verweigerung der ehelichen Pflichten" und beantragte die Scheidung. Versöhnungsversuche des Oberkonsistoriums scheiterten, kosteten nur Zeit. Am 8. Januar 1706 wurde die Ehe geschieden. Constanze, für schuldig befunden, durfte nicht wieder heiraten. Hoym ging zwei Jahre später eine Ehe mit der Comtesse von Friesen ein, die nach sechs Monaten „desertirte". 1715 quittierte er den Dienst bei August dem Starken und tauschte seine Güter in Sachsen gegen Besitzungen im österreichischen Schlesien. Zeit seines Lebens beklagte er sich, mit Frauen kein Glück zu haben. Daß August der Starke die Ehe der Hoyms auseinandergebracht habe, gehört ins Reich der Legenden; sie bestand nur noch nominell, als er sich Constanze näherte.

Constanze wurde dem Kurfürsten vermutlich zur Neujahrsmesse 1704 in Leipzig durch die Vitzthums vorgestellt. August der Starke war damals mit der Teschen liiert und auf kein weiteres Abenteuer aus. Monatelang weilte er dann in Polen. Er war erst seit einigen Tagen zurück, als am 6. Dezember 1704 das Haus der Hoyms durch eine Unachtsamkeit des Personals beim Umgang mit offenem Licht abbrannte, ein Ereignis, das halb Dresden in Aufregung versetzte. August der Starke eilte zum Unglücksort, sah Constanze und bot ihr Schutz in seiner Kutsche. An diesem Tag erwachte wohl sein Interesse an Frau Hoym. Zur Neujahrsmesse 1705 weilte der Hof in Leipzig. August der Starke wohnte wie immer beim Kaufmann Apel am Markt, im heutigen Königshaus, Constanze mit ihrem Mann in einem Mietshaus. Hier besuchte sie der Kurfürst. Alles geschah so „geheim", daß der gesamte Hof davon erfuhr. Aber noch glaubten die meisten an eine Romanze, vielleicht selbst die Beteiligten.

Es dürfte für eine Hofdame schwer gewesen sein, sich der Gunst Augusts des Starken zu entziehen, aber im Ruf, Gewalt oder Erpressung einzusetzen, hat der Kurfürst nie gestanden. Constanze fühlte sich offenbar geschmeichelt, und eine kleine Liebesaffäre kam ihr nicht ungelegen. Hoym würde sicher die Scheidung einreichen (was er auch getan hat), der Kurfürst diese Scheidung forcieren (was er als katholischer Fürst wohlweislich unterließ) und einen Landesverweis nach der Scheidung verhindern (das Gericht sprach gar keinen aus). Über ihre Liebe zu August gewann sie allenfalls im Mai während eines vierwöchigen Aufenthaltes des Hofes in Karlsbad Klarheit.

August der Starke schätzte an Constanze, daß sie energisch und geistreich, eine fabelhafte Reiterin und treffsichere Schützin war. Die junge Amazone paßte besser zu ihm als die eleganten Hofdamen, deren Gedanken um Menuette und den nächsten Flirt kreisten. Zu Beginn des Jahres 1705 aber kannte er sie nur von Angesicht, zählte sie doch bis dato zu den unauffällig lebenden Dresdner Damen. So konnte die Legende entstehen, Hoym habe sie auf einem Landgut versteckt, aber beim Weingelage 1 000 Taler gewettet, sie sei Sachsens schönste Frau, worauf er sie am Hofe einführen mußte. Frhr. von Pöllnitz beschrieb sie in „Das galante Sachsen" so: „Sie hatte ein schmales Gesicht, eine zierliche Nase, einen kleinen Mund, prachtvolle Zähne und große schwarzfunkelnde aber spöttische Augen. Alle ihre Gesichtszüge waren weich, ihr Lächeln bezaubernd und zu Herzen gehend. Sie hatte schwartzes Haar, einen wunderschönen Busen, ihr Schoß war einladend, Hände, Arme und Hals waren formvollendet, der Teint blendend weiß. Ihr Körper konnte als ein Meisterstück angesehen werden. Ihre Erscheinung war majestätisch, auch tanzte sie vollendet."[4] Pöllnitz erweckt den Eindruck, als habe er der Cosel von Angesicht zu Angesicht gegenübergestanden; er kam erst 1729 nach Dresden, als sie längst auf Stolpen saß, und beschrieb sie nach Berichten der Höflinge.

Die Beziehungen machten 1705 keineswegs die vom Kurfürsten gewünschten Fortschritte. Constanze hatte zwei trübe Erfahrungen mit Liebhabern hinter sich und zögerte. Wohl wissend, daß sie August den Starken beeindruckt hatte, konnte sie sich dieses Risiko leisten. Den förmlichen Antrag, Mätresse des Kurfürsten zu werden, überbrachten Statthalter Fürst von Fürstenberg und Graf Vitzthum von Eckstädt, ihr Noch-Schwager: Sie möge ihre Bedingungen nennen. Eine Bemerkung Vitzthums, mit Hoym werde man sich einigen, er habe eben einen 50 000-Taler-Kredit beantragt, verleitete die jähzornige Constanze dazu, den Unterhändlern mit Hinauswurf zu drohen. Sie sei nicht käuflich, schrie sie erbost. Offenbar kam ihr aber der Zwischenfall gelegen. Sie konnte ihre Ehre verteidigen und den Preis heraufsetzen. Hoym brauchte zwar Geld für den Wiederaufbau seines abgebrannten Hauses, aber als Akzisechef war ihm ein Kredit ohnehin sicher; er zahlte ihn 1711 mit dem auf 55 000 Taler taxierten Gut Sköhlen zurück. Er hat seine Frau so wenig verkauft wie er sie verwettet hat.

Constanze konnte also in Ruhe ihre Bedingungen formulieren. Sie stellte drei: August der Starke verabschiedet die Teschen, gewährt Constanze eine jährliche Pension in Höhe von 100 000 Talern und versichert ihr schriftlich, sie nach dem Tode seiner Frau zu ehelichen.

Keine dieser Bedingungen erwies sich als voll realisierbar, am ehesten noch der erste Punkt. August der Starke schenkte der Teschen Schloß Hoyerswerda und verbannte sie de facto aus Dresden. Constanze wünschte jedoch, daß er keine weitere Liebschaft pflege, ein ihm abwegig erscheinender Gedanke. Er hatte fast immer mehrere Verhältnisse gleichzeitig. Und so sollte es auch während der Liaison mit Constanze Cosel sein: 1706 gebar ihm die Türkin Fatima die Tochter Katharina, 1707 Henriette Rénard die Tochter Anna Catharina. Völlig irreal war die ausbedungene Pension. Das Jahresgehalt eines Generals lag seinerzeit bei etwa 2 000 Talern, das eines Professors bei 700 Talern. Staats- wie Hofbeamte hätten mehr oder weniger offen ihren Unmut gezeigt. Für die Cosel gab es einen ihr zwingend erscheinenden Grund, gerade diese und keine andere Summe zu verlangen: Um die

100 000 Taler oder etwas mehr erhielt Kurfürstin Eberhardine, und mit ihr wollte sie gleichgestellt sein. Vom 1. Februar 1706 an stand sie auf der Besoldungsliste – mit 15 000 Talern jährlich, und das entsprach exakt dem, was bis dahin die Fürstin Teschen erhalten hatte. Hinzu kamen allerdings Geschenke. Das Eheversprechen war nach dem Zeitverständnis nicht ungewöhnlich. Es ist nicht überliefert – vermutlich hat August der Starke es später vernichtet –, aber in den Akten befindet sich ein undatierter Entwurf samt Notizen. Angeblich wurde der Vertrag am 12. Dezember 1705 geschlossen. Der Entwurf führt Constanze unter dem Namen Cosel an, doch war sie noch nicht geschieden, hieß also noch Hoym. In Verbindung mit einer für diesen Tag nachgewiesenen Schenkung dürfte August der Starke das Eheversprechen erst einmal mündlich gegeben haben, worauf man bei vertraglicher Fixierung rückwirkend Bezug nahm.

Da dieses Eheversprechen später noch eine große Rolle spielen sollte, sei es in der überlieferten Form (Konzept) zitiert:

„Wir Friedrich August von Gottes Gnaden König von Pohlen ec. Urkunden hiermit. Demnach vor Unserm chursächsischen Oberconsistororio zu Dresden Frau Constantia Gräfin von Cosel geb. von Brockdorff von ihrem vormaligen Ehemann, Unsern wirklichen Geheimbten Rath und lieben getreuen Herrn Adolf Magnus Freyherrn von Hoym vermöge Reichs und Land üblicher Gesetze und Rechte der Ehe halber gänzlich geschieden worden, Wir aus genugsam erheblichen und sonderbaren Ursachen Uns dieselbe nach Art der Könige in Frankreich und Dänemark, auch andern Souverainen in Europa als Unsere legitime épouse beylegen lassen, derogestalt, daß Wir in Kraft eines ehelichen Eydes versprechen und halten wollen, dieselbe herzlich zu lieben und beständig treu zu verbleiben, dahero wollen Wir solches hiermit vor Unserm Geheimen Rath declariren und die mit Unserer geliebten Gräfin von Cosel künftig erzeugenden Kinder männ- und weiblichen Geschlechts vor Unsere rechte natürliche Kinder kraft dieses erkennen, leben auch der gewissen Hoffnung, daß auf den Fall, der in Gottes des Allmächtigen Handen stehet und Uns nach seinem allerheiligsten Rath und

Willen begegnen kann, da Wir dieses Zeitliche mit dem Ewigen verwechselten, Unsers Churprinzens Ldn. und übrige Nachfolger in der Chur, diese Unsere geliebte Gräfin von Cosel und die von Uns mit derselben erzeugten Kinder hiervor erkennen, selbige bey dem gräflichen Stande und demjenigen, was sie von Uns oder sonst an Lehn und Erbe, beweg- und unbeweglichem Gut erhalten, geruhig lassen, die Succession unsern natürlichen Kindern in solchen gestatten, auch selbige auf begebende Fälle bey Unsern Lehnhof, der widrigen Observanz ungeachtet, damit belehnen, in mehrer Betrachtung, daß dieses alles im Röm. Reich nicht ungewöhnlich, auch bey des Gottseligen Churfürsten zu Sachsen Friedrich des Dritten und nach dessen Tode also beachtet worden. Zu dessen Urkunde haben Wir diese mit gutem Bedacht aufgesetzte Declaration und Verordnung Unserm Geheimen Raths Collegio versiegelt überreichet, auch selbige Unserer geliebten Gräfin von Cosel zugestellet und ist Unser Wille und Meinung, daß hierbei in künftigen Zeiten fest gehalten werde. Gegeben…"[5]

Als Hofrat Stryck nach Dänemark fuhr, gab ihm Constanze einen Brief für ihren Vetter Graf Rantzau in Drage zur Verwahrung mit. Weder Stryck noch Rantzau hatten vom Inhalt des Papiers Kenntnis; es handelte sich um das Heiratsversprechen.

Mit Energie betrieb Constanze eine Rangerhöhung. Als geborene von Brockdorff und geschiedene Baronin Hoym sah sie sich am Hofe weit hinten plaziert, ein ihr unerträglich scheinender Gedanke. Sie ward erstmals in einer Urkunde vom 22. Februar 1706 als Reichsgräfin von Cosel erwähnt (eigentlich Cossell). Der Name leitete sich ab von einer gleichnamigen Herrschaft im schlesischen Ratibor, deren Eigentümerin Constanze nie war. Gegen Geld vergab der Kaiser seit langem Titel auch ohne Bindung an Land. Diplomaten Dresdens und Wiens suchten das Grafendiplom der Cosel 1725 vergeblich. Möglicherweise hat Kaiser Joseph mündlich Zusicherungen gegeben, und Sachsen, das laut archivalischer Belege im Sommer 1707 die Höhe der Gebühren anfocht, unterließ die Zahlung, also verweigerte Wien die Beurkundung.[6] Zu gern hätte Constanze noch den Fürstentitel wie die

Teschen erlangt. Der Kaiser versprach, darüber nachzudenken, doch er überlegte zu lange. Durch Aufschieben erledigte sich das Ersuchen wie so manche Verwaltungsakte von selbst, in diesem Fall durch den Sturz der Cosel.

Am 24. August 1705 hatte Constanze das Palais am Taschenberg bezogen, das einstige Haugwitz'sche Haus. Der Kurfürst erwarb es gegen Zahlung von 10 500 Talern für sie und schuf damit klare Verhältnisse. Constanze hatte die Rolle der ausgebooteten Teschen übernommen und war Augusts des Starken Mätresse geworden. Pöppelmann erhielt den Auftrag, nach Zukauf von 16 Nachbargrundstücken den Sitz der Cosel zu erweitern. Der Um- und Ausbau, zu dem die Errichtung eines für jedermann sichtbaren Ganges vom Schloß zum Palais der Cosel gehörte, kostete 70 000 Taler. (Ihr Palais wurde später als Prinzenpalais genutzt.) Ihr zweiter bedeutungsvoller Besitz war Pillnitz; August der Starke schenkte ihr Ende 1707 das Gut für die nominelle Kaufsumme von 60 000 Talern als sogenannten Witwensitz. Sie verpachtete das Gut bereits nach einem Jahr. Zur kostenlosen Nutzung stand ihr seit 1709 der Türkische Garten vor dem Wilsdruffer Tor zur Verfügung. Sie legte keinen Wert darauf und gab ihn samt Palais nach fünf Monaten wieder ab. In Tarnowitz nahe Beuthen gehörte ihr das Palais, in dem vormals der polnische König Sobieski Quartier zu nehmen pflegte; es blieb von ihr unbeachtet. Sie konzentrierte sich völlig auf Dresden und den Hof.

Äußeres Zeichen ihrer Macht war ein militärischer Schutz; vor ihrem Palais stand Tag und Nacht ein Doppelposten. Da ihr Repräsentationspflichten oblagen, hatte sie Anspruch auf Nutzung des Hofschatzes. Gab sie einen Ball, konnte sie Exponate des Grünen Gewölbes zur Dekoration des Festsaales entnehmen. Ihr Schmuck stammte größtenteils aus den gleichen Beständen. Einige ihrer Räume, auch private, stattete der Hof aus, so mit einer Augsburger Möbelgarnitur im Wert von 28 000 Talern. All diese Dinge würden eines Tages an den Hof zurückfallen, nach ihrem Ableben, meinte sie. Zu ihren Privilegien gehörte ein Deputat, das neben Holz und Fischen alles einschloß, was die Haushaltführung erforderte.

Die Cosel brachte es binnen neun Jahren auf ein Vermögen von 624 934 Reichstalern, Schmuck (200 000 Taler) und Immobilien (94 000 Taler) nicht gerechnet,[7] was allein aus kurfürstlichen Schenkungen und der Pension schwerlich resultieren konnte. Einmal im Besitz eines Startkapitals, hat sie, der Sproß eines alten Kaufmannsgeschlechts, Geld arbeiten lassen. Am Hof hieß es bald, sie sei mächtiger als Behrend Lehmann, der Finanzier Augusts des Starken. Das war sicher nicht ganz wörtlich zu nehmen, aber wer Geld brauchte, ging zur Cosel, schon weil sie dem Landesherrn nahestand, was sich als vorteilhaft erweisen konnte. Sie verlieh fast nur hohe Beträge, gleich einige zehntausend Taler oder auch mal 100 000, und galt als Bankier, der keine Zinsen nachließ – eher mal 1 000 Taler abschrieb, wenn es galt, Aufsehen zu vermeiden. Der Geldverleih übte auf sie eine enorme Anziehungskraft aus. Es reizte sie, selbständig zu operieren. Über ihre Geldgeschäfte erlangte sie außer Zinsen auch Einfluß. Fürstenberg und Vitzthum, anfangs ihre Stützen, verloren für sie zunehmend an Bedeutung. Sie erlangte eine Position, die sie weitgehend der Gefahr entrückte, wie andere Mätressen Anhängsel einer Hofclique zu werden. Es gab noch einen anderen Grund, der sie davor bewahrte: Sie liebte August den Starken. Sie hätte nichts bewußt getan, was ihm zu Schaden gereichte.

„Wenn sie gefallen wollte, war sie unwiderstehlich“, schrieb Pöllnitz. „Sie hatte Manieren, die bezauberten, aber auch solche, die abstießen. Für Geld und Ehren tat sie alles... Ihre größte Kunst bestand darin, nie erkennen zu lassen, daß es ihr nur auf ihren eigenen Ruhm ankam.“[8] Ihre Stellung in Sachsen glich der einer Königin. Formal stand sie nach dem Hofzeremoniell als offizielle Mätresse und Reichsgräfin, mit dem Titel Exzellenz bedacht, auf der dritthöchsten Stufe, also über den Ministern. Wenn sie nachmittags Audienz gewährte, tummelten sich in ihrem Zimmer Minister und Höflinge, die ihre Fürsprache suchten. So war sie über alle besonderen Vorgänge im Lande informiert, oftmals früher als der Kurfürst. Die ausländischen Gesandten absolvierten bei ihr wie selbstverständlich ihre Antritts- oder Abschiedsbesuche. Als das dänische Königspaar zu Besuch weilte, drohte ein Eklat: die Monarchen „übersahen“ der Cosel zuliebe die Königin. Eberhardine machte es ihr allerdings ansonsten leicht; sie hielt sich zumeist in Pretzsch oder Torgau auf, der Rivalin in Dresden oft monatelang das Feld überlassend, lediglich dann erscheinend, wenn es die Staatsräson erforderte. Die Cosel begleitete den Kurfürsten fast überall hin, zum Hofball, zur Jagd, zur Leipziger Messe und bei den heimlichen Abstechern zu Böttger, der Gold suchte und Porzellan fand. Sie veranstaltete auch eigene Bälle, eigene Spiele, meist im Großen Garten, und kaum einer wagte es, die Einladung zu ignorieren; es hätte dies den Kurfürsten verdrießen können!

Außerhalb Sachsens mußte die Cosel auch Demütigungen einstecken, vor allem in Wolfenbüttel, wohin sie wegen des Schwedeneinfalls 1706 schwanger und mit der Krone Augusts des Starken im Gepäck flüchtete. Nach ihren eigenen Worten sei sie dort als Königshure behandelt worden. Richtig ist, daß ihr der Herzog einen Empfang am Hofe verwehrte, es jedoch dabei bewenden ließ. Sie lebte ein Vierteljahr in Wolfenbüttel und verkehrte mit einflußreichen Leuten, selbst mit der Prinzessin. Wieder in Sachsen, provozierte sie Ausgang des Jahres eine schlimme Szene. Da der Schwedenkönig sein Quartier in Markranstädt aufgeschlagen hatte, hielt sich der Hof wegen der Verhandlungen über den Abzug der Schweden in Leipzig auf. August der Starke versprach sich von Eberhardine, die Protestantin geblieben war, bei den Gesprächen mit dem Protestanten Karl XII. Hilfe. Eberhardine aber lehnte es ab, nach Leipzig zu kommen, wenn man ihr zumute, mit der Mätresse ihres Mannes bei Apel unter einem Dach zu leben. August der Starke akzeptierte ihre Bedingungen und versprach, die Cosel wegzuschicken. Zu seiner nicht geringen Überraschung widersetzte sie sich; sie werde in Leipzig entbinden! Falls nur die Hälfte von dem stimmt, was sich die Höflinge erzählten, kam es zu einem fürchterlichen Auftritt. August der Starke flüchtete zu seiner Mutter nach Lichtenburg, die Cosel nach Dresden, wo sie eine Fehlgeburt hatte. Zeitungsmeldungen zufolge hing ihr Leben an einem dünnen Faden. Ein Bote jagte nach Lichtenburg, um den Kurfürsten zu verständigen, der sich ohne Zögern nach Dresden aufmachte; er soll fünf Nächte am Bett der Cosel gewacht haben. Erst als die Ärzte keine Gefahr mehr sahen, fuhr er am 3. Februar 1707 ab, und zwar nach Leipzig; er widmete sich wieder seinen landesherrlichen Pflichten.

Was sich Ende 1706, Anfang 1707 abspielte, war bemerkenswert. Daß die Cosel in Leipzig ihre Position gegen Eberhardine verteidigte, widersprach den Staatsinteressen, die ihr angeblich stets über alles gingen. Da sie hochschwanger war, sahen ihr Gutwillige manches nach. Andere schätzten sie fortan als egoistisch ein und begannen ihren Jähzorn und ihren Ehrgeiz zu fürchten. Aus der ersten Machtprobe ging sie jedenfalls als Siegerin hervor; August der Starke war ihr verfallen.

Das Jahr 1707 zählte zu Constanzes erfolgreichsten. Sie ließ es auf neue Machtproben ankommen und gewann sie fast immer. Im März setzte sie die Freilassung der Luise von Rechenberg durch, der Geliebten des Kanzlers Beichling, die seit 1703 auf dem Königstein inhaftiert war. Niemand vermochte sich so recht die Interessenlage zu erklären. Luise war der Cosel persönlich nicht bekannt. Vielleicht gab es Bittsteller, denen sie gefällig sein wollte, aber vermutlich ging es ihr einzig und allein darum, die Reichweite ihres Einflusses auf den Kurfürsten zu erkunden. Anders verhielt es sich bei Neubildung des Kabinetts im Spätsommer, nach dem Abzug der Schweden. Constanze setzte die Ernennung des Woldemar von Löwendahl aus Hamburg zum Finanzminister durch. Ihr Exgatte Hoym, der diesem Ressort bislang vorstand, wurde Innenminister. Später beschuldigte sie Löwendahl der Undankbarkeit, doch dies dürfte ihrer allgemeinen Verbitterung zuzuschreiben sein. Löwendahl war sicher ein Zauderer, aber den Wunsch der Cosel, ihre Entlassung aus Stolpen, vermochte er in seiner Position nicht durchzusetzen. Immerhin nahm er sich 1721 ihrer beiden Töchter an, die in seinem Haushalt großgeworden sind; seine Frau war eine geborene von Rantzau, eine Tante der Cosel-Töchter. In der Außenpolitik ließ sich August der Starke von der Cosel am wenigsten beeinflussen. Nach ihrem Willen hätte Karl XII., der beim Verlassen Sachsens ohne militärischen Schutz zur Verabschiedung im

Dresdner Schloß erschien, Bekanntschaft mit dem Königstein gemacht. Das widersprach jedoch den Ehrbegriffen des Kurfürsten; er hielt sich an den Vertrag von Altranstädt. Im Sommer 1708 verreiste er, und niemand kannte das Ziel. Am Hof munkelte man schon, er habe die Cosel verlassen. Er warb in Westeuropa um Hilfe für die Rückgewinnung der polnischen Krone. Die Cosel, die ihn sonst regelmäßig zu begleiten pflegte, war offensichtlich nicht eingeweiht. Im Januar und Februar 1709 gab August der Starke ein sechs Wochen währendes Fest, sein größtes seit dem Regierungsantritt 1695. Jeder interpretierte es auf seine Weise, die Cosel als Fest der Versöhnung, der Hof als Auftakt zur Rückgewinnung der Krone Polens. Constanze jedenfalls segelte auf einer Woge der Glückseligkeit.

Polen erwies sich auch für sie als Problemland. In Dresden übte sie einen ernsthaft nie angefochtenen Einfluß aus, in Polen dagegen akzeptierten sie wenige. Sie übersah beflissentlich die verschiedenen Liebschaften des Kurfürsten, weil ihr bewußt war, wie sehr er die Abwechslung liebte. Als beide 1712 zur Herbstmesse in Leipzig weilten, wollten kritische Beobachter bemerkt haben, „daß die Liebe sehr zurückgeht"; nachts treibe sich August der Starke anderswo denn im Schlafzimmer der Cosel herum. Diese gebar am 17. Oktober 1712 einen Sohn, und das belebte erneut die Beziehungen. Aber dann erforderten die polnischen Angelegenheiten die Anwesenheit des Königs in Warschau. Hier lernte er Maria Magdalena Gräfin Dönhoff kennen, eine „sinnliche Schönheit". Sie war weniger anstrengend als die geistreiche Cosel, aber zumindest ebenso verliebt. Sie hatte in Polen gute Beziehungen; sie war die Tochter des Großmarschalls Bielinski und eine Nichte des Primas von Polen. Was besagte dagegen in Polen der Name Cosel? Das einfachste sei, so die Feinde der Cosel, wenn August der Starke sich zwei Mätressen halte, eine in Sachsen und eine in Polen. Das sagte August dem Starken zwar zu, aber er zeigte sich dem nicht gewachsen. Daß es schwierig sei, zwei Länder zu regieren, war ihm seit langem bewußt, aber er ahnte nicht, welche Probleme bei Aushaltung zweier selbstbewußter Mätressen auf ihn zukommen sollten.

Es fanden sich Höflinge genug, die der Cosel ins Ohr flüsterten, was sich da in Warschau zusammenbraue. Sie ließ zwar verlauten, daß „24 Stunden ihrer Gegenwart beim König genügen würden", um ihn umzustimmen, aber in Wirklichkeit vermutete sie wohl, daß ihre Zeit abgelaufen sei. Friedrich August mied den Weg nach Sachsen. Er ließ sowohl die Leipziger Neujahrsmesse als auch den Dresdner Karneval aus. Das waren schlechte Vorzeichen. Die Cosel verschob immer wieder die angekündigte Reise nach Polen, offenbar völlig verunsichert. Sie war August dem Starken schon einmal nach Warschau gefolgt, während des Nordischen Krieges 1706, und damals war er erfreut ob ihrer Besorgnis. Diesmal reagierte er anders: Er ließ sie bei Widawa abfangen. Pöllnitz schreibt, sie habe den Kommandierenden, den Kammerjunker Montargon, mit der Pistole bedroht. Auf jeden Fall kehrte sie um. August der Starke befürchtete, ihrem Einfluß zu erliegen, sobald sie wieder vor ihm stände. Auf Dauer konnte er sich aber von Dresden nicht fernhalten, und von der Dönhoff wollte er sich nicht trennen. Sie wußte es allzugut und half nach, weigerte sich, den Dresdener Boden zu betreten, solange dort die Cosel weile. Constanze brauchte darüber nicht zu klagen, denn auf eben diese Weise hatte sie ihre Vorgängerin, die Teschen, nach Hoyerswerda vertrieben. Es waren die gleichen Waffen, derer sich jetzt die Dönhoff bediente.

Viel Zivilcourage zeigte August der Starke nicht. Statt mit der Cosel eine Aussprache zu führen, brach er, sich selbst mißtrauend, mit ihr auf dem „Verwaltungswege". Um auch nach außen das Ende ihrer Macht zu demonstrieren, ließ er am 13. Dezember 1713 von Warschau aus Order ergehen, die Wache vor ihrem Palais einzuziehen und den Gang vom Schloß zu ihrem Sitz abzubrechen. Vor Weihnachten noch wolle er nach Dresden zurückkehren und die Cosel dort nicht mehr antreffen. Sie solle Dresden verlassen und sich auf ihr Gut Pillnitz zurückziehen. Keiner wollte ihr diesen Befehl überbringen, Fürstenberg so wenig wie Flemming. Diese unangenehme Aufgabe fiel schließlich dem Adjutanten von Thümen zu. Die Cosel flüchtete in die Rolle der Schwerkranken und erklärte, sie sei reiseunfähig. Thümen ließ sich erweichen und erhielt einen Brillantring im Wert von 4 000 Talern. Daß damit nicht das letzte Wort gesprochen sei, war abzusehen. Schließlich gab die Cosel nach: Am 23. Dezember 1713 siedelte sie nach Pillnitz über.

Daß die Dönhoff ihren Platz in Dresden einnahm, war für Constanze eine bittere Pille. Sie drohte wiederholt, ihre Rivalin zu erschießen. Mit Sorge erfüllte sie das Auseinanderdriften ihres Anhängerkreises. Von ihren vermeintlichen Freunden schlug sich einer nach dem anderen auf die Seite der neuen Favoritin. In ihrer Ohnmacht ließ sie sich wiederholt zu törichten Äußerungen hinreißen, die dem Hof unverzüglich hinterbracht wurden. Am 12. Juli 1714 wies August der Starke den Stadtkommandanten von Dresden an, ihr das Betreten der Stadt zu verwehren; die 15 000 Taler Pension gewährte er ihr weiter, strich allerdings das Deputat. Ein Jahr später, am 6. Juli 1715, gab sie den Schlüssel zu ihrem Dresdner Palais ab. Gleichzeitig versicherte sie: „Ich verspreche, niemals etwas zu sagen oder zu thun, was Sr. Maj. mißfallen oder seinen Interessen zuwider sein könnte, auch mich aller Intriguen und Redereien zu enthalten, niemals, weder in Briefen noch Gesprächen in Angelegenheiten, welche den König betreffen, mich zu mischen, überhaupt und jederzeit mich so zu verhalten, wie es die Ehrerbietung, die ich dem König schulde, gebietet. Sollte ich in irgend etwas die gegenwärtige Zusage verletzen, so unterwerfe ich mich dem gerechten Unwillen des Königs und erkenne an, daß Se. Majestät dann mit vollem Rechte die Gnaden widerrufen und zurücknehmen würde, welche er mir unter der Bedingung, daß ich mich wie vorbedacht verhalte, zu Theil werden lassen. So möge mir Gott helfen am Ende meiner Tage."[9] Das folgende Verlangen, für 200 000 Taler auf Pillnitz und ihre sonstigen Besitzungen zu verzichten und das landesherrliche Eheversprechen zurückzugeben, beantwortete sie am 12. Dezember 1715 überraschend mit der Flucht nach Berlin.

Eigentlich konnte August der Starke mit dieser Lösung zufrieden sein. Gewiß, die Cosel besaß das Eheversprechen, aber selbst bei einer Veröffentlichung würde sich der Schaden für ihn in

Grenzen halten. Auch andere Landesherren hatten schon derartige Versicherungen abgegeben. Zündstoff für interessante Neuigkeiten an den Höfen Europas wäre zwar gegeben, aber er hatte ein Plus auf seiner Seite: ihre Abwesenheit. Er ließ Monate verstreichen, bevor er im August 1716 seinen Gesandten in Berlin, den Grafen Manteuffel, anwies, die Auslieferung der Cosel wegen Unterschlagung wichtiger Papiere zu erwirken. Meinte er dabei tatsächlich nur das Eheversprechen? Das klingt wenig glaubhaft. In Wirklichkeit wollte er die Cosel wohl in Sachsen (nicht in Dresden) haben, weil sie über Interna sächsischer Politik Kenntnis hatte und plaudern könnte. Sie ließ in Berlin einige Bemerkungen fallen, die ihn beunruhigten. Der preußische König, dem die Affäre zum Vorteil gereichte, lehnte die Auslieferung ab. Das zwang August den Starken zu Angeboten. Vielleicht stimmt es sogar, was man sich in Dresden und Berlin hinter vorgehaltener Hand zuflüsterte: Er sei inkognito selbst zu Verhandlungen nach Berlin gefahren. Friedrich Wilhelm I. erhielt einige „lange Kerls" und – was für ihn weit wichtiger war – Sachsens Zusicherung, künftig alle preußischen Deserteure auszuliefern. Die Cosel hatte sich inzwischen nach Halle begeben, um ihre Leipziger Geldgeschäfte von da aus zu erledigen. Dort wurde sie verhaftet, am 22. November 1716 an der sächsischen Grenze ausgeliefert und zunächst nach Schloß Nossen gebracht, wo sie erkrankte; eine rechtsseitige Lähmung stellte sich ein. Am 24. Dezember 1716 erfolgte von Nossen aus ihre Überführung auf die Festung Stolpen, die sie im Leben und im Tod nicht mehr verlassen sollte. Man wies ihr das sogenannte Fürstengemach zu. Kommandant Major Johann Friedrich von Wehlen erhielt eine vom Kurfürsten selbst verfaßte Instruktion betreffs Behandlung der Gefangenen: mit niemandem solle sie eine Unterhaltung führen können, keinen Briefwechsel haben, kein bares Geld in die Hand bekommen. Um 40 Soldaten, 4 Unteroffiziere und einen Hauptmann wurde der Personalbestand der Festung verstärkt. Was waren die Gründe einer so harten Strafe? Das Geheime Consilium äußerte 1723, „es seien dem treugehorsamsten Ministerio die eigentlichen Ursachen, warum die Gräfin mit Arrest belegt, so genau und zuverlässig nicht bekannt, aber auch nicht wissend, daß sie etwas Criminelles oder so etwas Enormes begangen, weshalb sie mit ewigem Gefängniß bestraft zu werden verdiene".[10]

Dieser Meinung mochten auch einige ihrer Wächter sein. Leutnant Melchior Helm beförderte von der Cosel an einem Bindfaden aus dem Fenster gelassene Briefe. Gegen ihn sprach, daß er als Offizier einer besonderen Disziplin unterworfen war und für seine Dienste Geld nahm, wenn auch nur die lächerlich geringe Summe von 12 Dukaten. Die ausgesprochene Strafe aber war unangemessen: Er wurde „zur Abhauung der beiden rechten Finger und Enthauptung" verurteilt, 1724 auch tatsächlich zum Richtplatz geführt, aber zu sechs Jahren Festung begnadigt und 1725 entlassen. Gäbler, ein Lakai der Cosel, der ebenfalls Briefe von ihr beförderte, kam als Zivilist besser davon: Er mußte Sachsen für zehn Jahre verlassen. Der Töplitzer Jude Joseph Löbel Pörlhäffter saß bis 1722 in Haft, weil er 1716 Koffer der Cosel in Verwahrung genommen hatte. Ohne konkrete Anklage wurde die Zofe der Cosel, Maria Katharina Rost, von 1716 bis 1723 eingekerkert. Sie war das wohl bedauernswerteste Opfer landesherrlicher Willkür in diesem Verfahren. Das Leben des jungen Mädchens ohne triftige Gründe zu ruinieren, zählte zu den (nie sonderlich beachteten) Justizskandalen Sachsens. Man hatte sie wohl in der Erwartung inhaftiert, von ihr Informationen zu erhalten. Sie wußte aber nicht mehr, als daß die Cosel Kleider und ihren Schmuck in 31 Koffer verpackt und auf Reisen geschickt hatte.

Daß in einem der Koffer das gesuchte Eheversprechen des Kurfürsten liege, galt als sicher – und erwies sich als Trugschluß. Sachsen war im Begriff, sich auf der Jagd nach dem Gepäck der Cosel zu kompromittieren. Einige Personen verdienten horrende Summen an diesem blindwütigen Vorgehen. Insgesamt kostete Sachsen der Verfolgungswahn 66 558 Taler 1 Gr und 3 Pfg. Dafür bekam man drei leistungsfähige Güter oder zehn attraktive Dresdner Wohnpaläste. In Töplitz spürte man nach Jahren einige dieser fragwürdigen Koffer auf. Sie enthielten nur

Kleider im Wert von 2 173 Gulden, und in Dresden gab es lange Gesichter. Daß in der Residenzstadt selbst noch Utensilien der Cosel liegen könnten, hatte man gar nicht vermutet. Hoffactor Johannes Meyer gab 1725 einige Koffer heraus, die Kleider und Schmuck im Wert von 9 221 Talern und 6 Groschen enthielten. Die große Entdeckung war das auch nicht. Allgemein wurde denn doch vermutet, die Cosel habe ihre Utensilien in Depenau deponiert. Einen Unterhändler fand man in dem braunschweigischen Rittmeister Andreas Ulrich von Broizem. Er forderte für seine Dienste 1 000 Taler und den Titel eines Rates. Beides wurde ihm gewährt. Die Mutter der Cosel räumte ein, verschiedene Koffer ihrer Tochter zu verwahren. Sie wollte sie herausgeben bei Freilassung ihrer Tochter und sicherem Wohnsitz auf einem für sie zu erwerbenden Rittergut. August der Starke sagte am 16. Dezember 1723 „bei Unserm königlichen Wort" beides zu. Die Kisten aus Depenau kamen ; das Heiratsversprechen enthielten sie nicht. So verdichtete sich der Verdacht, es müßten noch weitere Koffer in Preußen liegen, was sich als richtig erwies. Preußens König verlangte erst einmal „einige lange Kerls", die er auch bekam. Kriegsrat von Suhm wollte 49 000 Taler. Sie wurden ihm zugebilligt. Am 27. Juli 1728 lieferte Preußen die Koffer der Cosel aus; sie enthielten wertvolle Effekten, aber nicht die gesuchten Papiere. Das war inzwischen nicht mehr zu erwarten. Die Verhandlungen mit Preußen zogen sich derart in die Länge, daß derweil eine andere Spur viel wichtiger geworden war: Sie führte nach Dessau. Der dortige Fürst nutzte die Gunst der Stunde und verlangte eine Grenzregulierung. Sachsen ging in der Tat darauf ein und opferte ein wertvolles Waldgebiet. Dessau lieferte 1727 Koffer der Cosel aus, und in diesen fand sich ein Depositenschein der Hamburger Bank. In die Affäre verstrickt war auch Oberst von Wangersheim, der auf Verlangen Sachsens in Petersburg verhaftet wurde. Man ließ ihn wieder frei, als die Hamburger Bank das Eheversprechen auslieferte; August der Starke scheint es sofort vernichtet zu haben. Bei den geschilderten Suchaktionen fand man auch Juwelen der Cosel im Wert von 176 000 Talern; August der Starke übernahm sie für 200 000 Taler. Er wollte diesen Schmuck dem Haus Wettin sichern; die Cosel, die ihn in guten Zeiten als Geschenk bekam, sollte jedoch nicht benachteiligt werden. Sie mußte diese 200 000 Taler allerdings für die gemeinsamen Kinder sicherstellen, hatte also persönlich keinen Nutzen davon. In finanziellen Dingen war der Kurfürst nicht kleinlich. Bis 10. August 1720 bezog die Cosel ihren jährlichen Mätressen-Sold von 15 000 Talern, obwohl derweil seit sechs Jahren verstoßen. Für ihre Dresdner Häuser bekam sie 1721 eine Abfindung von 30 000 Talern, für Pillnitz 64 100 Talern. Zu ihren Kindern durfte sie erst 1732 Kontakt aufnehmen, aber nur über das Geheime Consilium. Weder der Sohn noch die Töchter haben ihr in Stolpen einen Besuch abgestattet.

Von allen Mätressen Augusts des Starken erfuhr die Cosel wohl das härteste Schicksal. Der Kurfürst war zwar mit keiner so lange liiert wie mit ihr, neun Jahre lang, aber schließlich wurde er auch ihrer überdrüssig wie zuvor der Königsmarck oder der Teschen. Obwohl er später den Beinamen „der Starke" erhielt, zeigte er keine Charakterstärke. Er fürchtete wohl mehr noch als ihren Jähzorn ihren Charme, dem er erliegen könnte, stünde sie wieder vor ihm. Ihre Flucht nach Preußen deutete er unter dem Einfluß der Höflinge, die sich von einer gut informierten, frei im Ausland lebenden Cosel gefährdet sahen, falsch. Vielleicht wäre sie imstande gewesen, ihre Rivalin Dönhoff zu erschießen, aber dem von ihr geliebten Kurfürsten zu schaden, verbot sich für sie von selbst. Sie hielt sich lange genug in Berlin auf, um aus der Schule sächsischer Geheimdiplomatie plaudern zu können – und hat nichts dergleichen getan. Dies widerstrebte ihrem Ehrbegriff, dem sie auch in Stolpen treu zu bleiben suchte, soweit sie das unter den Bedingungen der Haft vermochte. In dem, was ihr die wenigen verbliebenen Freunde als Starrsinn anlasteten, drückte sich die Empörung einer verletzten Seele aus. Minister Graf Flemming kannte August den Starken besser: „Der König liebt die Frauen…, um sich von der Last der Geschäfte zu erholen, und keineswegs in romantischer Glut. Doch haben sich infolge des verbindlichen und liebenswürdigen Benehmens des Königs seine Geliebten in den Kopf gesetzt, sich ganz zu Herrinnen seines Willens zu machen und sogar die Geschäfte beherrschen zu wollen."[11] Dabei mochte er vor allem an die Cosel gedacht haben. Obwohl sie nicht die erste Mätresse Augusts des Starken war, hatte sie in der Überzeugung gelebt, sie und keine andere werde seine letzte sein; man durfte dies weiblicher Eitelkeit zugute halten. Daß sie nach Preußen flüchtete und damit über Sachsen eine außenpolitische Affäre heraufbeschwor, war eher eine Kurzschlußreaktion denn überlegte Handlungsweise. Eines verkannte sie wie manche andere auch: August der Starke duldete keine Mätressenwirtschaft, so viele Mätressen er auch ausgehalten hat.[12]

Gräfin Lichtenau und die preußischen Hofintrigen

Zu den schillerndsten Persönlichkeiten der preussischen Geschichte gehört wohl Wilhelmine Encke. Der Heidelberger Professor Friedrich Christoph Schlosser (1776–1861), ein eifriger Fürstenkritiker, prägte maßgeblich das negative, von Generationen akzeptierte Encke-Bild. Für ihn war sie „die gemeinste unter" den „zahlreichen Geliebten" Friedrich Wilhelms II., die den König mit „Creaturen und Lüsten" umgab und mit ihren Günstlingen „das Land regierte".[1] Gegen diese Version meldete der preußische Archivar Paul Bailleu als erster Bedenken an. In Kenntnis der vom Hof sorgsam gehüteten Akten wollte er vor allem „hervorgehoben und anerkannt" wissen, daß die Encke ihre „bedeutende Macht kaum je gemißbraucht hat".[2] Auch Bertold Haase-Faulenorth bemühte sich um eine quellenmäßig gesicherte Einschätzung, gelangte zu einem ähnlichen Urteil wie Paul Bailleu – und fand so wenig Resonanz wie dieser. Das neue Encke-Bild erschien verglichen mit dem alten uninteressant, langweilig geradezu. Vor allem die Literaten hielten sich lieber an Schlosser. „Die deutsche Pompadour" hieß ein 1925 in Leipzig erschienener Roman von Carl Atzenbeck, „Wilhelmine Enke – Der Roman einer ungekrönten Königin Preußens" das 1931 in Berlin verlegte Buch von Bruno Stümke. Sensationshascherei hat das Lebensbild der schönen Wilhelmine vernebelt.

Sie wurde am 29. Dezember 1752 in Dessau als Tochter eines Waldhornisten geboren : man rief sie „Minken", auch als sie längst den Kinderschuhen entwachsen war, oder „Line"; laut Taufregister hieß sie Wilhelmine Encke.[3] Aufgewachsen ist sie in Berlin, inmitten der dort zahlreich stationierten Soldaten Friedrichs des Großen, und es geschah selten, daß sie den Auszug „ihres" Regiments verpaßte, schon der Kapelle wegen, in der Vater Encke die Trompete blies. Er avancierte dann zum Waldhornisten der kgl. preußischen Kammermusik, was einen gewissen sozialen Aufstieg für die Familie bedeutete, etwa bis zur oberen Grenze eines Armeschlucker-Daseins. Wohnung nahmen die Enckes in der Potsdamer Schloßstraße 9, direkt hinter der Residenz des Prinzen von Preußen. Mutter Encke legte sich nach dem frühen Tode ihres Mannes in der Spandauer Straße eine Schenke zu, der sie den Namen „Zum kleinen Trompeter" gab.

Daß „Minken" die Mätresse eines Königs werden könne, lag fast im Bereich des Irrealen, war sie doch kein adliges Hoffräulein und stand auch nicht im Rampenlicht wie eine Tänzerin oder Schauspielerin. Sollte sich ein Prinz und künftiger König ausgerechnet für die Tochter eines Musikus interessieren, müßte sich das wie ein Märchen ausnehmen. Und doch...! Prinz Friedrich Wilhelm, Neffe Friedrichs des Großen und Thronerbe, hatte als junger Mann eine Liaison mit Wilhelmines älterer Schwester Dorothea, Tänzerin am Berliner Theater, und in deren Haus in der Berliner Mohrenstraße lernte er die damals zehnjährige Wilhelmine kennen.

Als sie 13 Lenze zählte, ließ der Prinz sie von Madame Girard aus der Potsdamer „französischen Kolonie" unterrichten, sah erst nur ab und an, dann öfters und zu guter Letzt fast täglich nach seinem Protektionskind, erteilte ihr schließlich selbst drei Jahre lang Lektionen in Geschichte, vor allem der brandenburgischen. Wilhelmine schrieb darüber 1808: „Es ist keine Prahlerei, wenn ich sage, daß unter tausend Geliebten der Fürsten, welche die Geschichte aufweist, vielleicht nicht eine ist, die sich mit mir vergleichen läßt. Sie können mich an Reizen des Körpers, an Vorzügen des Geistes bei weitem übertroffen haben: aber ihr Geist war nicht durch den Geliebten selbst gebildet."[4]

Weil sie nach Herkunft und Erziehung so ganz und gar nicht ins höfische Milieu paßte, wurde sie zur Mätresse erzogen. Sie ging auf Rechnung des Prinzen für ein halbes Jahr nach Paris zu

*Gräfin Wilhelmine von Lichtenau · * 1753, † 1820*
Gemälde von Dorothea Therbusch

Friedrich Wilhelm II. von Preußen
** 1744, † 1797 · König von Preußen 1786–1797*
„Der Kronprinz" – Gemälde von Friedrich Reclam

einer Mademoiselle de Launay, deren Bruder Kommandant der Bastille war, begleitet von ihrer Schwester, inzwischen eine geschiedene Gräfin Mattuschka, um ihre Kenntnisse in französischer Sprache zu vervollkommnen, Sicherheit im Umgang mit Fürsten und Grafen zu gewinnen – von denen es in Paris nur so wimmelte, vor allem russischen – und sich in der Hofhaltung zu üben, um später Festlichkeiten ausrichten zu können; ihr Tanzlehrer war de Vestris. Zurück kam sie als „die vollkommenste französische Kurtisane".[5]

Wilhelmine war eine ausnehmend attraktive Frau. Christian Gottfried Schadow schuf von ihr eine Marmorbüste, die das bestätigt. Gleiches gilt für das Porträt, das Angelika Kauffmann malte. Die Literaten schwärmten von Minkes Schönheit. Selbst Friedrich von Cölln, der ihr Freund nicht war, bekannte: „Die Natur hatte ihr alle Reitze verliehen, um genuß- und liebebereite Männer zu fesseln ... Ihr Körper war wunderschön, ganz Ebenmaaß ohne Gleichen... Es fehlte ihr nicht an Unterhaltungsgabe und an Geschmack in Kunstsachen. Ihr Tisch war der ausgesuchteste in Berlin, ihre Zirkel die zwanglosesten und freudvollsten, die es gab. Sie war zur Mätresse geboren und gebildet."[6]

Friedrich Wilhelm II. hatte zwar eine stattliche Statur, aber er erinnerte mit zunehmendem Alter immer weniger an das Idealbild eines Mannes. Sein Kopf war für den mächtigen Körper zu klein oder der Körper im Vergleich zum Kopf zu mächtig. Dereinst sollte ihm die Wassersucht zum Verhängnis werden. „Wie soll ich Friedrich Wilhelm II. schildern?", heißt es bei Friedrich von Cölln. „Die Natur that für ihn im Physischen alles. Ohne daß es ihm am Verstande fehlte, so schuf sie ihn doch nicht im richtigen Verhältnis des Geistes zu dem Körper. Es ist kein Gleichgewicht unter beyden vorhanden. Der Körper überwiegt den Verstand, und die Leidenschaften laufen mit dem Kopfe davon. Der Geschlechtstrieb ist in diesem kräftigen Körper... stark."[7]

Kein Chronist verweilt sonderlich lange bei dem von 1786 bis 1797 regierenden Friedrich Wilhelm II., obwohl er für Preußen mehr Land eroberte als Friedrich der Große, durch Karl Gotthard Langhans das Brandenburger Tor errichten ließ und das

Nationaltheater am Gendarmenmarkt schuf. Manch einer am Hof lehnte ihn von vornherein ab. Er regierte erst einige Wochen, als Graf Mirabeau am 1. Januar 1787 nach Paris meldete: „Von Tag zu Tag steigt die Verachtung gegen den neuen König. Man ist schon über die Bestürzung hinweg, die der Verachtung vorhergeht.“[8] In den „Salons“ verbreitete sich die Prophezeiung, die Friedrich der Große kurz vor seinem Tode gemacht haben soll: „Es wird ein lustiges Leben bei Hofe werden. Mein Neffe wird den Schatz verschwenden, die Armee ausarten lassen. Die Huren werden regieren und der Staat wird zugrunde gehen.“[9] Er war eben anders, toleranter, geselliger als Friedrich der Große, auch wenn er sich wie dieser mit Militärs umgab. Beim Volk schlug ihm eine Welle der Sympathie entgegen: „Der neue Herr wurde mit Jubel und mit unbeschreiblicher Begeisterung empfangen“, berichteten vertrauenswürdige Zeitgenossen ganz im Gegensatz zu dem französischen Grafen Mirabeau.[10] Nach Schadow war er ein Herrscher, „der alle Menschen froh und glücklich machen wollte“ – was freilich noch keinem gelungen ist.

Er öffnete den Park am Charlottenburger Schloß für jedermann, ging ohne „Troß“ Unter den Linden spazieren, unterhielt sich ungezwungen mit den Bürgern. So joviale Umgangsformen stießen auf Resonanz. Er war ein Freund der Dichtkunst, guter Musik und formschöner Architektur. Beethoven konstatierte bei seinem einzigen Aufenthalt in Berlin, der König spiele ausgezeichnet Cello, widmete ihm anerkennend die Violoncellosonaten op. 5 in F-Dur und g-Moll, aber bleiben wollte er im „Militärlager Berlin“ nicht: Beim Tode Friedrichs des Großen zählte die Stadt 140 000 Einwohner, 30 000 davon waren Soldaten oder Angehörige von Soldaten. Die einfachen Leute setzten auf Friedrich Wilhelm II. große Hoffnungen und gaben ihm den Beinamen „der Gute“. Daß er ein „Weiberknecht“ sei, nahmen zumindest die Berliner ziemlich unbefangen hin. Wenn er wieder einmal versicherte, „Ich liebe meine Untertanen“, setzten sie höchstens mit unverkennbarem Spott hinzu: „... vor allem die Weiber!“

Des Prinzen Ehe, 1765 mit Elisabeth von Braunschweig, einer

Nichte Friedrichs des Großen, geschlossen, mündete in einer Katastrophe. Elisabeth galt zwar als liebenswürdig, aber das Verhältnis ihres Herrn Gemahls mit der Trompeterstochter Encke bei Madame Girard brachte sie in Harnisch. Sie verweigerte sich. Beschwichtigende Worte des königlichen Onkels halfen nicht, und erbost über so viel Ungehorsam ließ Friedrich der Große die Ehe – besorgt um eine sichere Erbfolge – 1769 trennen. Elisabeth verbrachte den Rest ihres Lebens in Küstrin bzw. Stettin, erst als Festungsgefangene, dann freiwillig. „Lisbeth von Stettin", wie sie gern genannt wurde, starb 94jährig 1840 vergessen von der Welt. Aus Friedrich Wilhelms zweiter Ehe , der mit Friederike von Hessen-Darmstadt, ging 1770 der spätere König Friedrich Wilhelm III. hervor. Friederike war nicht gerade eine Schönheit, trat infolge eines leichten Sprachfehlers unsicher auf und galt als mürrisch und unverträglich. Auch sie machte Wilhelmine verantwortlich für die zerrüttete Ehe, duldete aber andere, adlige Mätressen ihres Mannes.

Auch Friedrich der Große, ohnehin kein Freund der Frauen, zumindest nicht im Alter, soll Wilhelmine geradezu gehaßt haben, was sie jedoch in ihren Memoiren energisch bestritt. Cölln jedenfalls behauptete, bei gelegentlichen Begegnungen habe der König sie ungeniert beschimpft, sogar drohend sein Stöckchen erhoben und sie 1774 für ein paar Monate aus Berlin verbannt; sie ging nach Hamburg, ihrer Version zufolge allerdings aus freien Stücken.

Das Mätressendasein der Wilhelmine Encke währte ungewöhnlich lange. Freunden zeigte sie mitunter eine Narbe am Ballen ihrer linken Hand; eine solche Narbe besaß auch Friedrich Wilhelm. Mit einem Federmesser hatten sich beide am 27. Januar 1770 während Minkens erster Schwangerschaft die Haut geritzt, um einen mit Blut versiegelten Liebespakt für alle Zeiten zu schließen. Die „Hochzeit" fand wahrscheinlich schon 1768 statt, und diese zwei Jahre einbezogen, hielt das Versprechen mit Unterbrechungen drei Jahrzehnte lang – bis zum Ableben Friedrich Wilhelms II.

Der Hofgärtner Johann Heinrich Rietz (Ritz), der das Haus

Neue Königstraße 110 am Berliner Tor besaß, kaufte, unterstützt vom Prinzen, 1775 das Nachbarhaus als Quartier für Wilhelmine. Vor Friedrich dem Großen wurde alles verheimlicht, aber wie nicht anders zu erwarten, gab es Ohrenbläser, die ihm das Liebesnest verrieten. Das Pärchen verkehrte hier jenseits des höfischen Protokolls, aber gerade der Umgang mit einer als nicht hoffähig angesehenen Dame reizte den Prinzen.

Die schöne Wilhelmine zog 1777 etwas überraschend nach Charlottenburg in ein Landhaus, vom Schloß nur durch die Spree getrennt. Daß sie in Sichtweite Friedrichs des Großen Wohnung nahm, verwunderte. Das Haus kostete 7 500 Taler, und das Geld stammte von niemand anderem als Friedrich dem Großen, der sich als kühler Rechner erwies. In Charlottenburg hatte er beide unter Kontrolle, seinen Thronerben und Wilhelmine. Die Trompeterstochter war ihm letztlich genehmer als eine der französischen Schauspielerinnen, in denen er mißtrauisch Spioninnen vermutete. Zwei Zugeständnisse verlangte er Wilhelmine ab: Sie mußte sich vom Hof fernhalten und – heiraten.

Die frühen Charlottenburger Jahre waren die glücklichsten des Paares. Wilhelmine gebar dem Prinzen fünf Kinder, von denen drei allerdings bei der Geburt oder kurz darauf starben. Am 4. Januar 1779 wurde Alexander geboren, neunjährig verstorben – verewigt durch das von Schadow geschaffene Grabmal –, am 29. Februar 1780 Marianne Dieterike, sechsjährig zu einer Gräfin von der Mark erhoben, später dreimal verheiratet, zuletzt mit dem französischen Obersten Thierry.

In den ersten 18 Jahren ihres Mätressendaseins übte Wilhelmine auf die Politik Preußens mit Sicherheit keinen Einfluß aus. Jede gegenteilige Meinung liefe auf eine völlige Verkennung Friedrichs des Großen hinaus, der sich nicht in die Staatsgeschäfte hineinreden ließ, weder von seinem Thronerben, noch von dessen Mätresse. Den Höflingen war es strikt untersagt, selbst einen Wunsch Wilhelmines auf Einstellung oder Beförderung von Verwandten oder Bekannten zu erfüllen.

Friedrich der Große lebte noch, als es um Wilhelmine ziemlich still wurde. Johann Cristoff Wöllner, einem ehemaligen Pfarrer aus Halle, sowie dem früher in sächsischen Diensten stehenden General Johann Rudolf von Bischoffwerder, war es 1781 gelungen, Friedrich Wilhelm bei den Rosenkreuzern einzuführen. Um „schädliche Nebeneinflüsse auszuschalten", mußte sich der Prinz auf Verlangen des Ordens von Wilhelmine trennen und sein Bett in ihrem Landhaus aufgeben. Friedrich der Große, dem diese Wendung gelegen kam, verheiratete Wilhelmine mit dem Sohn seines Gärtners und Kammerdiener des Kronprinzen, Wilhelm Rietz, einem ihrer Jugendgefährten. In ihren Memoiren deutet sie an, sie sei davon überzeugt gewesen, Friedrich Wilhelm werde zu ihr zurückkehren – trotz all seiner Schwüre als Rosenkreuzer. Gar so sicher fühlte sie sich aber wohl doch nicht. In aller Stille entband sie 1783 in Dessau ein Kind, das bald starb; dem medizinischen Gutachten zufolge war Rietz der Vater. Zwei Jahre später, am 22. Mai 1785, brachte sie ihren Sohn Friedrich Wilhelm zur Welt, von Staats wegen als ehelich anerkannt. Er sollte einmal Kanonikus am Hohen Domstift zu Cammin und St. Nikolai in Magdeburg werden; sein ältester Sohn, Wilhelmines Enkel, wurde 1843 als von Rietz-Lichtenow geadelt. Wenig glaubhaft behauptet sie in ihrer „Apologie": Ich führte „zwar noch lange den Namen Rietz, aber mit dem Manne dieses Namens wohnte ich nie unter einem Dache, sah ihn nie anders, als wenn er Geschäfte beim König hatte."[11] Im Gegensatz dazu gab Rietz 1797 bei einer Vernehmung zu Protokoll: „Meine Verheyrathung mit der Gräfin geschah ohne Neigung bloß auf Befehl Sr. Majestät. Ich kann nur sagen, daß sich die Liebe hinterherfand, aber sie war nicht von langer Dauer, da unsere Charaktere nicht harmonierten. Indeß haben wir bis vor 3 bis 4 Jahren noch als Eheleute gelebt, dann aber uns privatim von Tisch und Bett getrennt separiert."[12] Rietz war nach Friedrich von Cölln „ein ganz gemeiner Mensch. Als Bediensteter ertrug er alle Launen des Kronprinzen..., ließ sich ... von seinem Herrn Ohrfeigen, Stockprügel, Fußtritte und Mißhandlungen jeder Art gefallen und war ein geduldiges Instrument. Er entschädigte sich dadurch, daß er ihm untergebene Bedienstete wieder ebenso mißhandelte. Nachdem er sich für seinen Herrn zum Deckmantel seiner Lüste, zum Ehemann für seine Maitresse hatte hergeben müssen, ... saß er fest auf seinem Posten."[13] Auch Graf Mirabeau hielt Rietz für einen „Geldabschneider... und niederträchtigen Kerl".[14] Rietz blieb nicht Kammerdiener. Wilhelmine hieß amtlich bald „Ehefrau des Geheimen Kämmerers Rietz, geb. Encke". Das Gehalt von Rietz betrug 1 000 Taler jährlich und lag damit doppelt so hoch wie das eines Hofarztes oder Professors. Unter Friedrich Wilhelm II. verwaltete er die kgl. Schatulle (Privatausgaben), hatte also eine Vertrauensstellung inne. Zwar wurde er am Hof als „Dienerseele" verachtet, aber private Angelegenheiten trug man ganz gern über ihn an den König heran. Selbst der mächtige Bischoffwerder nutzte bei einem Gutskauf die Dienste von Rietz. Meist waren es allerdings die Frauen der Höflinge, die sich an ihn wandten, etwa um Ehrungen für ihre Männer zu erwirken.

Nach Wilhelmines Version beschränkten sich ihre Beziehungen zum Prinzen jetzt auf ein freundschaftliches Verhältnis. Sie behauptete, „daß seit 1783 alles physische Amüsement ein Ende hatte, und jene vertrauteren Verhältnisse sind nie wieder zwischen uns eingetreten."[15]

Als „der dicke Wilhelm" 1786 König wurde, vereinte er alle wichtigen Ämter in seiner Hand: Bei ihm lag der Oberbefehl über die Truppen, er war der Erste Minister seines Kabinetts... Die Regierungsgeschäfte aber langweilten ihn bald. Er fühlte wohl auch, daß er ihnen nicht gewachsen sei. Je mehr er sich seiner Mängel bewußt ward, desto öfter hörte er auf seine Günstlinge und widmete sich zunehmend dem Amüsement. Oberst Christian von Massenbach notierte: Der König habe „die größte Ähnlichkeit mit einem asiatischen Fürsten, der sich in das Innere seines Serails zurückgezogen hat und mit seinen Sklaven und Sklavinnen lebt, die Regierungsgeschäfte aber seinen Verzierern überläßt".[16] Die „Verzierer" hießen Wöllner, der Justiz- und Staatsminister wurde, und Bischoffwerder, eigentlich Flügeladjutant, aber weitgehend die Außenpolitik bestimmend. Beide waren keineswegs Kreaturen Wilhelmines, wie Schlosser angedeutet hat, Wilhelmine keine der Sklavinnen. Neue Mätressen des Königs traten in Erscheinung, und ihr Streben ging dahin, Wilhelmines Verbannung zu erzwingen. Darauf ließ sich Friedrich Wilhelm II. allerdings nicht ein. Als er sich 1784 mit Julie von Voß und 1790 mit Gräfin Dönhoff „linker Hand" verehelichte, verlangten die „Rosenkreuzer" merkwürdigerweise kein Abschwören. Die Voß wohnte sogar jahrelang im Schloß Charlottenburg mit der Königin unter einem Dach. Der „schädliche Nebeneinfluß" der Mätressen wurde also nur auf Wilhelmine bezogen. Strittigster Punkt war das von Wöllner erstrebte Religionsedikt, das Wilhelmine dem König auszureden versuchte – wie die liberalen Kräfte Preußens übrigens auch. Wöllner setzte es trotz großer Widerstände 1788 durch.

Daß auch Friedrich Wilhelm II. behauptete, sein Verhältnis zu Wilhelmine gleiche dem zwischen Bruder und Schwester, erschien vielen schon deshalb wenig glaubhaft, weil er, gerade zum König gekürt, 1787/88 ihr Landhaus in Charlottenburg nach Zukauf von 15 Grundstücken zu einem zweistöckigen Palais ganz nach ihren Vorstellungen ausbauen ließ. Der Charlottenburger Pfarrer Dressel vermerkte dazu: „Es gleicht schon einem fürstlichen Schlosse an Pracht und Schönheit. Sie läßt Berge auftragen, steinerne Brücken in der Luft bauen, um dadurch von einer Straße zur anderen... oder... aus einem Garten in den anderen zu kommen."[17] – Und wie dereinst sein Onkel residierte im benachbarten Schloß Charlottenburg Friedrich Wilhelm II.!

Die als stets freundlich bekannte Wilhelmine aber wurde unleidlich. Der Magistrat entrüstete sich, weil sie keine Steuern zahlte. Er hielt ihr vor, die anfallenden Gemeindelasten müßten sonst den „übrigen armen Bürgern übertragen werden". Wilhelmine drohte, sie werde jeden Steuereintreiber „durch handfeste Bediente einfach auf die Straße setzen lassen". Erwartungsgemäß trug sie im Steuerstreit den Sieg davon: Der König erklärte ihr Palais zum „Freihaus". Unbeliebt machte sich Wilhelmine auch durch den „Bäckerkrieg". Sie brachte 1791 einen Bäckermeister für sechs Wochen auf die Feste Spandau und einen anderen Bäckermeister für acht Tage ins Gefängnis, „da von dem Genuß" deren „Backwerkes für die Gesundheit eines Menschen nachteilige Folgen zu befürchten seien oder dessen Leben dadurch in Gefahr geraten könne."[18] Die Satiriker schilderten in den grellsten Farben das gefährliche Leben der Lieferanten der Madame Rietz und orakelten, wenn jeder Bäcker, der schlechte Brötchen backe, bei „Vater Philipp" lande, Backstuben wie Brotkörbe bald gähnend leer sein würden. Daß Wilhelmine ein „Kind aus dem Volke" sei, konnten zumindest die Charlottenburger bald nicht mehr hören.

Die Krise, die Wilhelmine durchlebte, lag nach Meinung ihrer Freunde im Liebeskummer begründet. Daß ihr Friedrich Wilhelm II. das Palais zubilligte, besagte wenig. Seit er König war, erhielt er Zuwendungen in Höhe von fast 500 000 Talern, und wie er gelegentlich äußerte, habe er sich moralisch verpflichtet gesehen, die Mutter seiner Kinder „standesgemäß" unterzubringen. Ansonsten nahmen ihn seine neuen Mätressen völlig in Anspruch. Wilhelmine fiel es augenscheinlich schwer, ihre Rivalinnen einen „Steinwurf" entfernt im Schloß zu wissen. Die Gräfin Dönhoff, eine hochmütige Dame, hatte den Einfluß, den man Wilhelmine nachsagte. Die Dönhoff richtete am Hofe Feste aus, auf denen der König nicht Hausherr, sondern Gast war. Als sie allzu direkt in die Politik eingriff, machte sie sich die Minister zu Feinden. Daß es gegen ihren Willen 1791 zur Verabschiedung der Pillnitzer Deklaration zwischen Preußen, Österreich und den Brüdern des französischen Königs kam, hätte ihr die Grenzen offenbaren müssen. Als sie auch noch einen öffentlichen Skandal inszenierte und dem König den am 24. Januar 1792 geborenen gemeinsamen Sohn Friedrich Wilhelm – als Graf Brandenburg 1848 preußischer Ministerpräsident – öffentlich vor die Füße legte, brach der König mit ihr. Sie flüchtete und lebte später verbannt in Angermünde. Mit dem Sturz der Dönhoff 1792 erfuhr Wilhelmine jene Renaissance, von der sie jahrelang geträumt hatte; Friedrich Wilhelm II. wandte sich ihr wieder zu.

Ihre Gegner behaupteten, es sei dabei nicht mit rechten Dingen zugegangen; sie habe ihn zum Spiritismus verführt und sich überirdischer Kräfte bedient. Die Geisterbefragung aber war eine Modeerscheinung. Selbst einflußreiche Schriftsteller,

Schauspieler, Minister, Generäle und Fürsten zählten zu den Spiritisten. So hieß es von Königin Friederike: „Sie sah Gespenster und Geister, schlief bei Tage und wachte bei Nacht."[19] Der König hatte, angeregt durch Wöllner und Bischoffwerder, 1790 erstmals in Breslau an Séancen teilgenommen. Unsicher in der Regierung, wollte er die Meinung längst verstorbener Vorfahren einholen, und er trieb es schlimm, jedenfalls behauptete das Graf Hertzberg-Lottin – neben Wöllner mächtigster Minister –, der sein Amt aber 1791 mit dem Bemerken niederlegte: „Majestät haben directment gestern Nacht wieder mit dem Großen Kurfürsten gesprochen. Auch mit Caesar. Auf mich hört er gar nicht... Soll Majestät den Seneca zum Minister ernennen."[20] Vorangegangen waren Differenzen in der Beurteilung des revolutionären Frankreich. Friedrich Wilhelm II. ist zwei Jahre früher zum Spiritismus gestoßen als Wilhelmine. Sie kann ihn also nicht dazu verführt haben. Ob sie die Fähigkeit besaß, ihn mit spiritistischen Mitteln zurückzugewinnen, bleibt bestenfalls Ansichtssache.

Friedrich von Cölln, nicht immer überzeugend, urteilte zumindest in dieser Hinsicht nüchtern: „Sie hatte so genau des Königs Reizbarkeit studiert, daß, wenn er durch häufigen Wechsel sich abgestumpft fühlte, die alte Freundin noch Reizmittel im Rückhalt hatte, wodurch sie ihn so zu fesseln wußte, daß er immer wieder zu ihr zurückkam."[21] Auch Lehndorff, der das Leben am Hof kannte, bestätigte das: Der König „hielt die Gewohnheit fest, womöglich jeden Abend bei ihr zu soupieren; er sprach mit ihr über Alles, frug sie bei Allem um Rath und hatte ein so blindes Vertrauen zu ihr, daß es nie gelungen ist, dasselbe zu erschüttern. Ja, es war dieser ebenso entschlossenen als intriganten Person gelungen, sich dem König im buchstäblichen Sinne des Wortes unentbehrlich zu machen und keine seiner späteren Neigungen schwächte jeweils nur vorübergehend ihre beklagenswerthe Herrschaft über ihn."[22]

Um 1792 befand sich der Staat in einer schwierigen Situation, und des Königs Vertrauen in Wöllner und Bischoffwerder ließ merklich nach. Wilhelmines Rivalen erwiesen sich als gute Beobachter und nüchterne Rechner: Da Wilhelmine nach dem Sturz der Dönhoff wieder im Kommen war, suchte man sich mit ihr zu arrangieren. Sie signalisierte Bereitwilligkeit, da ihr sehr wohl bewußt war, Wöllner und Bischoffwerder nicht verdrängen zu können. Vom Kompromiß versprachen sich alle mehr, als von der jahrelang praktizierten versteckten oder auch offenen Fehde. Von 1792 bis 1797 herrschte nach Professor Hans Kania ein Dreigestirn: Wöllner – Bischoffwerder – Wilhelmine.[23] Dies kam der Wahrheit weit näher als die These von der preußischen Pompadour.

Eine Einmischung in die Politik bestritt Wilhelmine allerdings aufs entschiedenste. Daß sie Kritik am König ernster nahm als der König selbst,[24] drückte ihrer Meinung nach keine politische Verhaltensweise aus, sondern von persönlichen Gefühlen geprägte Sorge. Die Opposition sollte ja eigentlich Justizminister Wöllner in Schach halten. Während des Feldzuges gegen Frankreich weilte Wilhelmine beim König im Winterquartier! Das wiederum sah Bischoffwerder ungern, der sich als Berater des Königs in außenpolitischen Fragen verstand. Als in Spa unter etwas mysteriösen Umständen auf Wilhelmine geschossen wurde, konnte sie sich als tapfere Frau feiern lassen – sich getrost nach Berlin zurückziehen und dort der Kultur widmen. Der König befaßte sich ohnehin fast nur noch mit dem Krieg gegen Frankreich, und Wöllner und Bischoffwerder interessierte Kultur wenig.

Wilhelmine hatte es schon immer gern vernommen, wenn man sie als eine Förderin der schönen Künste bezeichnete. „Es ist wahr, daß ich einen so ziemlich richtigen Geschmack, verfeinerte Sitten, einige Fertigkeit in den nötigsten Sprachen und endlich einige Kenntnis in der Malerei, Dichtung und Musik besitze“, behauptete sie.[25] Kunst und Architektur wurden für Jahre ihre Domäne. Sie unterhielt 1793/94 ein Büro für Schlösser und Gärten. Das Schloß auf der Pfaueninsel wurde ihr Werk; sie entschied, daß es in Form einer römischen Kastellruine entstand.[26]

Bereits 1787 hatte Wilhelmine Unter den Linden ein Privattheater gegründet. Zu vielen Vorstellungen kam es jedoch nicht, zu drei nur im Verlaufe von zehn Jahren. Aufgeführt wurde u. a. ein Werk des in Berlin noch ziemlich vernachlässigten Goethe, und zwar das Singspiel „Erwin und Elmire". Der damals noch blutjunge Ludwig Tieck befand sich unter den Gästen und war des Lobes voll. Er betrachtete Wilhelmines Theater als eine Oase der Toleranz inmitten des von Wöllners Justiz arg bedrängten Geisteslebens, das sich daher zunehmend in den Salons abspielte.

Wilhelmines „Salon" war bekannt für kulinarische Kostbarkeiten. Da man sie am Hofe nicht vorgestellt hatte, durften Prinzen bei ihr nicht verkehren. Zu den Gästen gehörten in Berlin akkreditierte Gesandte, Beamte, Offiziere, Gutsbesitzer, auch bekannte Künstler, vor allem Theaterleute. Der Hofkomponist des Fürstbischofs von Breslau, Karl Ditters von Dittersdorf, Schöpfer der Oratorien „Esther" und „Hiob" sowie der komischen Oper „Doktor und Apotheker", schrieb in seiner 1801 erschienenen Lebensbeschreibung: „Madame Rietz empfing mich mit viel Politesse und sagte mir, daß sie eben vom König den Auftrag erhalten hätte, mich ein für allemal bei allen Spektakeln, die im Opernhaus gegeben würden, in ihre Loge einzuladen. Ebenso engagierte sie mich für immer, so oft ich nach Charlottenburg kommen würde, zum Diner oder Souper."[27] Sie hielt die Tür zu ihrem Salon weit geöffnet, erwartete aber von ihren Gästen, daß sie sich aller Kritik an König Friedrich Wilhelm II. und jeglicher Reformdebatten enthielten. Ihre intimen Parties hielt Wilhelmine für harmlos. „Hier trieb man keine höheren Geschäfte als die ganz gewöhnlichen, wir spielten Karten, sangen, musizierten, kurz, wir übten das allbekannte ‚Freut Euch des Lebens'!... Wenn nun, welches manchmal geschah, kein Quadro stattfand, so trat dafür die Deklamation ein. .. Das war mein Hof, den ich um mich versammelte, und eines solchen Hofes würde sich, glaube ich, selbst Ludwig der Heilige nicht zu schämen haben..."[28]

Vom König hieß es, er treffe keine Entscheidung von Bedeutung, ohne Wilhelmine gehört zu haben. Als Preußen für viele unerwartet die antifranzösische Koalition der europäischen Staaten zu verlassen drohte – und 1795 in Basel tatsächlich einen Sonderfrieden mit Frankreich schloß –, wurde Wilhelmine von den bei ihr verkehrenden französischen Monarchisten und Diplomaten bestürmt, sie möge doch ihren ganzen Einfluß geltend machen und den König von einem solchen Schritt abhalten. An die militärischen Mißerfolge und Preußens gefährdete Interessen in Polen schien keiner zu denken.[29] Der englische Gesandte Lord Henry Spencer bot – ohne Erfolg – Wilhelmine 100 000 Guineen, wenn sie den Sonderfrieden verhindere.[30] Sicher wollte London nichts unversucht lassen, Preußen am Verlassen der Koalition zu hindern, doch bleibt es immerhin bemerkenswert, daß man Wilhelmine konsultierte; sie galt im Ausland als mindestens ebenso mächtig wie der Außenminister.

Wilhelmine befand sich auf dem Zenit ihres Lebens.

Von den Sympathien, derer sie sich erfreute, verspielte sie ab Mitte der 90er Jahre eine nach der anderen. Wie es hieß, beabsichtigte sie den englischen Lord Templetown zu heiraten; mit seinen 20 Jahren war er nicht einmal halb so alt wie sie. Vermutlich wollte sie aber ihren „dicken Wilhelm" nur eifersüchtig machen, denn er leistete sich schon wieder Abstecher, diesmal zu Fräulein Schulsky, einer Tänzerin vom Theater, und der Schaupielerin Baranius, die später mit Rietz verheiratet war, der dazu bestimmt schien, vom König „abgelegte" Mätressen zu ehelichen.

Lord Templetown wurde aus Preußen ausgewiesen, vermutlich auf ihr Betreiben hin. Am 13. März 1795 verreiste sie ebenfalls. Sie wolle sich in Pisa einer Kur unterziehen, hieß es offiziell. Allzusehr eilte es ihr mit der Kur schwerlich, denn erst nach sieben Monaten traf sie in Pisa ein. Wie eine Fürstin besuchte und gab sie Empfänge. Keinesfalls hatte sie die Reise gegen den Willen des Königs unternommen, denn sie war mit Schecks reichlich versorgt. Einige ihrer Unternehmungen dürften ihn immerhin überrascht haben.

Aus Neapel schrieb sie ihm, Königin Caroline habe sich geweigert, sie zu empfangen! Nicht die Mätresse des Preußenkönigs sei abgewiesen worden, sondern die bürgerliche Madame

Rietz! Sie ersuchte um die Erhebung in den Grafenstand, weil es sie ja auch „in eine schiefe Stellung" brächte, wenn ihre Tochter Gräfin sei, „während sie noch selbst dem niederen Bürgerstand angehöre". Sie hatte den König richtig eingeschätzt; er vermißte das tägliche Souper bei ihr. Er löste ihre Ehe mit Rietz und ernannte sie nach einer Besitzung in der Neumark zur Gräfin Lichtenau. Das ihr ausgestellte Diplom strotzte vor Fälschungen. Es war um zwei Jahre zurückdatiert, auf den 28. April 1794, und die angeführten Ahnen erschienen väterlicher- wie mütterlicherseits bis in die vierte Generation von Adel, als sei Wilhelmine „in dem Gräflichen Stande von Alters her gewesen," und das Wappen zierten preußischer Adler und Königskrone.[31] Die Nachricht von der Erhebung in den Grafenstand erreichte Wilhelmine in Venedig durch einen Berliner Eilkurier. Sie empfand Genugtuung. Daß sie sich zwischen zwei Stühle gesetzt und isoliert hatte, wurde ihr nicht bewußt. Durch die Erhebung eines Soldatenkindes in den Grafenstand wurde „der Stolz der Vornehmen beleidigt und sie bei solchen ebenso verhaßt, als bei der Kaste, über die sie sich erhoben".[32]

Als sie erfuhr, der König sei erkrankt, kehrte Wilhelmine im Juli 1796 nach 15monatiger Abwesenheit heim. Aus Liebe? Aus Berechnung? Am 18. September 1796 wurde sie, jetzt Gräfin Lichtenau, bei Hofe „vorgestellt"; es sollte ihr einziger Auftritt am Hofe bleiben.

Zweimal begleitete sie Friedrich Wilhelm II. zur Kur nach Bad Pyrmont. Der König reiste inkognito als Graf Hohenstein mit 70 Bediensteten. Der Besitzer der Grafschaft Pyrmont, Friedrich Graf von Waldeck, befand sich in finanziellen Schwierigkeiten; der König wollte die Grafschaft für Wilhelmine kaufen. Sie schien sich ihrer Sache schon sehr sicher zu sein und nahm Quartier im Schloß der Waldecks, aber das Kabinett protestierte unter Hinweis auf die Finanzmisere des Staates gegen den Vertrag. Im Besitz von Pyrmont wäre Wilhelmine Fürstin geworden; einen solchen Machtzuwachs wollten Wöllner und Bischoffwerder verhindern. Der König, der sich verpflichtet sah, versprach ihr eine Zuwendung anderer Art.

Die entscheidenden finanziellen Regelungen fielen ins Sterbejahr des Königs. Wilhelmine hatte ursprünglich nie Ansprüche geltend gemacht. Als Friedrich Wilhelm noch Prinz war, gab er ihr „für die Ökonomie" monatlich 100 Dukaten,[33] nach dem Verständnis am Hof keine sonderlich üppige Summe. Ewig in finanzieller Bedrängnis, ließ der Prinz auch mal die eine oder andere Zahlung aus. „Eine ärmere Geliebte eines künftigen Thronerben hat es schwerlich je und irgendwo gegeben", bedauerte sich Wilhelmine.[34] „Ich war schon Mutter und litt nicht selten Not; andere verstanden es freilich besser, indem sie sich erst von Pluto reiche Opfer bringen ließen, ehe sie der paphischen Göttin (Venus) opferten." Friedrich Wilhelm machte zwischen der Trompeterstochter und seinen adligen Mätressen Unterschiede. Der Juliane von Voß schenkte er zwei Millionen Franken als Heiratsgut[35], der reichsten seiner Mätressen, der Gräfin Dönhoff, 200 000 Taler und noch einmal 110 000 Taler für ihre Familie.[36] Wilhelmine, die er nie zur Frau linker Hand nahm, bekam auch kein „Heiratsgut". Bei der Geburt eines Kindes gab Friedrich Wilhelm seinen Mätressen 50 000 Taler, nicht aber Wilhelmine, die ihm fünf Kinder gebar. Zwischen seinen Kindern aber machte er keine Unterschiede. Für Wilhelmines Kinder kaufte er für 130 000 Taler die 2 500 ha umfassenden Güter Lichtenau, Breitenwerder und Roßwiese und für 35 000 Taler das Niederländische Palais Unter den Linden; Tochter Marianne bekam 1797 zur Hochzeit 200 000 Taler Mitgift, mußte aber auf ihre Güter verzichten.

Daß Wilhelmine die teuerste preußische oder gar deutsche Mätresse war, ist eine Legende. Wenn eine Voß oder eine Dönhoff – oder Cosel – ihre „Dienstjahre" erreicht hätte!? Sie war weder deutlich uneigennütziger noch deutlich zurückhaltender als andere Mätressen, zumindest nicht gegen Ende ihrer Karriere. Wie die Jagd nach einem Titel, setzte bei ihr die Jagd nach Geld ziemlich spät ein. Auf ihrer Italienreise war sie von einem Lord Bristol begleitet worden, der die Diözese Derry besaß, angeblich eine wahre Goldgrube; diesen heiratswilligen Lord nutzte sie wohl etwas als Druckmittel beim eifersüchtigen König.

Wie dem auch sei: Er schenkte ihr am 6. November 1797, zehn Tage vor seinem Tod, die Tochter Marianne entzogenen Güter und als Ersatz für Pyrmont noch 500 000 Reichstaler in holländischer Währung, hinterlegt beim niederländischen Geschäftsträger.[37] Zehn Tage lang war Wilhelmine eine reiche Frau.

Merkwürdigerweise pachtete sie erst einmal auf der Bötzowschen Feldmark eine Jagd. Vergeblich bot ihr Graf Münster von Minhöfel seine sächsischen Güter zum Kauf an. Daß der König Geld für sie in Holland sicherstellte, verstanden alle als einen Wink, sich ins Ausland abzusetzen – außer Wilhelmine. Friedrich Wilhelm II., der dies wohl vorausgesehen hatte, schrieb für alle Fälle im Nachtrag zum Testament: „Schließlich empfehlen Wir Unserem geliebten Sohn und Thron-Erben, dem Prinzen von Preußen Liebden, diese mit geprüfter Ergebenheit Unserer Höchsten Person stets zugetan befundene Gräfin von Lichtenau zur Milde und Wohlwollen."[38]

Am 16. November 1797 nachts starb Friedrich Wilhelm II. in Potsdam. In seinen letzten Tagen wollte er Wilhelmine in seiner Nähe haben, und so wohnte sie vorübergehend in einem nahegelegenen Cavalierhaus. Der König habe gut geschlafen, erfuhr sie in der Frühe vom Pflegepersonal; in Wirklichkeit war er seit Stunden tot. Sie hatte noch das Nachtgewand an, als ein Kommando unter Oberst von Zastrow sie für verhaftet erklärte – zu ihrem Schutz vor dem Volkszorn. Es half kein Protest: Zusammen mit ihrer Mutter und ihrem jüngsten Sohn wurde sie in einer 3-Zimmer-Wohnung des Cavalierhauses festgesetzt, behütet von 20 Soldaten unter dem Kommando eines Offiziers – ein beträchlicher Aufwand für zwei Frauen und ein Kind, und überdies ein nutzloser, wenn es zu Krawallen gekommen wäre. Ihr Personal wurde bereits am nächsten Tag von einem General entlohnt und entlassen.

Wilhelmine sollte sich bereichert, „außer ihre Sphäre als Mätresse getreten (sein) und …, gleichsam als wäre sie die Souveränin des Landes", geherrscht und Landesverrat begangen haben.[39] Bereits am 26. Dezember 1797 wurde in den Preußischen Jahrbüchern für März 1798 ein jedermann zugänglicher Prozeß gegen Wilhelmine angekündigt und eine Veröffentlichung aller einschlägigen Dokumente zugesichert. – Die richterlichen Untersuchungen waren noch nicht einmal eingeleitet.

Es lag nahe, daß der neue Landesherr wieder zu dem Geld kommen wollte, das sein Vater Wilhelmine geschenkt hatte. Es waren ja auch nicht wutentbrannte Bürger vor ihrem Quartier erschienen, sondern mit Polizeifunktionen betraute Militärs. Friedrich Wilhelm III. sollte 43 Jahre regieren und ging in die Geschichte als unentschlossener, ewig zaudernder Herrscher ein. Zumindest einmal in seinem Leben hatte er es eilig – bei der Abrechnung mit Wilhelmine.

Da desorientiert, verhielten sich die einfachen Bürger recht gleichgültig. In großer Zahl auf dem Buchmarkt erscheinende Pamphlete sollten daher für Stimmung gegen Wilhelmine sorgen. Ihr wurden sowohl die Fehler der preußischen Politik als auch das 43-Millionen-Taler-Defizit im Staatssäckel angelastet. Der neue König hörte es gern, wenn jemand die Mätresse seines Vaters herabsetzte. Die Anti-Schriften „Geheime Papiere der Gräfin Lichtenau, vulgär Minchen Encken“ und „Bekenntnisse der Gräfin Lichtenau, ehem. Madame Rietz“ erwiesen sich als primitive Fälschungen. Aber da war noch etwas anderes: J. F. E. Albert veröffentlichte „Saul der Zweyte, genannt der Dicke, König von Kanonenland“; der verstorbene Landesherr wurde in den dunkelsten Farben geschildert. Plötzlich kamen auch Knittelverse wie „Der klägliche König“ in Schwang – verdrießlich für den neuen König, der Wilhelmine und nicht seinen Vater geschmäht sehen wollte.

Wilhelmines Vermögen war bereits konfisziert: die Güter, die Häuser, die holländischen Gulden. Ihr Guthaben auf der Bank betrug 30 000 Taler, der Wert ihres Schmucks und Silberzeuges 26 579 Taler.[40] Man mußte nur noch das Versteck finden, in dem die unterschlagenen Staatsgelder schlummerten. Das Denunziantentum erlebte eine Konjunktur. Baronesse von der Goltz zeigte an, Wilhelmine habe „gewiß für dreihundert Millionen Werte“ im Weinkeller vergraben bzw. in einer Doppelwand des Schlafzimmers versteckt.[41] Soviel Geld fehlte gar nicht in der

Staatskasse. Die Schmähschriften hatten offenbar die Phantasie der Baronesse angeregt; man grub und hackte – aber ohne Erfolg.

Kammergerichtspräsident Kircheisen, der die Untersuchungen leitete, fürchtete um die Staatsräson. Die Schulden Friedrich Wilhelms II. und die Mätressenwirtschaft stellten allenfalls die Spitze eines Eisberges verfehlter Finanzpolitik dar. Von den vielen Mätressen des verstorbenen Monarchen sollte zudem nur eine auf die Anklagebank. Die Ungereimtheit spürte der Hof selbst: Wilhelmine habe im Bunde mit überirdischen Kräften Friedrich Wilhelm II. zu generösen Geschenken bewogen. Aber lebte man nicht in einer aufgeklärten Epoche? Die Zeit der Hexenverfolgungen war passé. Den Begriff „Geschenk" wollte die Justiz ohnehin möglichst umgehen. Es versprach wenig, Wilhelmine auf diesem Umweg etwas vorzuwerfen, denn die Annahme von Geschenken war nicht gesetzwidrig. Unter dem Eindruck der Französischen Revolution und der Gewaltenteilung war jedoch die fürs Königtum unbequeme Frage zu erwarten, ob es dem Monarchen zukomme, Steuergelder wie Privateinnahmen zu behandeln. Kircheisen warnte den Hof: „entweder muß man nichts oder die Wahrheit sagen, daß der König fremdes Eigentum nicht verschenken kann."[42]

Auch den zweiten Vorwurf, Wilhelmine habe „regiert", wollten die Juristen lieber überhören. „In strafrechtlicher Hinsicht", meinten sie, „muß man nicht unbenannt lassen, daß der König ihr sein Vertrauen ohne Grenzen aufzwang."[43] Das Ansehen des Königtums würde Schaden erleiden, wolle man partout beweisen, Preußen sei von einer Mätresse regiert worden.

Auf ein Verfahren wegen Landesverrats mußte ohnehin verzichtet werden, da es der Anklage an Beweismaterial mangelte. Daß ihr der britische Gesandte in Erwartung einer Demarche beim König zugunsten Englands Geld angeboten hatte, konnte Wilhelmine strafrechtlich nicht angelastet werden. Sie hatte das Geld ausgeschlagen, und die Verteidigung würde sie als „gute Preußin" feiern, der Prozeß eine unerwünschte Wende nehmen.

Am 4. Januar 1798 war alles zusammengetragen, was Wilhelmine belasten konnte. Es zeugte vom Eifer der Behörden, daß die fixierten Fragen der Übersicht wegen in Rubriken gegliedert werden mußten: Es kamen 45 (!) zusammen. Wollte die Anklage durch Breitenwirkung den Mangel an Substanz verdecken? Fünf Tage lang wurde Wilhelmine vernommen. Sie sollte wichtige Dokumente beseitigt haben, aber es waren Liebesbriefe, und zwar ihre eigenen; sie wurde beschuldigt, die Krondiamanten gestohlen zu haben, aber sie fanden sich dort, wo Wilhelmine nachzusehen empfahl: im Sterbezimmer Friedrich Wilhelms II.; sie sollte Julie von Voß, ihre Rivalin, vergiftet haben, aber das ärztliche Gutachten diagnostizierte als Todesursache Tuberkulose. Punkt für Punkt wurde abgearbeitet. Die Kommission nahm sich Zeit, vernahm auch viele Zeugen, unter anderem Rietz und die Dienstboten.

Am 20. Februar 1798 lehnte es die Untersuchungskommission, der Staatsminister Freiherr von der Recke, Major von Lützow, Geheimrat Pitschel, Kammergerichtsrat Beyme und Kammergerichtspräsident Kircheisen angehörten, ab, Wilhelmine vor Gericht zu bringen; es sei ihr keine strafbare Handlung nachzuweisen.[44] Mit einer solchen Entscheidung hatte eigentlich niemand gerechnet, am wenigsten der König, denn preußische Richter pflegten die Wünsche der Krone zu respektieren; unter Friedrich dem Großen hatten sich unbotmäßige Diener Justitias auf der Festung Spandau wiedergefunden. Die Kommissonsmitglieder zeigten Zivilcourage.

Da Friedrich Wilhelm III. das Vermögen der Lichtenau bereits eingezogen hatte, die Justiz aber nicht bereit war, dies zu rechtfertigen, überließ er der Administration die Wahrung des Rechtsanspruchs. Am 13. März 1798 erschien eine Kabinettsorder: „Obgleich nun das gesamte Vermögen, da sie (Wilhelmine) solches, wenn schon nicht unmittelbar durch Anwendung strafbarer Mittel ... auf Kosten des Staates erworben hat, ... eingezogen werden mußte, so wollen S. M. dennoch derselben das Haus in der Mohrenstraße allhier (das Haus von Wilhelmines Schwester) und das sämtliche Mobiliar in allen ihren Grundstücken außer im Lindenpalais und in Charlottenburg und mit Vorbehalt des

Silbers und der Juwelen... zu ihrer freien Disposition überlassen und derselben noch außerdem eine jährliche Pension auf Lebenszeit von 4 000 accordieren. Alles übrige Vermögen ohne Ausnahme soll eingezogen und zu gemeinnützigen Anstalten verwendet werden".[45]

Nun war es an der Untersuchungskommission, sich zu wundern. Kammergerichtspräsident Kircheisen vermerkte sichtlich erbost: „Die Lichtenau hat kein Verbrechen begangen, welches rechtlich die Einziehung ihrer Güter zur Folge haben könnte. Das geschieht nur bei Hochverrätern." Da das Kabinett sich über die Entscheidung der Untersuchungskommission einfach hinweggesetzt hatte, fügte er hinzu: „Machtansprüche dienen zu weiter nichts, als das Gouvernement und dessen Diener zu kompromittieren".[46] Bischof Eylert, der Berater des Königs, wollte wissen, „daß das Volk ... laut frohlockte", als es von der Enteignung Wilhelmines erfuhr. Die angekündigte gemeinnützige Verwendung ihres einstigen Besitzes zeigte wohl doch Wirkung. Aber das Vorgehen des neuen Königs entbehrte der Logik. „Auf Kosten des Staates" waren alle Mätressen des verstorbenen Landesherrn ausgestattet worden, aber nur Wilhelmine sollte enteignet werden. Der Charlottenburger Pfarrer Drescher notierte in seinem Tagebuch: „War die Lichtenau eine Staatsverbrecherin, wozu derselben eine Pension von viertausend Talern geben? War sie es nicht... – warum nimmt man ihr ihre Reichtümer?"[47]

Wilhelmine wurde auf Weisung Friedrich Wilhelms III. am 16. März 1798 auf die schlesische Festung Glogau verbannt. Sie reiste in Begleitung eines Offiziers ab. Um ihrer Freiheit willen erkannte sie 1800 die Einziehung ihres Vermögens als rechtens an.

Auf freien Fuß gesetzt, zog sie sich nach Breslau zurück, der nach Berlin bedeutendsten Stadt Preußens, von den Stadtvätern nicht eben freundlich empfangen. Im Bischofsgarten, einem bevorzugten Wohnviertel am Ohlauer Tor, mietete sie ein Haus, das einmal als Webskyschlößchen für jeden Breslauer ein Begriff werden sollte.[48] In Schlesiens Metropole aber war ihr das Glück nicht gerade hold. Sie nahm eine Frau auf, die am 1. März 1802 von ihrem eifersüchtigen Liebhaber, Martin von Troer, erstochen wurde. Wilhelmine war zwar an diesem Tage verreist, aber da die Tat in ihrem Haus geschah, sah sie sich in den größten Breslauer Sensationsprozeß dieser Zeit verstrickt; von Troer wurde zum Tode verurteilt und enthauptet. Auch ihr Privatleben gestaltete sich wenig verheißungsvoll. Sie zählte mittlerweile 50 Jahre, und vermutlich hatten all jene recht, die da meinten, sie sei in Torschlußpanik verfallen. Am 3. Mai 1802 heiratete sie den 26 Jahre jüngeren Dichter und Schauspieler Franz von Holbein. Es kostete sie große Überwindung, den König um die Heiratserlaubnis zu bitten, aber sie hatte immerhin die Genugtuung, daß ihr diese nicht nur anstandslos gewährt wurde, sondern der Monarch in seinem Schreiben vom 24. April 1802 dies mit den Worten erklärte: „… da ich mich von dem Ungmude der … zu Eurem Nachteile ausgebreiteten Gerüchte überzeugt habe …“[49] Ihr Gatte nutzte sie schamlos aus. Sie versetzte ihr Silber, kaufte ihm in Breslau für 18 000 Taler ein Haus und finanzierte ihm einen längeren Aufenthalt in Paris. 1806 ging er nach Wien, wo er sich mit der Schauspielerin Rose liierte, der Hauptdarstellerin in seinem Stück „Mirina, Königin der Amazonen“. Wilhelmine reiste ihm nach, kehrte aber allein nach Breslau zurück – und ließ sich scheiden.

Preußen erlebte im Herbst 1806 in der Doppelschlacht von Jena und Auerstedt durch Napoleon eine schmähliche Niederlage. Wilhelmine erschien die Zeit günstig, die Einziehung ihres Vermögens anzufechten. 1808 gab sie eine zweibändige „Apologie“ heraus. Diese Rechtfertigungsschrift stieß entgegen ihren Erwartungen auf geringes Interesse; im geschlagenen Preußen gab es gewichtigere Dinge als die Lebensgeschichte einer früheren Mätresse. 1811 fuhr Wilhelmine nach Paris zu ihrer Tochter und erreichte eine Audienz bei Napoleon. Es war dies der letzte Höhepunkt in ihrem Leben. In Napoleon fand sie einen Verbündeten. Ging es nicht um sein Geld, war er gern gefällig, besonders wenn es den Preußenkönig traf. Friedrich Wilhelm III. versicherte am 25. Februar 1811: „Den Angelegenheiten der Gräfin von Lichtenau (eine) angemessene Wendung zu geben, scheint … so gerecht als billig zu sein … Oft schon hat es mich gekümmert, daß diese Angelegenheit durch einen Drang verdrießlicher Umstände zu leidenschaftlich behandelt worden ist und eigentlich, wie man zu sagen pflegt, übers Knie gebrochen ist."[50] Er gab Wilhelmine die märkischen Güter als ein zweifelsfreies Geschenk seines Vaters zurück. Verzichten mußte sie auf das Palais in Charlottenburg. Da man ihren Besitz offiziell für gemeinnützige Zwecke konfisziert hatte, war zumindest das Palais der Charité überlassen worden. Diese wußte mit dem Bau nichts anzufangen und verkaufte ihn bereits 1799 für 80 000 Taler (1902 ist er abgebrochen worden).

Wilhelmine kehrte im Mai 1812 nach Berlin zurück. Dem in diplomatischen Diensten stehenden Wilhelm Dorow, einem ihrer seltenen Besucher, klagte sie 1816: „Was bin ich jetzt? Verkannt, ja gehaßt, man hat mir nach dem Tode des Königs Böses zugeschrieben, woran meine Seele nie gedacht."[51] Es steckte ein Körnchen Wahrheit in dieser Anklage. Manches war gesagt und geschrieben worden, um dem neuen Herrscher deutlich zu machen, was man in Preußen nicht wünschte. Das ließ sich am ehesten in die Kritik an der gestürzten Mätresse des „Vielgeliebten" kleiden. Sie überlebte ihre Tochter, die Gräfin von der Mark, um sechs Jahre und starb 68jährig vereinsamt am 9. Juni 1820 in ihrer Wohnung in der Friedrichstraße 103, laut Totenschein „nachts 1/2 12, an der Leberkrankheit". Einst gefeiert als eine der mächtigsten Frauen in Preußen, wurde sie in aller Stille in der St. Hedwigskirche zu Berlin beigesetzt. Der Sarg mußte nach Ausbombung der Kirche 1943 auf den Friedhof an der Wohlertstraße umgebettet werden.

Barbarina Campanini und die Legende um Friedrich den Großen

Zu den berühmtesten deutschen Mätressen wird Barbarina Campanini gezählt, „Die Tänzerin des Königs". Friedrich der Große war kein Regent, der gleich seinem Neffen und Thronerben Friedrich Wilhelm II. eine auf Einfluß bedachte Mätresse um sich geduldet hätte. Von ihm hieß es, er sei in seiner Selbstherrlichkeit sogar „sein eigener Minister" gewesen. Ob er überhaupt Mann genug war, sich eine Mätresse zu halten, ist bis heute umstritten. Der Historiker bleibt auf das Zeugnis der Ärzte angewiesen – und sieht sich im Zweifel. Leibarzt Dr. Ritter von Zimmermann behauptete 1791, fünf Jahre nach Friedrichs des Großen Ableben, der König habe sich infolge von Jugendsünden wegen einer schweren Geschlechtskrankheit einer Operation unterziehen müssen, sich – möglicherweise irrtümlich – für zeugungsunfähig gehalten und „nie eine Frau zur Vertrauten dieser unfreiwilligen Entehrung" gemacht. Dem widersprach Generalchirurg Dr. Gottlieb Engel; er habe die Leiche Friedrichs des Großen untersucht und keine Operationsnarbe festzustellen vermocht. Er unterstellte seinem Kollegen Dr. von Zimmermann, sich wichtig machen zu wollen. Dieser konterte: Engel handele wider besseres Wissen, um keinen Schatten auf Friedrich den Großen fallen zu lassen.[1] Das Ärzte-Lager ist seither uneins. Die Chronisten schlossen sich entweder gefühlsmäßig oder nach politischer Einstellung dieser oder jener Mediziner-Meinung an. Der Historiker Gustav Berthold Volz vertrat in den Jahren vor und nach dem ersten Weltkrieg die Ansicht, bei allem, was die Barbarina angehe, sei viel Geschwätz im Spiel. Da er als Hofhistoriograph der Hohenzollern galt, lag der Verdacht nahe, er wolle Friedrich den

*Barbarina Campanini · * 1721, † 1799*
Gemälde von Antoine Pesne, um 1745

Friedrich II. von Preußen, genannt der Große
** 1712, † 1786 · König von Preußen 1740–1786*
„Friedrich II. im ersten Jahr seiner Regierung", Gemälde von Antoine Pesne, 1740

Großen ungern mit einer Mätresse in Verbindung gebracht sehen. Unbefangen verhielten sich die Schöngeister. Sie meinten, die Geschichte des großen Friedrich und der zierlichen Ballerina aus Italien liefere einen interessanten literarischen Stoff. Die Barbarina-Romane fanden dereinst großen Zuspruch; überdauert hat keiner.

KÖNIGIN ELISABETH CHRISTINE SCHRIEB ÜBER DIE BARBARINA (AUCH BARberine und Berberina): „Sie ist sehr hübsch von Angesicht, zumal wenn sie als Amazone gekleidet ist. Sie ist wirklich schön…, man muß ihr gut sein, wenn man sie sieht.“[2] Friedrich der Große holte Barbarina nach Berlin, ohne sie je zuvor gesehen zu haben. Er hatte sich von seinem Baumeister Georg Wenzeslaus von Knobelsdorff das königliche Opernhaus (Staatsoper) errichten lassen und verlangte für die im September 1743 anstehende Eröffnungsfeier vom Direktor des Hauses eine Starbesetzung. Für den Monarchen kamen dabei nur ausländische Künstler in Betracht, denn „Lieber möchte ich mir ja von einem Pferd eine Arie vorwiehern lassen, als eine Deutsche in meiner Oper zur Primadonna haben“.[3] Die Barbarina war zwar keine Sängerin, sondern Tänzerin, aber als Italienerin im friederizianischen Preußen genauso hofiert. Da die Primaballerina Roland – der Tyrannei des Königs überdrüssig – vier Wochen vor Eröffnung des Opernhauses geflohen war, mußte für Ersatz gesorgt werden. Friedrich der Große wandte sich u.a. an den preußischen Gesandten in Versailles, den Baron Chambrier, der den Vorschlag unterbreitete, die Barbarina nach Berlin zu holen. „Ist mir recht“, depeschierte Friedrich der Große am 17. August 1743 zurück.

Barbarina war 1721 in Parma als Tochter eines Schuhmachers zur Welt gekommen. Ihre ehrgeizige Mutter schickte sie in die Ballettschule des Rinaldo Fossano vom Teatro Farnese sowie in Französisch- und Englisch-Kurse. Die Familie brachte für die talentierte Barbarina große finanzielle Opfer. Ihren ersten Erfolg feierte sie 18jährig am 14. Juli 1739 an der Pariser Oper, wo sie, die noch „Namenlose“, ein verwöhntes Theaterpublikum zu Ovationen hinzureißen vermochte, wie sie das Haus seit Jahren nicht mehr kannte. Übereinstimmend schrieben die Zeitungen, man habe die wohl erste Tänzerin Europas erleben dürfen. Die Kritiker prophezeiten ihr einen kometenhaften Aufstieg; die großen Bühnen dieser Welt würden ihr bald zu Füßen liegen. Das scheint auch Prinz von Savoyen-Carignan, Generalinspektor der königlichen Musiken in Frankreich, erkannt zu haben; er bot ihr eine Jahresgage von 6 000 Franken, etwa tausend Franken mehr als jeder anderen Spitzentänzerin. König Ludwig XV. holte sie ins Theater des Schlosses Fontainebleau und auch ins Schloß Versailles, eine ungewöhnliche Auszeichnung. Quasi über Nacht war Barbarina berühmt geworden. 1740 ging sie ans Londoner Corvent-Garden Theatre, von da ans Theater in Dublin. 1743 trat sie wieder an der Pariser Oper auf; zum Karneval 1744 sollte sie in Venedig tanzen. Sie war als Europas größte Ballerina in der glücklichen Lage, zwischen den lukrativen Offerten der Bühnen wählen zu können.

Sie weilte noch in Paris, als ihr Baron Chambrier das Angebot Friedrichs des Großen übermittelte, ans neue Opernhaus nach Berlin zu kommen, möglichst bereits zu dessen Eröffnung. Chambrier depeschierte nach dem Gespräch optimistisch nach Berlin, die Barbarina habe „ziemliche Geneigtheit“ gezeigt. Daß noch keine Verständigung über die Gage erzielt war, nahm der Gesandte nicht sonderlich ernst. 2 000 Taler jährlich hatte er im Namen seines Königs geboten. Barbarina reiste daraufhin wie geplant nach Venedig und kümmerte sich nicht weiter um Preußen und seinen sparsamen König. Dieser ließ nicht locker. Am 15. Oktober 1743 beauftragte er seinen Agenten in Venedig, Johann von Cataneo, die Ballerina um einen Kontrakt zu bitten. Sie formulierte schriftlich ihre Bedingungen: 3 000 Taler Gage jährlich, Erstattung der Reisekosten, freie Wohnung, „Große und Kleine Kleidung“ (Ballettschuhe, Kostüme etc.).[4] Friedrich der Große verweigerte freie Wohnung als im Berliner Theaterleben ungebräuchlich, wich auch nicht von seinen angebotenen 2 000 Talern Gage ab, garantierte aber diese auf Lebenszeit bei denkbarer Auflösung des Vertrages nach vier bis sechs Jahren. Ihm schien viel daran zu liegen, die Ballerina für eine möglichst lange

Zeit an Berlin zu binden. Was folgte, bildete eine Kette von Fehldeutungen, Intrigen und Kabinettstücken einer kleinkarierten Diplomatie.

Am 31. Dezember 1743 wies Friedrich der Große Cataneo an, unbedingt abzuschließen; es gab also noch keinen förmlichen Vertrag, nur halbe Zusagen, fixierte Forderungen, Gegenvorschläge. Einige Tage später, am 6. Januar 1744, vermerkte der König in einem Brief an seinen Agenten im Nachtrag: „Sie können die Barberine durch den Senat zwingen, ihre Verpflichtung zu erfüllen."[5] Der Senat von Venedig konnte keinen Vertragsbruch erkennen und lehnte eine Auslieferung der Barbarina ab. Sie schrieb Cataneo am 28. Januar 1744 : „Da ich mich keineswegs als engagiert betrachte, bin ich stets derselben Ansicht, der ich war, d.h. nicht nach Preußen zu gehen."[6]

Cataneo hatte eine schwache Position in Venedig. Unerwartet als Vermittler in einer Preußen scheinbar wichtigen Sache gefordert, rechnete er wohl mit der Berufung zum Gesandten. Am 17. Januar 1744 klagte er in einem Schreiben an Außenminister Graf Podewils, er könne wenig ausrichten, da jeder in Venedig wisse, „daß der König sich um mich nicht mehr kümmere als um einen toten Hund".[7] Gleichzeitig unterbreitete er dem Außenminister Vorschläge, wie Preußen sich in Venedig Respekt verschaffen und die Auslieferung der Barbarina erzwingen könne; man brauche nur dem neuen Botschafter Venedigs in London, dem Ritter Capello, in Preußen die Durchreise verleiden. Friedrich der Große legte sich zwar im Detail nicht fest, gab aber seinem Außenminister Vollmacht, Venedig unter Druck zu setzen; Podewils drohte dem Senat daraufhin am 30. Januar 1744 mit Vergeltung und erklärte zur Warnung den Freipaß Capellos für ungültig. Es ist dies ein in der Literatur gern ausgeschmückter Schachzug, zuerst wohl durch Louis Schneider in seiner „Geschichte der Oper". Auf amüsante Weise berichtete er von einem diplomatischen Kleinkrieg mit schikanöser Behandlung eines Botschafters und ungerechtfertigter Verzollung von Diplomatengepäck. Podewils aber inszenierte nur Theaterdonner. Er hatte Capello am 29. Januar 1744 unbehelligt durch preußisches Gebiet reisen lassen, entzog ihm also den Freipaß erst, nachdem er ihn wohlbehalten in London wußte. Wäre die „Vergeltung“ zum Tragen gekommen, hätte Capello 1 Taler und 16 Groschen Zoll zu entrichten gehabt – und vermutlich ohne sich sonderlich aufzuregen bezahlt. Cataneo half sein Eifer wenig; als er am 5. Februar 1744 dem Senat von Venedig eine Denkschrift überreichen wollte, erhielt er sie zurück, „da er als Gesandter Preußens nicht beglaubigt“ sei. Venedig verhandelte, gut über Cataneo informiert, mit Preußen nur noch über die Vertretung in Wien. An Barbarina bestand nun allerdings nicht genug Interesse, um sich ihretwegen mit Preußen anzulegen, und so ließ der Senat sie am 16. Februar 1744 bei Rückkehr von einer Vorstellung in ihrem Haus wegen angeblichen Vertragsbruchs verhaften, obwohl sie nur eine halbe Zusage gegeben und gar keinen Kontrakt unterschrieben hatte. Erst am 24. März 1744 fanden die Botschafter Preußens und Venedigs in Wien einen Modus, „wie man diese Kreatur“ sicher „nach Berlin bringen könne.“ Venedig ließ sie mit Eskorte nach Österreich reisen, wo Preußens Beauftragte sie übernahmen.

Im Grenzort Görz wollte ein Lord Stuart Wortley Mackenzie unbedingt mit Barbarina sprechen. Er hatte sie von Paris nach Venedig begleitet und mit Heiratsanträgen überhäuft. Barbarina erklärte in Venedig sogar Cataneo, sie sei die Frau des Lords und jede Vereinbarung über ein Engagement in Berlin hinfällig, da ihr Gemahl die erforderliche Zustimmung verweigere.[8] Der Lord hatte in Venedig bei Freilassung der Barbarina eine Kaution von 100 000 Talern hinterlegen wollen. Die Bewacher ließen in Görz seine Pferde entführen, damit er sie nicht verfolgen könne, und änderten vorsichtshalber die Reiseroute. Am 8. Mai 1744 traf Barbarina in Berlin ein. Man solle sich rücksichtsvoll gegen sie benehmen, wies Friedrich der Große seinen Operndirektor Baron Sweerts an, sie „in ein sicheres Quartier bringen, Leute zu ihrer Überwachung anstellen, bis man sich auf gute Art ihres ungestümen Liebhabers entledigen kann“.[9] Der Lord traf übrigens zeitgleich mit Barbarina in Berlin ein. Sechs Wochen später wurde er ausgewiesen, vermutlich mit ihrer Billigung.

Schon in Venedig dürfte sich ihre Hoffnung verflüchtigt haben, in den englischen Hochadel einheiraten zu können, denn die Familie des Lords wollte in ihren Reihen keinesfalls eine Tänzerin dulden und drohte mit Enterbung ihres Sprößlings. An einem mittellosen Lord aber lag Barbarina wenig. In dem ihr fremden Berlin einen Verehrer zu wissen, war ihr zwar vorerst angenehm, aber er wurde ihr lästig, als sie sich auf die neue Umgebung eingestellt hatte.

Am 13. Mai 1744 gab Barbarina ihr Debüt. Tags darauf berichteten die „Berlinischen Nachrichten" ausführlich über die „französische Komödie, wo die vor etzlichen Tagen aus Italien hier angekommene, ungemein berühmte Tänzerin, Mademoiselle Barberine, ihre Geschicklichkeit im Tanzen sehen ließ".[10] Für den Kritiker war sie die „Ballerina absoluta". In derselben Zeitung erschien am 21. Mai 1744 ein lateinisches Gedicht, demzufolge bei Barbarina Natur und Kunst in Wettstreit getreten seien – Juno errege wegen ihres Ganges Gefallen, Venus wegen ihrer Erscheinung, Minerva wegen ihrer Kunst, die Vorzüge aller drei Göttinnen aber vereinige die Barbarina. Berlin – verglichen mit Paris oder London Provinz – war stolz, eine der berühmtesten Künstlerinnen Europas in der Stadt zu wissen. Über ihre abenteuerliche Anwerbung hüllten sich alle in Schweigen. Auch Barbarina enthielt sich jeglichen Kommentars, mochte sie sich ins Unvermeidliche gefügt haben oder im neuen Opernhaus und dem begeisterten Theaterpublikum Entschädigung genug für erlittenes Ungemach sehen.

Louis Schneider schrieb in seiner „Geschichte der Oper", Friedrich der Große habe die neue Ballerina noch am Abend ihres Debüts zu sich gerufen, mit ihr geplaudert, ihr Komplimente gemacht – und fortan sei sie sein erklärter Liebling gewesen.[11] Belegt ist diese Begegnung nicht. Am 14. Mai hielt sich der König den ganzen Tag über in Potsdam auf; vermutlich hatte er Berlin im Anschluß an Barbarinas erste Vorstellung schon verlassen. Sieben Tage später begab er sich von Potsdam aus zur Kur nach Bad Pyrmont. Jahre darauf erst brachten von der Phantasie beflügelte Literaten das Gerücht auf, Barbarina habe ihn begleitet; ihren

Bühnenauftritten zufolge hielt sie sich zur fraglichen Zeit in Berlin auf. Es deutet auch nichts auf eine Verwechslung hin; Friedrich der Große wiederholte zwar später die Kur in Bad Pyrmont, aber offenbar wiederum allein, ohne Barbarina.

Nach ihrem Debüt wurde Barbarina allerdings am Hofe empfangen, doch als Gastgeberin betätigte sich Königin-Mutter Sophie Dorothea, die als „Landesmutter" galt. Friedrich der Große hatte 1733 auf Weisung seines Vaters in Salzdahlum Elisabeth Christine von Braunschweig-Bevern geheiratet. Er meinte, sie sei „weder schön noch häßlich, aber ... schüchtern und ohne Lebensart". Ein leichter Sprachfehler dürfte die Ursache für ihre Unsicherheit gewesen sein. Sie selbst betrachtete es als Glück, „die Frau eines so großen Fürsten zu sein". Graf Manteuffel zufolge „tat sie mit äußerstem Fleiß alles, um ihrem Gemahl zu gefallen, indem sie Aufmerksamkeit, Klugheit und eine ohne Beispiel sich gleichbleibende Geduld in ihrem Wesen an den Tag legte".[12] Es half ihr wenig. Anfangs ließ sich die Ehe noch hoffnungsvoll an; sie wohnte in Berlin, er bei seinem Regiment in Neu-Ruppin. Die seltenen Begegnungen verliefen harmonisch. 1736 wurde Schloß Rheinsberg für vier Jahre gemeinsamer Wohnsitz, und die Rheinsberger Jahre waren wohl die glücklichsten im Leben dieses Paares. König geworden, bezog Friedrich der Große Schloß Charlottenburg bzw. Potsdam-Sanssouci, Elisabeth Christine das Alte Schloß. Sie ist bei Hofe nie offiziell als Königin vorgestellt worden; Kinder hatte das Herrscherpaar nicht.

Nach Voltaires Sekretär, C. A. Collini, stellte sich Barbarinas erste Begegnung mit dem Preußenkönig anders als bei Louis Schneider dar. Voltaire siedelte mit seinem Sekretär erst 1750 nach Preußen über. Collini kannte immerhin anders als Schneider Barbarina noch persönlich. Sie soll ihm erzählt haben, sie sei mit Eskorte nach Potsdam gebracht und vom König „mit aufgeräumter Heiterkeit empfangen worden". Das Vergnügen mag dabei etwas einseitig beim König gelegen haben; Barbarina dürfte nach Verhaftung und einer Reise mit Begleitschutz kaum sonderlich freudig gestimmt gewesen sein. Der Monarch jedenfalls soll derart von ihr begeistert gewesen sein, daß er ihr zwei Tage später, also noch vor ihrem ersten Auftritt, anheimstellte, selbst die Höhe der Gage zu bestimmen – worauf sie 5 000 Taler jährlich forderte.[13] Diese Version füllt ausgeschmückt ganze Kapitel historischer Romane. Eine kleine Schwärmerei hätte man dem König noch zugetraut, doch schwerlich eine so generöse Freigebigkeit. Wer hatte am Hofe Preußens je die Höhe seines Salärs selbst festgesetzt?

Zuverlässig überliefert ist eines: Für den 9. Juli 1744 bestellte Friedrich der Große Barbarina zu sich ins Schloß Charlottenburg. „Wenn Ihre schönen Augen bezahlt sein wollen, müssen sie sich zeigen. So wird es ein Vergnügen sein, ihnen zu entrichten, was man ihnen schuldet."[14] Diese Formulierung läßt vermuten, daß Barbarina um das Gespräch nachsuchte, da ihre Honorarforderungen entgegen allen späteren Spekulationen eben doch noch unerfüllt waren. Details blieben vorerst unbekannt. Am 1. März 1745 wurde der Vertrag um drei Jahre verlängert, die Gage auf 21 000 Taler – jährlich 7 000 Taler – festgelegt; der König, hieß es, habe 2 000 Taler draufgelegt – also war 1744 tatsächlich bei 5 000 Talern pro Jahr eine Einigung erzielt worden. Barbarina hatte sich also im wesentlichen durchgesetzt. Von 1745 an war sie die höchstbezahlte Künstlerin Berlins; sie bekam noch 1 000 Taler mehr als Johanna Astura, die berühmte und bis dato für preußische Verhältnisse beispiellos gutbezahlte italienische Sängerin.[15] Spitzenkräfte erhielten in Berlin in der Regel 4 000 Taler. Die Barbarina trat bis zum Ablaufen ihres Vertrages 1748 in nahezu jeder Vorstellung der Berliner Oper auf, letztmalig am 27. März 1748 im „Galanten Europa" von Karl Heinrich Graun, des eigentlichen Gründers der Berliner Oper.

Privatim hatte Friedrich der Große für seine Ballerina kaum Zeit. Vom 15. August bis Ende Dezember 1744 weilte er des 2. Schlesischen Krieges wegen außerhalb Berlins. Er sah Barbarina erst am 21. Dezember 1744 in der Aufführung von Grauns „Alexander und Porus" wieder. Ab Januar 1745 wurde am Hofe geflüstert, zwischen dem König und der Ballerina sei es zu Annäherungen gekommen. Eigentlich war die Substanz dürftig. „Der

König hat am 6. Januar bei dem Grafen Rothenburg mit der Tänzerin Barbarine und einigen anderen Personen dieser Art zu Abend gegessen", berichtete der englische Legationssekretär Laurence nach London.[16] Doch was besagte dies? Der kunstbeflissene König lud des öfteren Künstler an seinen Tisch. Prinzessin Luise, seine Schwester, schrieb allerdings in einem Brief: „Gibt es nicht etwa Liebe auf seiten des Königs für die Barberina?"[17] Ab März 1745 hielt sich Friedrich der Große erneut auf den Kriegsschauplätzen auf. Erst im Dezember desselben Jahres kehrte er zurück nach Berlin. Der erwähnte englische Diplomat Laurence wußte am 22. Januar 1756 zu berichten, Graf Rothenburg habe für den König ein Souper ausgerichtet – „dazu gehörten die Tänzerin Berberine, Frau von Brandt und die verwitwete Gräfin Truchseß".[18] Dies ist der letzte gesicherte Hinweis auf ein privates Treffen des Königs mit Barbarina.

Sechs Monate lang könnten persönliche Beziehungen bestanden haben. Als Mätresse im eigentlichen Sinne kann Barbarina nicht gelten. Die allgemein in der Literatur angeführten Indizien für ein Liebesverhältnis sind dürftig. So hing im 1745 eingerichteten Arbeitszimmer Friedrichs des Großen im Alten Schloß bis zum Ableben des Königs ein Porträt der Barbarina, gemalt von Antoine Pesne. Was besagte das schon? Schmückten seine Wände doch ebenso Bildnisse anderer berühmter Künstler(innen). Irrig ist die Querverbindung zum Schloß Berberini in Potsdam, das keineswegs als „Liebesnest" entstand, wie es später hieß. Das Schloß wurde 1773 eingeweiht, zu einem Zeitpunkt, da Barbarina längst aus dem Blickfeld des Königs getreten war. Bei diesem Bau handelte es sich um eine Nachbildung des Palastes Berberini in Rom, Besitz eines italienischen Fürstengeschlechts, mit dem die Tänzerin allenfalls ihre Namensähnlichkeit verband. Belegt ist, daß der König wiederholt mit Barbarina speiste, sie mit galanten Briefen beglückte, ihr eine ungewöhnlich hohe Gage zahlte und Ehefrau wie Schwester meinten, er habe eine Schwäche für die Tänzerin. Es sind dies alles etwas kärgliche Beweise jener, die in Barbarina die Mätresse Friedrichs des Großen sehen wollen. So dick die Bücher auch sind, die darüber geschrieben wurden, sie leben von Gerüchten, nicht von unbestechlichen Fakten.

Die Barbarina hatte in Berlin verschiedene Liebhaber. So den Grafen Algarotti, ein Vertrauter Voltaires, bis 1747 im sächsischen Dienst als Einkäufer der Dresdner Gemäldegalerie stehend, und Carl Ludwig Freiherrn von Cocceji, der als 23jähriger von Friedrich dem Großen Anfang 1748 für zwei Jahre auf Alt-Landsberg festgesetzt wurde, weil er einen Tänzer wegen angeblicher Verhöhnung der Barbarina verprügeln ließ. Auf stille Weisung des Königs hin fiel die Haft recht gnädig aus.

Barbarina ging am 5. Juli 1748, drei Monate nach dem Auslaufen ihres Vertrages, nach London; überraschend kehrte sie am 18. Juli 1749 nach Berlin zurück, obwohl sie hier ohne Engagement war. Sie lebte in Coccejis Mietwohnung, doch das war nur einigen wenigen bekannt. Man wußte nicht so recht, was sie in der preußischen Residenz wollte, wo sie ohne Aussicht auf eine künstlerische Verpflichtung war, während die Agenten sie angeblich bedrängten, nach Paris oder Petersburg zu gehen. Selbst aus Venedig soll ein Angebot vorgelegen haben; diesen Boden wollte sie allerdings nicht mehr betreten.

Zwei Jahre lang trat Barbarina kaum in Erscheinung. Ende 1751 sandte sie einen Brief an den König, weil sich die Behörden für ihren Familienstand interessierten; diesen Brief unterschrieb sie demonstrativ als Frau von Cocceji. Mit Namen wie Titel hatte es seine Richtigkeit: Barbarina hatte vermutlich bereits 1749 heimlich Carl Ludwig Frhr. von Cocceji geheiratet. Der Berliner Polizeichef von Kircheysen vermißte zwar die Heiratserlaubnis des Königs, gab sich aber zufrieden, als Barbarina ihm vorhielt, sie sei Italienerin, also keine Untertanin des Königs von Preußen; sie könne heiraten, wen sie wolle, ohne zuvor in Charlottenburg oder Sanssouci anzuklopfen.

Anders verhielt es sich mit ihrem Mann, einem gebürtigen Preußen und preußischen Beamten. Sein Vater, Verfasser des „Allgemeinen Preußischen Landrechts“ und Staatskanzler von Preußen, wünschte keine Tänzerin zur Schwiegertochter und forderte ein Eingreifen des Königs. Friedrich II. hätte zwar gern erfahren, welcher Priester es gewagt habe, ohne königliche und elterliche Einwilligung das Paar zu trauen, zeigte sich aber ansonsten ziemlich ungerührt, sei es, daß sein Interesse an der Barbarina erloschen war oder er sich nicht dem Verdacht kleinlicher Rache aussetzen wollte. Am 20. November 1751 riet er, die Sache auf sich beruhen zu lassen, weil die Heirat nun „einmal geschehen" sei.[19] Das entsprach nun ganz und gar nicht den Vorstellungen von Barbarinas Schwiegereltern. Sie enterbten nicht nur ihren Sohn, sondern setzten ihr Bemühen fort, seine Ehe für nichtig zu erklären, da ohne elterlichen Segen geschlossen, oder durch Ausweisung Barbarinas gegenstandslos zu machen oder das Paar an einen anderen Ort zu verbannen. Dabei beriefen sie sich am 5. Mai 1752 brieflich auf eine Zusage des Königs vom 12. August 1749, den jungen Cocceji vor dieser „Kreatur" zu schützen. Friedrich II. ernannte am 1. Juni 1752 Cocceji jun. zum Vizepräsidenten des Regierungspräsidiums im schlesischen Glogau, fernab von Berlin und – den aufgebrachten Eltern. Mochte sich manch einer auch den Kopf darüber zerbrechen, welch feine Fäden der Alte Fritz wohl gesponnen und wieviel Lunten er gelegt haben mochte, aber es gab keinen ausgeklügelten Plan. Der König entledigte sich nur einer lästigen Angelegenheit. Unbotmäßige oder unliebsame Bedienstete seines Staates versetzte er mit Vorliebe in die Provinz.

Das junge Paar bezog im Schloß Glogau eine Dienstwohnung und verlebte einige wenige glückliche Jahre der Zweisamkeit. Kinder, die vielleicht die Ehe stabilisiert hätten, stellten sich nicht ein. Ohne für Außenstehende erkennbaren Grund trennten sich 1759 die Eheleute; die amtliche Scheidung erfolgte auf Antrag Coccejis erst 1788. Da die Zustimmung des Königs vonnöten war, hatte man den Thronwechsel abgewartet, um sich nicht an Friedrich den Großen wenden zu müssen.

Cocceji heiratete 1789 bereits 64jährig eine 42jährige Witwe Knappe. Sie war gerade zwölf gewesen, als ihres Gatten erste Ehe zerbrach, und daran ohne Schuld. Cocceji hatte sich in Schlesien den Ruf eines vorzüglichen Beamten erworben und rückte zum Regierungspräsidenten von Glogau auf.

Barbarinas Ehe war nicht von Geldsorgen überschattet, obwohl ihr Mann enterbt war. Anfangs bezog er in Glogau allerdings nur jährlich 600 Taler Gehalt. Barbarina hatte als Tänzerin von Friedrich dem Großen fast das Zwölffache erhalten. Sie brachte etwa 100 000 Taler bar in die Ehe ein, nach dem Zeitverständnis eine sagenhaft hohe Summe. In den zehn Jahren, die sie auf der Bühne stand, hatte sie soviel Geld gar nicht verdient und noch dazu einen aufwendigen Lebensunterhalt bestritten. 1748, als sie von Berlin nach London gehen wollte, war sie so verschuldet, vor allem bei ihren Modistinnen, daß die Theaterdirektion ihr die Auszahlung der letzten Gage verweigerte, von Friedrich dem Großen ausdrücklich gebilligt: „Muß dafür sorgen, daß die Leuthe bezahlet werden, seine Sache (des Theaterdirektors) – oder muß sie arretiren lassen.“[20] Falls sie nicht über „eingefrorene Mittel“ verfügte, müßte sie während ihres letzten Engagements, des Londoners, zu ihrem Vermögen gekommen sein. Binnen eines Jahres waren aber auch in London von einer Tänzerin keine 100 000 Taler zu verdienen. Sie soll zwar ihre Beziehungen zu Lord Makenzie erneuert haben, aber daß er ihr zu dem großen Reichtum verhalf, erscheint denn doch ziemlich zweifelhaft. So lag denn der Verdacht nahe, der Preußenkönig habe sie „abgefunden“. In Schlesien interessierte sich niemand für die Quellen, aus denen das Geld sprudelte. Geldanlagen boten sich in der durch mehrere Kriege zerrütteten und gerade preußisch gewordenen Provinz zu günstigen Bedingungen, besonders für einen hohen Beamten – oder dessen Frau.

Barbarina kaufte 1759, auf dem Höhepunkt der Ehekrise, General von Winterfeld für 70 000 Taler nahe Glogau Schloß Barschau ab und drei Rittergüter: Barschau, Porschütz und Polach. Nachdem sie ihre neuen Besitzungen erstmals inspizierte, meinten die Verwalter, sie könne weder Weizen von Hafer noch einen Hengst von einer Stute unterscheiden; eher gehe ein Esel durchs Nadelöhr, als daß aus der Ballerina eine Gutsherrin werde. Diese Spötteleien sollten sich als voreilig erweisen. Barbarina fühlte sich als Gutsbesitzerin wohl; sie entdeckte in der Landwirtschaft ein neues Betätigungsfeld, und ihre Güter zählten bald zu Schlesiens Musterwirtschaften.

Soweit das Scheitern der Ehe auf Barbarina zurückzuführen war, bestand eine Verbindung zu ihrer Vertreibung aus Berlin. Sie hatte dort als Primaballerina jahrelang Triumphe gefeiert – wie zuvor in Paris, London, den großen Städten Italiens und Hamburg. Königin Elisabeth Christine schrieb am 11. Mai 1745 an Prinz Ferdinand: „Sie macht viel Aufsehen in Hamburg; es gibt Leute, die sich Fenster gemietet haben, um sie vorbeikommen zu sehen.“[21] Als sie heiratete, zählte sie eben „30“, ein Alter, das für eine Tänzerin noch keineswegs das Ende der Bühnenlaufbahn bedeuten mußte. 1751 wollte sie sich in Berlin ein Haus kaufen. Was immer sie sich in punkto Karriere bei der Vermählung vorgestellt haben mochte, mit dem unvorgesehenen Umzug nach Schlesien zerstoben alle Theater-Hoffnungen. Glogau war ein verschlafenes Provinzstädtchen; hier wurde Theater als Fremdwort verstanden. Herumgesprochen aber hatte sich selbst bis Glogau das Gerücht, die Frau des Präsidenten sei eine „abgelegte Mätresse“ des Königs. Der Klatsch zehrte sichtlich an ihren Nerven. Vergeblich bat Barbarina Friedrich den Großen, ihren Mann wieder nach Berlin zu versetzen, doch brüsk lehnte der König dieses Ansinnen ab. Damit brach für Barbarina eine Welt zusammen; einst international gefeiert, sah sie sich als Tänzerin verbannt. Als die Ehe scheiterte, war sie fast „40“. Was sie noch in Schlesien hielt, das waren ihre Güter – und die bittere Erkenntnis, als Ballerina in Vergessenheit geraten zu sein, sowohl bei den Theater-Direktoren als beim Publikum.

Die Scheidung habe sie zermürbt, klagte sie. Selbst den Namen Cocceji empfand sie als lästig. Am 20. Juli 1789 unterbreitete sie Friedrich Wilhelm II., dem neuen König, den Wunsch, „daß ich einen anderen Namen als den, welchen ich bisher hatte, tragen möchte. Der Rang einer Gräfin würde mir Rückhalt und Stütze verleihen.“ Da sie weder Kinder noch Verwandte habe, wolle sie dafür ein Institut „für die Armen Schlesiens“ ins Leben rufen.[22] „Unter dieser Bedingung und damit dereinst nach ihrem Tod dieses Geld nicht außer Landes gehe“, willigte der König am 11. August 1789 ein, so fixiert in einem Brief an seinen Minister von Hoym.[23] Daraufhin schrieb Barbarina am 27. August 1789 an

Hoym: „Die Ländereien bestimme ich für ein Institut. Das bare Geld reserviere ich mir."[24] Am 6. November 1789 wurde öffentlich mitgeteilt, Barbarina sei „unter dem Namen von Campanini in den Grafenstand" erhoben. Sie wollte sich sogar den Titel Exzellenz erkaufen – doch dazu „bin Ich nicht geneigt, weil ich es ridicule find, daß eine gewesene Theater-Tänzerin dieses praedikat führen soll", ließ der König wissen.[25] Das von ihr gegründete „Heim für die Tugend" nahm 18 Stiftsdamen auf – 9 katholische und 9 protestantische – und eine Oberin. Von den Stiftsdamen, die mindestens 16 Jahre alt, adlig und schlesischer Herkunft sein mußten, sollten wenigstens fünf ihren festen Wohnsitz im Stift haben. Jede Stiftsdame wurde für Lebzeit mit allem Notwendigen versorgt und erhielt jährlich 150 Taler zur freien Verfügung. Im Stift wurden „aschgraue Kleider mit Agréments" getragen, außerhalb Kleidung nach Belieben. Die Stiftsdamen mußten sich verpflichten, „ohne Erlaubnis der Oberin weder auszugehen, noch Besuche anzunehmen; am wenigsten Besuche von Mannespersonen".[26] Das schaute nur auf den ersten Blick nach strenger Zucht aus; für ein Stift bestanden ungewöhnliche Freiheiten. Die Gründung war eben nicht aus religiösen Motiven erfolgt. Wirtschaftlich funktionierte das „Heim für die Tugend" mustergültig.

Barbarina setzte sich selbst als erste Äbtissin ein; sie erreichte, was der Königsmarck in Quedlinburg verwehrt geblieben war. Schloß Barschau, ein schöner französischen Bau von Anfang des 18. Jahrhunderts, diente Barbarina als Sitz. Sie soll Barschau nur ein einziges Mal für wenige Tage verlassen haben; im Stift vermutete man, ihr Weg habe sie nach Berlin geführt. Am 7. Juni 1799 fand man sie tot im Park. Sie wurde in Hochkirch beigesetzt, obwohl sie in ihrem Letzten Willen bestimmt hatte, „daß mein Körper auf meiner Besitzung bestattet werde, und zwar ohne Ceremonie. Trotzdem soll die Kirche zu Hochkirch ... dasselbe erhalten, was sie bekommen hätte, wäre ich in der Kirche selbst beigesetzt worden".[27] Noch Anfang des 20. Jahrhunderts war ihr Grab im Park Barschau vermutet worden, bis sich im Kirchenbuch zu Hochkirch unter „1799" folgender Eintrag fand:

„d.11ten Juny, Aus Barschau ward begraben die hochgeborene Frau Gräfin Barbara v. Campanini Erbfrauen der Güter Barschau, Porschütz und Polach, welch d. 7ten Abend vom Schlag getroffen das Zeitliche mit dem Ewigen verwechselt u. in hiesige Gruft bey den 14 Nothhelfern beygesetzt worden, Ihres Alters 78 Jahre.“[28]

Am 25. Februar 1932 wurde die schon in Vergessenheit geratene Gruft für einige Stunden geöffnet. Der Einstieg erfolgte dem Hinweis im Kirchenbuch gemäß vor dem 14-Nothelfer-Altar. Man fand 13 Särge, darunter den Sarg der Barbarina: „einfach, gut erhalten, schlecht verschlossen“.[29]

Hochkirch (Wysoka Cerekiew), liegt 14 km südöstlich von Glogau (Glógow). Die 1724 geweihte Wallfahrtskirche, dreischiffig im Stil des Barock gebaut, erhebt sich auf einem Hügel, um den sich einige Dutzend Häuser gruppieren. Ein paar verwitterte Epitaphien mit deutschen Lettern überdauerten, aber an die Barbarina erinnert nichts mehr; die Inschrift über dem Gitter zur Gruft „Gräfin Campanini“ ist zur Unkenntlichkeit verwittert.

Karoline Jagemann, Herzog Carl August und das Weimarer Hoftheater

Gleich vieler berühmter Mätressen war Karoline Jagemann Schauspielerin. Allen Verlockungen trotzend, blieb sie auch ihrem Metier treu, ahmte sie nicht Lola Montez nach, die, kaum in den Armen Ludwigs I. von Bayern, die Bühne mit der Loge vertauschte. – Die Cosel legte großen Wert auf ein Eheversprechen, anders die Jagemann: so lasse sich ein Verhältnis weder beschönigen noch stabilisieren, meinte sie, und manch einer registrierte dann überrascht, daß gerade ihre so lockere Beziehung hielt, was selbst die kirchliche Trauungsformel oft genug vergeblich fordert: „Bis daß der Tod euch scheide!" – Karoline legte Wert auf eine sorgfältige Trennung zwischen ihrem Theater- und ihrem Liebesleben, doch das konnte schon deshalb nicht glücken, weil ihr Theaterdirektor, Johann Wolfgang von Goethe, befreundet war mit Carl August, ihrem Liebhaber. Dieses Wechselspiel von Abhängigkeiten und persönlichen Beziehungen schloß ein kompliziertes, für alle Beteiligten störungsanfälliges Verhältnis ein.

Goethe äusserte 1824 zu Eckermann: „Ich mag auf sie (Karoline) gewirkt haben, allein meine eigentliche Schülerin ist sie nicht. Sie war auf den Brettern wie geboren und gleich in allem sicher und entschieden, gewandt und fertig wie die Ente auf dem Wasser. Sie bedurfte meiner Lehre nicht, sie tat instinktmäßig das Rechte..."[1] Wenn einer berechtigt behaupten konnte, ihr Lehrer gewesen zu sein, dann August Wilhelm Iffland, der sie an der damals berühmtesten deutschen Bühne, der Mannheimer, mit der Schauspielkunst vertraut machte. Herzogin-Witwe Anna Amalia hatte ihm die „in der Kirche so schön singende" Tochter ihres

Oberbibliothekars Jagemann, eines entflohenen Mönches, wärmstens empfohlen. Als 15jährige trat Karoline am 6. Oktober 1792 erstmals öffentlich auf der Mannheimer Bühne auf. Sie gefiel und wurde für jährlich 300 Gulden engagiert; für eine Anfängerin nahm sich die Gage gar nicht übel aus.

Infolge der Koalitionskriege zogen häufig Truppen durch die Stadt. Wiederholt kam auch Herzog Carl August als Kriegsmann nach Mannheim, besuchte das Theater, ließ sich die Weimarerin Karoline vorstellen. Zu Beginn des Jahres 1796 schrieb sie ihrem Vater, der Herzog habe sie nach der Zerstörung Mannheims (1795) wissen lassen: „Wenden Sie sich in jeder Verlegenheit geradewegs an mich.“[2] Sie schätzte dieses Anerbieten zunächst gering, doch ihre Meinung sollte sich unversehens wandeln. Inzwischen 19 Jahre alt geworden, hatte sie ihre ersten Erfahrungen in der Liebe gesammelt und sich verlobt – mit dem Grafen Veterani. Heiraten aber konnte sie kurzfristig nur, wenn sie die vorzeitige Erlangung ihrer Volljährigkeit erreichte, was sie nur im heimatlichen Weimar und am besten persönlich durchzusetzen vermochte. Graf Veterani fuhr voraus, da sie in Mannheim noch durch Verpflichtungen aufgehalten wurde. Als sie nachkam, wurde sie in ihrer Vaterstadt freundlich aufgenommen und mit Einladungen überhäuft; sie war eine Schauspielerin, von der man viel Lobendes vernommen hatte – und obendrein die Braut eines Grafen. Dessen Familie mißbilligte allerdings die Ehe, und ausgerechnet in Weimar, wo sie die letzten bürokratischen Hindernisse für diese Heirat überwinden wollte, zerbrach das Verlöbnis.

Karoline blieb neben Erledigung privater Angelegenheiten Muße, sich am Theater als Besucherin zu erfreuen. Sie stellte Vergleiche mit Mannheim an. Weimar zählte nur 6 000 Einwohner, davon die Hälfte Beamte und Bedienstete bzw. deren Angehörige; das mit Handel und Gewerbe verbundene Bürgertum fehlte weitgehend. Ansonsten nahm das Theater nicht eine solche Sonderstellung ein, wie sie bei einem Theaterleiter namens Goethe erwartet hatte. Der zeitgemäßen Hinwendung zur Oper, dem Singspiel und dem Schauspiel mit Musikeinlagen vermoch-

*Karoline Jagemann · * 1777, † 1848*
Ölgemälde von Ferdinand Jagemann

Carl August, Großherzog von Sachsen–Weimar
** 1757, † 1828 · Herzog von 1815–1828*
„Herzog Carl August im Jagdanzug“, Ölgemälde

ten sich auch die für Uraufführungen der Werke Goethes und Schillers bekannten (und von den Werken Kotzebues „lebenden") Weimarer Bühnen nicht zu entziehen. Karoline, die vorrangig als Sängerin agierte, sah sich angenehm überrascht, fand allerdings die Oper schwach besetzt. Es entsprach keineswegs purer Selbstgefälligkeit, wenn sie nur zwei Künstlern sängerisches Talent zusprach („der Rest ist unmöglich"); die Theaterkritiker hatten die gleiche Meinung. Auch ihr Urteil über die Requisiten deckte sich mit dem der Rezensenten (und dem Goethes): Sie fand, die Ausstattung sei dürftig (sie sprach von „grotesk"). Viele Kostüme stammten vom Trödelmarkt. Die Sprechbühne aber war auf dem Wege, Anschluß an Mannheim zu finden. Weimar konnte sich nur 11 Schauspieler und 10 Schauspielerinnen leisten. Während Goethes Amtszeit (1791–1817) kamen 601 Stücke zur Aufführung. Wegen der geringen Bevölkerungszahl brachte es ein Stück einschließlich der Gastspiele „auf dem Lande" (Lauchstädt, Tiefurt) im Schnitt auf nur acht Aufführungen.

Eine so vielseitig einsetzbare Schauspielerin wie Karoline durfte sich ungewöhnliche Chancen ausrechnen, zumal sie von der deutschen Musterbühne Mannheim kam und als talentierte Ifflandschülerin galt. Da Karoline noch nicht volljährig war, handelte Vater Jagemann den Anstellungsvertrag aus. Herzog Carl August wurde nicht weiter bemüht, dürfte aber nicht sonderlich überrascht gewesen sein, als ihn ein Ersuchen der Theaterleitung erreichte:

„Ew. Durchlaucht würden die Gnade haben ihr (der Karoline Jagemann) ein Decret als Hofsängerin mit dem Versprechen einer Pension von 200 Taler von der nächstaufgebenden Stelle einer Hofsängerin zu erteilen... Ferner gnädigsten Befehle hierüber erwartend

J. W. v. Goethe
Weimar, am 27. Januar 1797"[3]

Zwei Tage darauf hielt sich Goethe zugute, er habe Karoline „für den hiesigen Hof ... gewonnen ...; sie ist als Hofsängerin angenommen und wird in den Opern manchmal singen, wodurch denn unsere Bühne ein ganz neues Leben erhält".[4] „Gewonnen" in des Wortes ureigenster Bedeutung hatte er sie allerdings nicht. Karoline erhielt jedenfalls ihr Engagement. Für die ausgesetzte Pension interessierte sich die 19jährige weniger, wichtiger war ihr die Gage, die sich auf 600 Taler jährlich belief, das Garderobegeld eingeschlossen – nach dem Zeitverständnis in Weimar eine Spitzenvergütung.

Am 18. Februar 1797 gab sie in Christoph Wielands Versmärchen „Oberon" und Wranitzkys gleichnamiger Oper ihr Debüt. Kapellmeister Eberwein äußerte sich euphorisch: „Als die Jagemann in der Vorstellung im Wolkenwagen erschien, glaubte man einen Engel zu sehen, der vom Himmel niedersteige, um Friede und Freude zu verkünden."[5] Wieland, als Prinzenerzieher am Hof lebend, saß unter den Zuschauern und war ebenfalls des Lobes voll: „Das ist mein ‚Oberon', so habe ich ihn mir gedacht!"[6] Gespielt wurde das Stück zwar schon seit 1780, aber mit Karoline Jagemann als Hauptdarstellerin erlebte Wielands Hauptwerk neuen Glanz. Wahre Triumphe feierte sie wenige Tage später als Konstanze in Mozarts „Entführung aus dem Serail". Das Weimarer Theaterpublikum akzeptierte Karoline als würdige Nachfolgerin der 1797 verstorbenen Christiane Luise Amalie Naumann, über die Iffland einst äußerte: „Sie kann alles!" Eben diesen Eindruck hatten die Weimarer auch von Karoline. Einer ihrer vielen Bewunderer schrieb: „Nach wenigen Wochen war diese Zauberin die angebetete Göttin von ganz Weimar. Die für die Reize der Kunst so empfängliche Stadt lebte damals im beständigen Taumel des theatralischen und musikalischen Entzückens und der Verwunderung, die ihr die in ihren Mauern bisher noch nie gehörten Töne der neuen Sängerin einflößten."[7]

Solange Karoline in Weimar auftrat, erntete sie Lob für ihre künstlerische Leistung. Als nicht minder dauerhaft erwies sich das Gerücht, sie harmoniere nicht mit Goethe. „Ihre Intrigen waren vorwiegend die Ursache für Goethes Rücktritt vom Theater", heißt es im „Brockhaus",[8] eine Behauptung, die sich so oder ähnlich auch anderswo findet. Einiges spricht zwar durchaus für diese Auslegung, mehr jedoch dagegen.

Karoline verstand Goethes Direktorat im jugendlichen Drang

als recht antiquiert und sah ihn in seinem Haus am Frauenplan schreibend besser aufgehoben als im Sessel des Regisseurs; der Dichter machte aus den Proben oft Lesestunden, in denen er als Solist auftrat. Ursache der Spannungen waren Vorbehalte der Praktikerin gegenüber dem Theoretiker – und umgekehrt. Auch Eitelkeit mochte hineinspielen. Daß mit Karolines Erscheinen neben seinem eigenen noch ein zweiter Stern am Weimarer Theaterhimmel leuchtete, sah Goethe ungern.

Karoline war sich bereits vor Dienstantritt der Schwierigkeiten im Umgang mit Goethe bewußt. Bei den Gesprächen mit ihrem Vater habe er sich „so steif und gerade verhalten, wie er sich in seiner äußeren Erscheinung zeigte. Ich glaube auch nicht, daß ihm meine Akquisition besonders angenehm war, denn meine Stellung, mein Talent und meine Neigung entzogen mich der sklavischen Unterwürfigkeit, in der er die Theaterdamen sich gegenüber zu sehen wünschte".[9] Die Jagemann war für Goethe sicher keine bequeme Schauspielerin. So wurde der Spielplan häufig zur Quelle von Differenzen. Karoline wollte bestimmte Rollen übernehmen, lehnte andere ab, bestand wegen eines Gastspiels in Berlin oder Wien auf Terminverschiebungen, oder sie überwarf sich mit dem Kapellmeister.

Theater-Querelen aber gab es früher schon – und auch später. Goethe drohte bereits 1795 einmal Strafen an, weil „Schauspieler, ihres Verhältnisses und der guten Sitten vergessend, sich ... über die ihnen vorgesetzte Direktion respektswidrig geäußert".[10] Er war sogar ernsthaft zum Rücktritt entschlossen, Friedrich Schiller als Nachfolger ins Auge fassend. Der Herzog, kein sonderlicher Freund Schillers, konnte Goethe damals zum Bleiben überreden. Es klingt jedenfalls etwas simpel, den schließlich doch erfolgten Rücktritt Goethes der Jagemann anzulasten. Die Gründe müssen für ihn tiefere gewesen sein, wenn er schon ernsthaft eine Amtsniederlegung in Erwägung zog, als Karoline noch in Mannheim weilte.

Sie spielte bereits seit fünf Jahren in Weimar Theater, als sie die Geliebte des Herzogs wurde, kannte also längst die Eigenheiten ihres Theaterleiters. Wenn sie ihn tatsächlich verdrängen wollte, hätte sie dies mit Leichtigkeit bereits zu Beginn ihrer Liaison mit Carl August in das Bündel ihrer mannigfaltigen Bedingungen einzuflechten vermocht; der in Liebe entflammte Landesherr würde ihr nichts ausgeschlagen haben. Das galt auch für die folgende Zeit. Sie akzeptierte als Geliebte des Herzogs Goethe 15 Jahre lang als Theaterleiter. Nach seinem Weggang wuchs ihr Einfluß, aber seine Nachfolge trat sie nicht an, obwohl ihr der Herzog dieses Amt mit Sicherheit übertragen hätte, wäre es ihr Wunsch gewesen.

Goethe selbst äußerte sich nie abfällig über Karoline, weder in den Jahren ihrer Zusammenarbeit noch danach, obwohl er zumindest in den Briefen an seine Freunde bei Beurteilung von Zeitgenossen nicht eben diplomatisch abwägend verfuhr, eher ungeschminkt burschikos. Nach Aufführung seiner „Natürlichen Tochter“ schickte er Karoline ein Billett: „Mögen Sie, liebes schönes Kind, überall, wo Sie hinkommen, so viel Vergnügen finden, als Sie mir gestern durch die Darstellung der Eugenie verschafft haben.“[11] Aus solchen Zeilen klingt kein Groll. Er hätte ihr weniger freundlich oder auch gar nicht zu schreiben brauchen. Nach Aufführung des „Tasso“ eilte Karoline 1823 stehenden Fußes nach der Vorstellung in Goethes Wohnung, um ihm ihr Kostüm zu zeigen. Ihr lag viel am Urteil des inzwischen ausgeschiedenen Theaterleiters.

Goethe war des Theaters, an dem er Leiter, Regisseur, Dramaturg und selbst Bühnenbildner in einer Person war, längst überdrüssig. Von einer Schauspielerin, mochte es selbst die Jagemann sein, ließ er sich jedoch nicht zu Fall bringen! – Dies besorgte merkwürdigerweise ein Hund, der „Pudel Dragon“.

Der Wiener Schauspieler Karsten wollte in Weimar mit seinem Hund Dragon ein Gastspiel geben; „Dragon“ war bereits an vielen Hoftheatern erfolgreich aufgetreten. Goethe aber lehnte das Ansinnen entschieden ab. Zeit seines Lebens mochte er keine Tiere, er akzepierte allenfalls sein Reitpferd, das ihm mühevolle Fußwege oder unbequeme Kutschfahrten ersparte. Karsten gab sich so leicht nicht geschlagen. Mit den Weimarer Verhältnissen vertraut, schrieb er an Karoline. Sie will sich jedoch in die Angelegenheiten der Direktion nicht eingemischt, das Schreiben Karstens nur an den Herzog zur Entscheidung weitergeleitet haben. Das aber genügte vollauf; Carl August, ein ausgesprochener Hundenarr, stimmte begeistert dem Gastspiel Karstens zu.

Goethe aber wollte die Bühne nicht durch einen Hund entweihen lassen. „Unsere Statuten bestimmen, daß kein Hund auf dem Theater erscheinen darf", argumentierte er gegenüber seinem Landesherren. Daß dieser schon aus Prestigegründen nicht nachgeben würde, lag nahe. Einen Boten des Herzogs vertröstete Goethe auf den nächsten Tag, hinterlegte ein Urlaubsgesuch und reiste, ohne dessen Genehmigung abzuwarten, unverzüglich nach Jena ab. „Ziehe in Frieden, und wenn Du wiederkommst, so besuche mich", schrieb ihm der Herzog recht versöhnlich.

In Weimar kursierte derweil in Abwandlung des Schiller'schen Spruchs vom Sieg der Natur über die Kunst der Spottvers:

Es soll die Bühne nie dem Hundestalle gleichen,
Und kommt der Pudel, muß der Dichter weichen!

Wie so viele Verehrer des Dichters wollte auch Julie von Egloffstein nicht glauben, „daß der große Goethe vor einem Hund die Flucht nehmen würde".[12] Am 12. April 1817 trat „Dragon" in „Der Hund des Aubri de Mont-Didier" (Musik von Seyfried) in Weimar auf. Das Publikum fand das Stück „ausgezeichnet, gut, brillant... Die beiden ersten Szenen des Hundes fanden donnernden Applaus, und die dritte steigerte Staunen und Beifall auf das höchste", so der Bericht eines interessierten Beobachters.[13] Man konnte dem Theaterpublikum die Abwechslung ruhig gönnen; es war in Mode gekommen, gelegentlich eine Hundedressur zu zeigen, und Mode erwies sich schon immer als vergänglich. Der Herzog hatte vorsichtshalber die erste Vorstellung abgewartet, vielleicht doch des Erfolges nicht so sicher. Tags darauf entließ er Goethe als Theaterdirektor: Er berief sich in einem Schreiben nach Jena auf „verschiedene Äußerungen Deinerseits ..., daß Du es gerne sehen würdest, von Deinen Verdrießlichkeiten der

Theaterintendanz entbunden zu werden ... Ich komme hierin Deinen Wünschen entgegen." Goethe antwortete postwendend: „Ew. Königl. Hoheit kommen, wie schon so oft gnädig geschehen, meinen Wünschen entgegen, ja zuvor."[14] Mit seinem eigenmächtig angetretenen Urlaub hatte Goethe die Entlassung provoziert. Die Konsequenzen konnte und wollte er der Jagemann nicht anlasten. Seine Freunde glaubten allerdings zu wissen, sie habe sich hocherfreut über die Wende gezeigt. So schrieb der Sohn der Frau von Stein, „Karoline brüstet sich wie ein Pfau und würde wohl radschlagen, wenn sie könnte".[15] Keineswegs brachen aber Goethe und die Jagemann miteinander. Im Gegenteil: Seit sie nicht mehr in Beziehung Theaterdirektor – Schauspielerin standen, pflegten sie einen emsigen und freundschaftlichen Umgang.

Zwar bedeutete das Theater für Karoline viel, aber es gab ihr nicht alles; sie war eine junge Frau und führte ein „zweites" Leben, das verknüpft war mit dem des Herzogs Carl August, dem Landesherrn und Patron des Theaters.

Als er um sie zu werben begann, 1801, galt sie bereits als eine der populärsten deutschen Mimen. Sie war es aus eigener Kraft geworden, und niemand konnte es ihr verübeln, wenn sie dies in ihren (nicht zum Abschluß gebrachten) Memoiren zum Ausdruck brachte. Mochte so manche Schauspielerin ihre Karriere einem Mätressendasein verdanken, Karoline hatte allen Grund, einen solchen Vorwurf zurückzuweisen. Der sich am Hof wie am Theater gleichermaßen gut auskennende Adolf Stahr vermerkte in seinem Tagebuch: „Ihre hinreißende Schönheit, die Frische und Schnelligkeit ihres Geistes entzückten den Herzog ... Seine Bewerbungen wurden anfangs nicht begünstigt. Caroline Jagemann war jung, war Künstlerin und als solche von einem Ehrgeize, dem es im Angesichte einer großen künstlerischen Laufbahn nicht Allzuverblendes erschien, als Mätresse eines Herzogs sich an eine kleine Stadt und Bühne zu fesseln."[16] Carl August räumte ein: „Als Künstlerin ist die Jagemann einzig in ihrer Art in Deutschland; vor die paar Taler, die sie hier bekömmt, bleibt sie schwerlich hier, unser Publikum zu amüsieren."[17]

Karoline brauchte Monate, bevor sie zu einem Entschluß fand. Sie schätzte den Landesherrn, weil er es anders als mächtige Potentaten vermocht hatte, führende Vertreter der Aufklärung an seinen Hof zu ziehen (Wieland, Herder, Goethe), sie fand ihn intelligent und verständnisvoll, bei geselligen Zusammenkünften als „die Seele der Unterhaltung", aber es ängstigte sie der Gedanke, als „Fürstenliebchen" in Verruf zu kommen. Schließlich fragte er mich, schrieb sie in ihren Memoiren, „ob es meine Begriffe von Ehre befriedigen würde, wenn ich mich ihm an die linke Hand trauen ließe; ich erklärte das für eine Form, die das Unerlaubte nur schlecht bedecke, und wies sie weit von mir".[18] Im Falle ihrer endgültigen Weigerung habe der Herzog in russische Dienste treten und seiner Frau die Regentschaft in Sachsen-Weimar überlassen wollen.

„Meine Lage war das Geheimnis der ganzen Stadt", äußerte sie als gereifte Frau. „Damen, die der Herzogin nahe standen, überbrachten mir die Äußerung, daß ich am angenehmsten wär, wenn ihr Gemahl solch ein Etablissement errichten wolle; Männer von Ehre und Gewicht versicherten mich ihres Dankes, wenn ich es über mich bringen könnte, aus eigener Initiative zuzustimmen. Der eine hatte den Herzog still und verstimmt gefunden und wußte, was ihm Gesundheit und Heiterkeit zurückgeben würde; ein anderer warnte, da der Herzog in puncto Weiber kein Gewissen habe und mich wie eine ausgepreßte Zitrone beiseite werfen könnte; ein dritter sah mich am Abgrund, ein vierter einsam und verlassen, weil niemand nach Verlust meines guten Rufes mehr mit mir umgehen würde; Damen ermahnten mich zum Widerstand und wandten mir erhöhte Achtung und Gunst zu, als sie mich entschlossen sahen, mir treu zu bleiben; am allerlebhaftesten besprachen aber die jungen Mädchen meiner Bekanntschaft die Situation, und jede sann auf Schutz und Rettung. Bald sollte ich mich entführen, bald dem Herzog an die linke Hand trauen lassen, bald durchgehen, bald mit dem Fürsten Gutes wirken, am Ende blieb ich so hilflos wie zuvor."[19]

Um Zeit zu gewinnen, erbat sich Karoline am Theater Urlaub, weil sich Einladungen zu Gastspielen angehäuft hätten, was keineswegs erlogen war. In Wien begegnete ihr die Gräfin Lichtenau, einst mit dem Preußenkönig liiert und nach dessen Tod vertrieben. Karoline ermutigte es nicht eben, über die Vergänglichkeit des Mätressendaseins mit allen nur denkbaren sozialen Konsequenzen aus erster Hand zu erfahren. Schillers Schwester, Frau von Wolzogen, hatte ihr bereits in Weimar dringend geraten, sich finanziell in ihrem eigenen Interesse und dem eventueller Nachkommen abzusichern. Karoline scheint für diesen Ratschlag empfänglich gewesen zu sein, doch es genierte sie, als ihr Carl August per Kurier während eines Gastspiels in Göttingen die Mitteilung zukommen ließ: „Frau v. Wolzogen hat mir die sonderbare Bedingung gestellt, Ihnen vierzigtausend Thaler zu übergeben. Ich war immer ein Bewunderer Ihrer vielseitigen Eigenschaften, bemerke aber jetzt mit Staunen respektable Kalkulationsgabe, die meiner Neigung eine andere Richtung geben. Ich bin aber nicht stark genug, der Neigung zu widerstehen, und will Ihnen die Summe überweisen, wenn ich sie auch nicht sofort aufbringen kann." Karoline antwortete postwendend: „Frau v. Wolzogen ist in ihrer guten Meinung für mich viel zu weit gegangen und hat ein höchst unzureichendes Mittel gewählt, denn mit Ihrem ganzen Lande können Sie mich nicht für die Verleugnung meiner Grundsätze und für meine Ehre bezahlen. Von den vierzigtausend Thalern wollen Sie bitte nicht mehr sprechen – ich komme bald zurück."[20] Damit hatte es allerdings noch gute Weile. Zunächst fuhr sie zu einem Gastspiel nach Berlin. Königin Luise bot ihr erneut an, als „Kammersängerin auf Lebenszeit" in Preußen zu bleiben. Berlin wurde ihr aber verleidet, weil Prinz August ihr nachstellte und eine Ehe zur Linken begehrte. Sie kehrte nach Weimar zurück, wo sie mit Frau von Wolzogen brach. Es dürfte ein vom Herzog seit Monaten erwartetes Signal gewesen sein; zumindest verstand er es so. Er bat sie um eine Aussprache, die wenige Tage vor Weihnachten, am 20. Dezember 1801, an einem „dritten Ort", im Haus des Hofmarschalls, zustande kam und mit Treueschwüren endete. „Ich gelobte ihm aufs neue, mein Geschick nicht wieder von ihm zu trennen ... Nun sah ich den Herzog alle Tage", so zitiert nach Karolines Aufzeichnungen.[21]

Immerhin erinnerten sich beide, daß der Herzog verheiratet war, und Goethe erhielt den undankbaren Auftrag, über die Weihnachtsfeiertage die Meinung der Herzogin Louise einzuholen. Eigentlich hätte es Carl August ganz gut zu Gesicht gestanden, diese heikle Aussprache selbst zu führen. Mittlerweile waren 26 Jahre vergangen, seit er 22jährig die gleichaltrige Louise, Tochter des Markgrafen von Hessen-Darmstadt, zum Altar geführt hatte. Sie war eine intelligente, etwas unscheinbare, bescheidene Frau, die zeit ihres Lebens stolz auf ihren Mann und seine Verdienste um die kulturelle Entwicklung des Landes war. Die aus politischen Interessen geschlossene Ehe hatte Bestand bis zur Geburt des zweiten Sohnes; nun galt die Dynastie als stabilisiert. Louise machte es früher den Mätressen ihres Gatten nicht leicht. Aber was Karoline Jagemann anging, so hätte der Herzog, der die Zornesausbrüche seiner Frau fürchtete – ohne jedoch von seinen amourösen Abenteuern zu lassen –, seinem Freund Goethe den unbequemen Weg ersparen können: Louise hatte keine Einwände gegen die neue Liaison ihres Gatten. Apathisch betrachtete sie derweil das Eheleben als längst erloschen, und es war ihr gleichgültig, mit wem sich ihr angetrauter Mann liierte. Karoline dauerte die Tragik dieser Frau, deren Einverständnis sie jedoch als große Erleichterung empfand. Am Silvesterabend trat Karoline erstmals als erklärte Mätresse vor die Öffentlichkeit. Wer mit einem Skandal gerechnet hatte, sah sich getäuscht. Herzogin Louise nahm durch ihre Teilnahme an der in Weimar von den oberen Kreisen gemeinsam begangenen Silvesterfeier allen Spekulationen den Wind aus den Segeln; sie kam „hin, damit der Adel wegen der Karoline nicht wegbleibt“.[22]

Die Reaktion auf des Herzogs jüngste Liaison bewegte sich zwischen Gleichgültigkeit, Besorgnis und heller Empörung. Die Künstler sahen es nicht ungern, daß der Landesherr sich diesmal für eine populäre Schauspielerin entschieden hatte; möglicherweise konnte sie als Sachwalterin kultureller Interessen gute Dienste leisten.

Einige Theaterleute und -freunde sorgten sich aber um Karoline. So schrieb Karl Bertuch an Leo von Seckendorff: „Ich fürchte nur, das arme Mädchen läßt sich durch Eitelkeit blenden und spielt ein desperates Spiel, wobei sie viel, ja alles verlieren, aber sehr wenig gewinnen kann." Seckendorff empfing in gleicher Sache einen aus ähnlicher Sorge geschriebenen Brief von Karl Graf Brühl, dem führenden Theaterfachmann Preußens. Für ihn war Karoline ein „armes, verlorenes Geschöpf". Er wollte sie seit Jahren für Berlin engagieren und sah nun seine Pläne gleich einer Seifenblase platzen. Aber er zeigte sich auch angesichts langjähriger kameradschaftlicher Beziehungen sichtlich enttäuscht, gar brüskiert: „erst" habe „sie versichert, daß nichts sie zu einem erniedrigenden Schritte bewegen würde, und jetzt – jetzt sagt jedermann, sie sei des Dux erklärte Mätresse."[23]

Offener Feindschaft sah sich Karoline durch Frau von Löwenstern ausgesetzt, in deren Haus sie Carl August näher kennengelernt hatte. Frau von Löwenstern dürfte geglaubt haben, der Herzog lasse ihrethalben keine Einladung aus; jetzt mußte sie sich verletzt eingestehen, daß er bei ihr nur verkehrt hatte, um Karoline zu treffen. Familie von Stein war Karoline vordem schon gern aus dem Wege gegangen, nun mied sie sie vollends. Einzelfälle hätten sich leicht ertragen lassen, aber der Adel in seiner Gesamtheit verhielt sich, wie vorausgesehen, abweisend. Obwohl er sich 1797 mokiert hatte, weil der Herzog die 30 Jahre jüngere Sibylle Rudorff heiraten wollte, fand er nunmehr das vergangene Abenteuer des alternden Landesherrn mit dem damals 15jährigen, von ihm geschwängerten Hoffräulein weniger bedenklich als seine Hinwendung zur geistreichen, selbstbewußten, ehrgeizigen und vermutlich kostspieligen Karoline Jagemann. In puncto Finanzen suchte Carl August die Gemüter zu beruhigen: „Ich kann versichern, daß sie (die Jagemann) durch mich das Mark des Landes nicht aussauget."[24] Die Opponenten maßen dieser Erklärung keine große Bedeutung bei; sie suchten eher Trost in dem Gedanken, daß der Herzog es noch bei keiner Mätresse lange ausgehalten habe. Diese Hoffnung erwies sich als Trugschluß. Carl August blieb bei Karoline 27 Jahre lang, bis zu seinem Tode. Was vielen zunächst als Abenteuer anmutete und sich schon wegen Karolines monatelangen Zauderns nicht wie

Liebe, sondern eher wie ein Sieg der Berechnung ausnahm, offenbarte sich als gegenseitige Zuneigung.

Als prominente und vielgefragte Schauspielerin brauchte sich Karoline nicht aushalten zu lassen; sie hatte Gagen, die ihr einen unabhängigen Lebensstil gestatteten, war somit eine geradezu exotische Erscheinung in der Welt der Mätressen. Sie wurde auch nie in die Reihe kostspieliger Liebschaften deutscher Fürsten eingegliedert, aber eben ihres eigenen Einkommens wegen blieb rätselhaft, ob und in welchem Maße sie die Staatsfinanzen belastet hat. Karoline brachte es in ihrer Glanzzeit auf eine Gage von jährlich 2 000 Talern. Das verdankte sie der besonderen Gunst des Herzogs Carl August. Für Weimarer Verhältnisse war sie eine traumhaft hochdotierte Künstlerin. Die Theaterleute hatten zwar ein vergleichsweise hohes Mindesteinkommen von 300 Talern, aber relativ bescheidene Spitzengagen von 1 000 bis 1 500 Talern.[25] Vergleichsweise schäbig wurden die Autoren abgefunden; sie erhielten in der Regel 50 Taler für ein Theaterwerk. Friedrich Schiller bekam für seinen „Wilhelm Tell“ von Goethe ein Sonderhonorar, aber es betrug auch nur bescheidene 165 Taler; sein „Don Carlos“ brachte ihm dürftige 100 Taler ein. Karoline mußte daher in Weimar als privilegiert erscheinen. Angesichts ihres Ansehens im deutschsprachigen Raum hätte sie anders als die meisten ihrer Kollegen Weimar verlassen und an eine größere Bühne gehen können, nach Berlin oder Wien, wo sie 5 000 Taler oder möglicherweise auch 7 000 verdient hätte. Als sie die Mätresse des Herzogs wurde, verbaute sie sich Chancen solcherart. Hinzu kam, daß sich ihre recht gut bezahlten Gastspiele fortan auf die nähere Umgebung beschränken mußten, etwa Leipzig. Über das, was Karoline gewann, wurde gern vergessen, was sie aufgab. Mutter geworden, erfuhr sie durch Herzog Carl August allerdings finanziell schwer aufzulistende Vergünstigungen.

Als Wohnung überließ ihr der Herzog das etwas irreführend Deutschritterhaus genannte palaisähnliche Gebäude am Herderplatz, und er kam auch für ihren relativ großen Haushalt auf. Angeblich betrugen die Aufwendungen 1/5 bis 1/4 der „Gesamtausgaben der großherzoglichen Privatschatulle".[26] Da es zur Gewohnheit des Herzogs wurde, kleinere Festlichkeiten vom Hof ins Haus der Jagemann zu verlegen, vermischten sich deren persönliche Ansprüche und landesherrliche Repräsentationen. Im Hause am Herderplatz haben wohl alle in Weimar lebenden oder sich besuchsweise daselbst aufhaltenden Geistesgrößen verkehrt. Der Herzog war hier täglich anzutreffen.

Karoline gebar Carl August zwei Söhne und eine Tochter. Bei dem 1807 zur Welt gekommenen Zweitgeborenen (Karl Wolfgang) war Goethe Taufpate. Der Herzog hatte sich vor dem Einmarsch Napoleons nach Böhmen zurückgezogen, was ihm viele verübelten. Vielleicht sah sich auch Karoline im Stich gelassen. Er mochte sich wohl in ihrer Schuld fühlen und traf im Frühjahr 1812 bei ihrer neuerlichen Niederkunft besonders fürsorgliche Vorbereitungen. Frau von Stein schrieb an ihren damals in Wien lebenden Sohn Karl ziemlich echauffiert: „Demoiselle Jagemann hat die fürstliche Familie wieder mit eine Töchterchen vermehrt ... Man hatte Stroh in der Straße gestreut, wo sie in Wochen lag, um den Lärm der Fuhren zu dämpfen. Darauf fand man ein Pasquill an ihrem Hause: ‚Huren müssen auf Stroh sterben!' Die Polizei nahm es geschwind ab. Dieser kleine Hof soll mehr kosten wie der große; es macht im allgemeinen einen bösen Eindruck."[27] Diesmal hatte Frau von Stein wohl keineswegs übertrieben.

Zwischen der Schlacht bei Jena und Auerstedt 1806 und der Völkerschlacht bei Leipzig 1813 lagen für die Bevölkerung kriegsbedingt harte Jahre. Man achtete mehr denn je auf den Hof und empörte sich, daß des Herzogs Mätresse die allgemeine Not nicht nur nicht zu teilen brauchte, sondern an sozialer Sicherheit erheblich gewann. Karoline war 1809 geadelt und mit Gut Heygendorf bedacht worden. Im Grunde lag ihr die Rolle der Gutsbesitzerin nicht, aber sie verkannte keineswegs den Wert ihrer Erwerbung. Dem Herzog ist hierbei zugute zu halten, daß er seine Geliebte nicht beschenkte, um die darbenden Bürger seines Ländchens herauszufordern; Heygendorf (bei Allstedt) war durch Erlöschen der Familie von Geusau an ihn zurückgefallen, und er reichte Titel und Herrschaft nun weiter an seine

Mätresse. Obwohl jetzt Freiin von Heygendorf, trat Karoline am Theater wie bislang unter dem Namen „Jagemann“ auf.

Zum letzten Mal sang Karoline am 17. März 1827 in Weimar, ohne um diese Abschiedsrolle zu wissen. Sie hatte eher an einen längeren Urlaub gedacht, da Carl August kränkelte und mehrere Bäderreisen plante. Da sie ihn begleiten wollte, wurden ihr die Verpflichtungen am Theater lästig.

Sie hatte mittlerweile die „50“ erreicht, aber theoretisch blieben ihr durchaus noch einige Jahre Theaterleben. War sie wirklich theatermüde, wie einige ihrer Kollegen später glaubten? Ihre langjährige Wirkungsstätte war 1825 kurz vor ihrem Ausscheiden einem verheerenden Brand zum Opfer gefallen. Die Weimarer Bühnen mußten sich mit einem Provisorium begnügen, und nichts hält bekanntlich so lange wie ein Provisorium; der sofort vom Hof in Aussicht gestellte Neubau sollte bis 1908 auf sich warten lassen, was freilich seinerzeit selbst der ärgste Pessimist nicht geglaubt hätte. Für Karoline war ihr Lebenswerk mit dem alten Theater verbunden, und die Brandkatastrophe erschütterte sie bis ins Mark, nur gehörte sie keineswegs zu jenen, die angesichts schwerer Rückschläge aufgeben. Problematischer mochte für sie weit eher sein, daß Johann Nepomuk Hummel Kapellmeister geworden war, dessen Talent sie keineswegs verkannte und den sie sogar ausdrücklich und ehrlichen Herzens als Gewinn für die Weimarer Bühnen akzeptierte. Es störte sie jedoch, daß er von der künftigen Großherzogin Maria Paulowna protegiert wurde, mit der sie auf Kriegsfuß stand. Dem Hofgeschwätz zufolge soll sie Carl August einst gebeten haben, ein kleines Gehölz schlagen zu lassen, und der Herzog war nur allzu gern bereit, ihr diesen, ihm bescheiden dünkenden Wunsch zu erfüllen, ohne zu ahnen, daß er damit seiner Schwiegertocher den Lieblingsaufenthalt raubte. Über den Kleinkrieg zwischen Karoline und Maria Paulowna erzählte man sich viele Historchen dieser Art. Eines ließen sie selbst bei vielleicht spärlichem Wahrheitsgehalt erkennen: Nach einem Regierungswechsel würde eine Karoline Jagemann wohl vergeblich auf ein Rollenangebot an den Weimarer Bühnen warten.

Großherzog Carl August starb am 14. Juni 1828 auf der Rückreise von Preußen während eines Zwischenaufenthaltes in Graditz bei Torgau. Eduard Vehse setzte die Story in die Welt, Carl August habe seinen Adjutanten Major von Germar für den Fall seines Ablebens gebeten, Karoline die Todesbotschaft sofort, seiner Frau Louise erst nach Verzögerung zu überbringen, weil er befürchtet habe, seine Erben könnten sich an Karoline gütlich tun. Sie soll denn auch den Vorsprung genutzt und fluchtartig Weimar für immer verlassen haben.[28]

Nichts daran ist wahr.

Quellenmäßig belegt ist noch für den 20. Juli 1828 die Anwesenheit Karolines in Weimar. Erst danach setzte ihre Reisetätigkeit ein. Sie fuhr nach Wiesbaden, nach Mannheim, nach Berlin. Zwischenzeitlich hielt sie sich immer wieder in Weimar auf. Am 10. Juli 1848 starb sie in Dresden.

Carl August hatte testamentarisch für Karoline Vorsorge getroffen. Ihre Pension belief sich gemäß seines Testaments auf 2 400 Taler, weit mehr als ihr alter Theatervertrag vorsah. Es blieben ihr Gut Heygendorf, mit 12 000 Talern zu Buche stehend, und in Weimar die Häuser zwischen Töpfermarkt, Most- und Vorwerksgasse. Über ihre Lebensverhältnisse berichtete sie am 26. Oktober 1834 an den mit ihr befreundeten Herzog von Mecklenburg: „Meine jährlichen Revenuen bestehen inklusive meiner Pension in Weimar, der Miete von meinem Haus und dem Interesse von meinem Vermögen in dreitausendsechshundert Talern, wovon tausend Taler abgehen für eine Lebensversicherung zugunsten meiner Kinder, für Reparaturen und Steuern meines Weimarer Hauses und für Pensionen, die ich bei Lebzeiten des Großherzogs gegeben hatte und bei meinem Weggang nicht einziehen wollte. Meine Tochter bedarf in ihrer jetzigen Lage meiner Hilfe mehr denn je, da die fünfhundert Taler, die sie jährlich zu verwenden hat, nicht ausreichen. August in Potsdam hat neunhundert Taler Revenuen."[29] Nachzutragen bliebe, daß Carl August für seine Tochter eine Mitgift von 5 000 Talern ausgesetzt hatte. Karl, der älteste Sohn, erbte Gut Heygendorf.

Lola Montez und der Münchner Aufruhr um eine fesche Tänzerin

Als Geliebte war sie zu egozentrisch,
als Intrigantin zu ungeduldig,
als Lebensgefährtin eine Katastrophe.

Am 9. Oktober 1846 ... sah ich vor dem Bayersdorf-Palais eine schwarzgekleidete Dame", schreibt die Schriftstellerin Luise von Kobell.[1] „Plötzlich funkelte mir etwas ins Gesicht, ich blieb jählings stehen und betrachtete verwundert die Augen, die dieses Gefunkel verbreiteten. Sie leuchteten aus einem blassen Gesichte, das einen lächelnden Ausdruck über mein bewunderndes Anstarren annahm ... Ich schaute ihr nach, bis ich nichts mehr von ihr erblicken konnte. So, dachte ich mir, mußten die Feen in den Märchen gewesen sein ... Der Vater sagte fast verdrießlich: Das wird die spanische Tänzerin Lola Montez gewesen sein." Und sie war es! Tags darauf gab sie ihr Debüt im Münchner Hoftheater. Gespielt wurde „Der verwunschene Prinz", aber mit diesem Stück hatte sie nichts zu schaffen; sie zeigte in den beiden Zwischenakten spanische Nationaltänze. Sie „fesselte ... alle Zuschauer", schreibt Luise von Kobell weiter. „Die Blicke hafteten an ihren geschmeidigen Körperwendungen, an ihrer Mimik, die oft von der glühendsten Leidenschaft in die anmutigste Schalkhaftigkeit überging ... Ich ging ganz verzückt nach Hause."[2] Die meisten Theaterbesucher harrten sogar aus, bis Lola Montez das Theater verließ. Ihre Pferde hatte man ausgeschirrt; enthusiastische junge Leute spannten sich vor ihre Kutsche, und im Triumphzug ging es zum Hotel. Tagelang berichteten die Zeitungen von dem sensationellen Theaterereignis; die Rezensenten waren begeistert vom Temperament der Lola Montez, von ihrem Gefühl für Rhythmus. Das bis auf den letzten Platz ausverkaufte Münchner Hoftheater erlebte am 14. Oktober 1846 den nächsten Auftritt der Lola Montez, den zweiten – und letzten. Sie gebe jetzt dem König Unterricht in Spanisch und lese ihm Calderons Dramen vor, hieß es augenzwinkernd.

Aus Reuss-Lobenstein wegen einer Bagatelle ausgewiesen – Beschädigung eines Blumenbeetes –, war Lola Montez am 5. Oktober 1846 in München eingetroffen. Sie besaß nur wenig Geld, und ihre Papiere waren im Trubel der überstürzten Abreise verlorengegangen. Theaterintendant Frays hatte es abgelehnt, sie zu engagieren: Er brauche keine Tänzerin. König Ludwig I. wußte bereits von ihrer vergeblichen Bewerbung, als sie ihn um eine Audienz ersuchte. Er unterhielt sich oft und gern mit ausländischen Künstlern. „Diese zu empfangen, Majestät, lohnt sich", flüsterte ihm sein Flügeladjutant Graf Lerchenfeld zu, als er die Ankunft der Tänzerin mit dem wohlklingenden Namen Maria de los Dolores Porris y Montez meldete. Ludwig I. war ein weitgereister Mann und beherrschte alle bedeutenden Sprachen Europas: Er begrüßte sie auf spanisch. Die Tänzerin mit der Stundenglas-Figur und den funkelnden Augen bezauberte ihn auf der Stelle. Bislang war es ihm völlig entgangen, aber nun wußte er es: dem Münchner Theater fehlte eine spanische Tänzerin. Tags darauf hat Intendant Frays die Montez engagiert.

Daß sie erst 22 Jahre alt sein sollte, wie sie nach Verlust ihrer Ausweise leicht behaupten konnte, glaubte außer dem König ohnehin niemand, aber daß sie keine Kreolin war, dahinter kamen selbst gewiefte Journalisten spät; sie wirkte so exotisch, und ihr Lebensweg hätte Stoff für einen Abenteuerroman zu liefern vermocht.

Lola Montez kam am 25. August 1818 als Maria Dolores Elisa Gilbert im irischen Limerick auf die Welt, wo auch die weltberühmten Verse gleichen Namens ihren Ursprung haben.[3] Die Mutter, eine geborene Oliver, brachte die Mär von Lolas „kreolischer Abstammung" auf. Der Vater, Leutnant Edward Gilbert, wurde 1823 nach Kalkutta versetzt, wo er im Jahr darauf an der Cholera starb. Nur wenige Monate später heiratete die Mutter einen Captain Craigie. Lola wurde wegen der noch immer grassierenden Cholera nach Schottland zu den Eltern ihres Stiefvaters

*Lola Montez · * 1818, † 1861*
Stahlstich von A. H. Payne

Ludwig I. von Bayern
** 1786, † 1868 · König von Bayern 1825–1848 (Thronverzicht)*
Porträt-Lithographie von G. Bodmer

geschickt und von da nach Bath ins Haus von Sir Jaspers Nicolls, wo sie als Gespielin der Tochter Fanny eine für Offizierstöchter ungewöhnlich gute Ausbildung erfuhr. Für ihr späteres Leben sollten dabei das Reiten und die Sprachkenntnisse von besonderer Bedeutung sein. Sie ritt ausgezeichnet, beteiligte sich wiederholt und recht erfolgreich an Turnieren. Niemand traute eigentlich dem zierlichen Persönchen dieses Draufgängerische zu, doch neben Extravaganz war Courage ihre wohl auffallendste Charaktereigenschaft. Was Sprachen anging, galt sie als ungewöhnliches Talent: Sie beherrschte sechs Sprachen perfekt.

Lola war 16 Jahre, als sie nach einem monatelangen „Festlandtrip“ wieder in Bath anlangte. Das unbeschwerte Mädchendasein hätte noch eine Weile währen können, aber die Mutter meldete sich: Lola solle heiraten, einen 60jährigen Richter mit viel Geld und großem Einfluß. Lola brannte in Panikstimmung mit einem Leutnant Thomas James durch. Dessen Bruder, ein Reverend, traute das Paar ohne elterliches Einverständnis. James wurde noch im selben Jahr nach Indien versetzt, zur Freude Lolas, die so einer mißliebigen Verwandtschaft entgehen konnte. Die Kenntnis der Landessprache kam ihr zupasse. Ihr Mann, inzwischen Captain geworden, entpuppte sich jedoch als übler Trinker und brannte mit der Frau eines anderen Offiziers durch. Von ihrem Stiefvater mit 1 000 Pfund ausgestattet, kehrte Lola 1840 nach England zurück. Auf dem Schiff, das drei Monate unterwegs war, lernte sie Captain Lennox kennen. Kaum in London angelangt, erfuhr sie, ihr ausgerissener Gatte klage auf Ehebruch, geschickt die Gunst der Stunde nutzend. Captain Lennox war verheiratet. Er hinterlegte beim Gericht eilends 1 000 Pfund – und verschwand. Lola wurde schuldhaft nach der Nisi-Klausel, also ohne spätere Heiratsberechtigung, geschieden. Auf eine zweite Ehe verschwendete sie jedoch vorerst keinen Gedanken.

Sie wollte Schauspielerin werden, nannte sich nach einem berühmten spanischen Stierkämpfer Montez und nahm Schauspielunterricht. Dies sollte sich für sie einmal als sehr nützlich erweisen, aber eine erfahrene Pädagogin gab ihr den Rat, es lieber als Tänzerin zu versuchen. Keine Ballettschule wollte sie jedoch aufnehmen, sie sei zu alt. So kam Lola auf den Gedanken, sich dem spanischen Tanz zu verschreiben, und fuhr nach Madrid zur Ausbildung.

Wieder in London, gab sie am 3. Juni 1843 in Her Majesty's Theatre ihr Debüt; in den Pausen des „Barbier von Sevilla" tanzte sie den „El Olando". Alles ließ sich gut an, aber in der dritten Pause schrie ein Lord Ranelagh plötzlich vom Balkon: „Wir werden beschwindelt. Es ist nicht Lola Montez, die hier tanzt, sondern Betsy James!" Das Theaterpublikum, das eben noch begeistert applaudiert hatte, setzte zu einem Pfeifkonzert an. Lola Montez verließ auf der Stelle London.

In Berlin tanzte sie etwa einen Monat lang Abend für Abend mit großem Zuspruch. Aber wo Lola Montez war, gab es auch einen Zwischenfall – in Berlin während eines Besuchs von Zar Nikolaus I.: Lola, die hoch zu Roß unter den Schaulustigen weilte, brachte ihr nervös gewordenes Rennpferd an einer Absperrung nicht sofort zum Stehen; die Wache griff nach den Zügeln und – bekam einen Hieb mit der Reitgerte. Der einzige, der sich über den Vorfall nicht aufregte, war der Zar. Als er erfuhr, daß die bildhübsche wilde Reiterin Tänzerin sei, wies er seinen Adjutanten an, sie ans Petersburger Theater zu verpflichten. Lola aber, die eine Verhaftung wegen Widerstandes gegen die Staatsgewalt befürchtete, flüchtete im Schutz der Dunkelheit nach Sachsen.

Zwischen Sachsen und Preußen bestanden politische Spannungen, und kein Intendant mochte eine aus Berlin geflüchtete Tänzerin engagieren. Sie erweckte aber die Aufmerksamkeit von zwei der berühmtesten Musiker des Landes – Richard Wagner und Franz Liszt. Wagner, der 1849 während des Dresdner Maiaufstandes unerschrocken sein Leben riskieren sollte, zog sich angesichts der Unberechenbarkeit dieser Tänzerin beizeiten zurück. Anders Liszt. Ihm muß die Lola Montez als etwas Uriges erschienen sein. Wegen ihr verließ er die romantisch veranlagte Gräfin d'Agoult, verschwendete keinen Gedanken an Verlage und Gastspiele und zog sich mit Lola auf einen Landsitz bei Dresden zurück. Als er wieder auf Tournee ging, begleitete sie ihn. Weniger heldenhaft noch als Richard Wagner empfahl er sich dann auf „Französisch". Um Zeit zu gewinnen, schloß er Lola heimlich ein, beglich bei Abrechnung mit der Pension vorausschauend außer Kost und Logis gleich noch das Mobiliar seines Zimmers; das Geld sollte keineswegs umsonst gezahlt sein. Als Lola sich eingesperrt und verlassen sah, zerschlug sie in einem Wutanfall alles, was zu zerschlagen war, wunderte sich allerdings über die Gelassenheit des Wirts..

Lola Montez nahm in Paris Tanzunterricht und erhielt einen Gastspielvertrag der „Academie Royale". Sie tanzte nur ein einziges Mal in Paris – am 30. 3. 1844. Bei dem ans klassische Ballett gewöhnten Theaterpublikum stieß ihr spanischer Tanz auf eisige Ablehnung. Die Presse brachte eine vernichtende Kritik: „Mlle Lola ... scheint ihre Unvollkommenheit als Tänzerin ersetzen zu wollen durch üppige Ausgelassenheit, bewunderungswürdiges Feuer und rhythmische Präzision."[4] Lola Montez hatte nicht abgewartet, bis der Vorhang fiel, ein Strumpfband gelöst und es voller Verachtung ins Publikum geworfen. Sie reiste unverzüglich ab – nach Warschau.

In Polens Metropole fand sie jenes begeisterungsfähige Publikum, das sie sich so sehnlich wünschte. Sie hätte wohl länger in Warschau verweilt, wenn ihr nicht der russische Gouverneur Fürst Paskiewitsch, ein Mann von zwerghaftem Wuchs, häßlich und bereits um die „60", zu nahegetreten wäre. Er bot ihr ein Schloß und jede andere nur denkbare materielle Vergünstigung, aber Lola, in Liebesdingen sonst gar nicht wählerisch, fühlte sich durch seine Annäherungsversuche beleidigt. Rachsüchtig organisierte der abgewiesene Fürst einen Theaterskandal; seine bezahlten Achtgroschenjungen pfiffen Lola in der nächsten Vorstellung aus. Es schien so, als würden sich für sie die Londoner Vorkommnisse wiederholen, aber sie hatte hinzugelernt. Sie trat vor die Rampe, erzählte in einem französisch-deutsch-polnischen Kauderwelsch, aber durchaus verständlich, wie Paskiewitsch versucht habe, sie „ins Bett zu bekommen", und bat die als galant bekannten Polen um ritterlichen Schutz. Das war der rechte Ton. Die russischen Gouverneure hatte man ohnehin noch nie geliebt, aber dieser Paskiewitsch war geradezu verhaßt.

Im Handumdrehen fanden sich entschlußfreudige Männer, die für Ruhe sorgten und die bestellten Pfeifer auf die Straße setzten. Paskiewitsch hatte seine Loge längst verlassen. Lola tanzte ihren Tanz zu Ende und erntete einen ungeahnten Applaus. Als sie das Theater verließ, fand sie eine ihr zujubelnde Menge auf der Straße. Rufe erschallten: „Es lebe Lola Montez!" – „Nieder mit Paskiewitsch!" Spontan kam es zu einer höchst brisanten antirussischen Manifestation. Polizisten trieben schließlich die Menge auseinander, wobei es mehrere Verletzte durch Bajonettstiche gab. Lola übernachtete sicherheitshalber im Theater. Als sie ihr Quartier aufsuchte, wurde sie von zwei Polizisten mit einem Haftbefehl „wegen Störung der öffentlichen Ordnung" erwartet. Sie zog die Pistole und trieb die Häscher in die Flucht. Der französische Konsul in Warschau machte flugs eine „französische Staatsbürgerin" aus ihr, und im Schutze französischer Konsulatsbeamter verließ sie Warschau. Die Polen standen in den folgenden Jahren dem Anti-Lola-Montez-Feldzug reserviert oder gar direkt ablehnend gegenüber. Sie behielten die kleine Tänzerin, die sich mit dem verhaßten russischen Gouverneur angelegt hatte, in guter Erinnerung. Lola glaubte nach den Warschauer Erfahrungen etwas von jenem Geheimnis erfaßt zu haben, das politische Aktivitäten umgibt. Es mußte ihr etwas eigen sein, eine Fähigkeit, Menschen in Bewegung zu setzen.

Man hatte ihr wohl im Auftrage des Zaren längst ein Engagement in Petersburg angetragen; sonst wäre es schwer verständlich, warum sie nach einem Krach mit dem russischen Gouverneur in Warschau ausgerechnet nach Rußland floh. Das Petersburger Gastspiel sollte das ruhigste in Lolas Laufbahn als Tänzerin werden. Sie tanzte mit großem Erfolg; es kam zu keinem Skandal. Manchmal wurde sie im Schlitten eines Großfürsten gesehen …

Als der Vertrag in Petersburg auslief, ging Lola Montez wieder nach Paris. Eingeweihte wollten wissen, der Schriftsteller Dumas d. Ä. habe sie eingeladen. Dies mochte nicht ganz aus der Luft gegriffen sein. Zu Lolas Gästen gehörte in Paris Dumas d. Ä., bald auch Dumas d. J., der Lolas wegen sogar seine Geliebte Alphonsine Duplessis, das Modell für seine „Kameliendame“, verließ. Derweil sich die Klatschspalten der Pariser Presse noch über die Beziehungen Lolas zu den Dumas’ Vater und Sohn ausließen, war sie bereits die Geliebte Dujariers, ausgerechnet des für die schlechte Kritik ihres einstigen Pariser Gastspiels verantwortlichen Journalisten. Sie wollte ihn sogar Anfang 1846 heiraten, aber ein Journalisten-Kollege namens Beauvallon erschoß ihn während eines unredlichen Duells. Zum Prozeß gegen den Todesschützen kam Lola Montez in schwarzer Witwenkleidung. Sie lieferte den von ihrer Schönheit beeindruckten Reportern vorerst mehr Schlagzeilen als das sich schwertuende Gericht. Es brauchte anderthalb Jahre, bevor es zu einem Urteil fand: Beauvallon wurde zu acht Jahren Haft verurteilt.

Ohne Engagement und von der Boulevardpresse als „Mörderin Dujariers“ beschimpft, folgte sie nach vergeblichen Bewerbungen in Hamburg und Baden-Baden einer sehr durchsichtigen Einladung des Fürsten von Reuss-Lobenstein-Ebersdorf nach Reuss. Ihrer bald überdrüssig, schob der Fürst sie bei erstbester Gelegenheit wieder ab. Auf der Suche nach einem Neubeginn blieb ihr keine große Wahl. Mit England, Preußen, Sachsen, Polen und Frankreich fielen gleich fünf Länder aus. Für das nahe München sprach vor allem das ziemlich magere Portemonnaie.

Ludwig I., seit 1825 auf dem Thron, hatte viel für die Kunst übrig. Seine Devise: „Ich will aus München eine Stadt machen, die Teutschland so zur Ehre gereichen soll, daß keiner Teutschland kennt, der München nicht gesehen hat“. Das war seinen Bayern ganz aus dem Herzen gesprochen. Unter Ludwig I. wurde München Universitätsstadt; die Anlage des schönen Königsplatzes war wesentlich sein Werk, auch Königs- und Festsaalbau, Staatsbibliothek, Odeon, Alte Pinakothek, Feldherrnhalle (nach dem Vorbild der Loggia dei Lanzi in Florenz) und Ruhmeshalle mit Bavaria. Noch Kronprinz, baute er die Glyptothek für die wohl berühmteste seiner vielen Sammlungen, die der griechischen und römischen Skulpturen. Der Kritik an seinen kostspieligen Bauten und Sammlungen begegnete er mit den weisen Worten:

„Wenn man sein Geld im Spiel verliert oder für Pferde ausgibt, meinen die Leute, es wäre recht und müßte so sein; wenn man es aber für die Kunst ausgibt, sprechen sie von Verschwendung."[5]

Politisch wandte sich Ludwig I. den Liberalen zu – als er jung war. Erst zwei Jahre auf dem Thron, hob er 1827 die Zensur auf, ein für Deutschland in dieser Zeit bemerkenswerter Schritt. Die Juli-Revolution 1830 muß ihn gewaltig erschreckt haben, obwohl sie doch in München ziemlich harmlos verlief. Er nahm eine demokratische Freiheit nach der anderen zurück. Mit Karl von Abel berief er 1837 einen der konservativsten Politiker des Landes zum Minister. Klerikalisierung des Unterrichtswesens und Wiedereinführung des Begriffs „Untertan" drückten den Rechtsruck besonders anschaulich aus. Die sozialen Verhältnisse in der binnen weniger Jahrzehnte von 40 000 auf 100 000 Einwohner gewachsenen Residenzstadt waren für Tausende katastrophal, zumal die Preise stiegen, was 1844 zu Unruhen führte. Das Ministerium Abel stand schon vor dem Fall, als Lola Montez in München eintraf.

Zu Unrecht geriet sie in den Dunstkreis der Außenpolitik. Ludwig I. war ein entschiedener Gegner Frankreichs. Die Wittelsbacher verdankten die Königskrone zwar Napoleon, aber für den streng im Gottesgnadentum erzogenen Ludwig war er ein Usurpator. Die Abneigung beruhte auf Gegenseitigkeit. Ludwig mußte sogar befürchten, in die nüchtern rechnende Heiratspolitik des französischen Kaisers verstrickt zu werden, konnte aber unangefochten 1810 Therese von Sachsen-Hildburghausen ehelichen, und sei es auch nur deshalb, weil die Braut aus einem politisch derart bedeutungslosen Haus stammte, daß Bonaparte keine Verschiebung der Machtverhältnisse zu fürchten brauchte. Ein Frankreich unter dem Bürgerkönig Louis Philippe vermochte Ludwig I. überhaupt nicht zu akzeptieren. So blieb er außenpolitisch strikt antifranzösisch eingestellt. Prompt verlautete, Lola Montez sei eine Spionin Frankreichs. So begierig dies auch aufgenommen wurde, es war aus der Luft gegriffen. Geheimdienste können zwar nahezu jeden gebrauchen, aber ein so unberechenbares disziplinloses Geschöpf wie die Montez hätte für jeden Spionagering eine permanente Gefahr bedeutet. Sie erschien jedenfalls als eine zwar undurchsichtige, aber für die europäische Politik wichtige Person, für die sich selbst Metternich und Bismarck interessierten.

Der König hatte in puncto Frauen schon des öfteren für die eine oder andere Überraschung gesorgt. Dabei glich er keineswegs einem strahlenden Helden. General von Nostitz, Sachsens Vertreter auf dem Wiener Kongreß 1815, begegnete dem damals 28jährigen Ludwig: „Der Kronprinz von Bayern sieht schlecht aus, ein fahles Haar, ein Mund ohne Zähne, eine Gestalt ohne Ausdruck... Die Sprache des Prinzen ist schwer. Noch schwerer aber sein Gehör. Seine Art ist gütig und zuvorkommend, doch nimmt sie Niemand für gnädig, weil sie sich so müde und leer hingibt."[6] Ludwig I. zog wegen seiner Schwerhörigkeit der Konversation das Schreiben vor; er schrieb gern und gut, übertrieb es jedoch manchmal. Ohne seine Lyrik wäre die deutsche Literatur gewiß nicht verarmt.

Bei seinen Münchnern erfreute er sich großer Beliebtheit. Dies lag wesentlich in seiner schlichten Unbekümmertheit begründet. Gekleidet war er recht salopp, ganz und gar nicht wie ein König, und seine privaten Wege besorgte er ohne Begleitschutz. Vergnüglich erzählte man sich in der Residenz, ein Torfhändler habe ihn auf der Straße angehalten: „Geh, Herr, bleiben S'a wengerl bei mei Roß. Ja, zwegen de Malefizgendarmen halt. Wenn grad oäner kam und sieeht, daß d'Roß alloa san, würd i g'straft."[7] Und Ludwig I. hütete brav die Gäule, bis der Kutscher seinen Torf ausgetragen hatte.

Für viele Münchner war Lola ein Paradiesvogel. Paul Erdmann schrieb 1847: „Sie ist voll Geist und Witz, ihre Konversation ist lebhaft, anregend, frisch. Keine Hofdame vermag es ihr im Scharfsinn zuvorzutun."[8] In der Stadt sah man sie selten anders als von einer großen Dogge und oft noch einem kleinen Hund begleitet. Sie trug Kleider aus Samt, eng anliegende und die Figur betonende, meist in auffallenden Farben, rot etwa oder schwarz. Sie verstand sich als Inkarnation der Freiheit und Ungebundenheit, setzte sich über alle Normen hinweg, zeigte vor nichts Respekt, weder vor Tradition, noch vor Rangordnung oder Gesetz. In dieser kritischen Phase des „Vormärz" hatte dies alles besonderes Gewicht. Die einen sahen in ihr eine Heldin, die anderen verachteten sie als Außenseiterin. Ihre Extravaganz wirkte anziehend und gleichzeitig abstoßend. Heimisch wäre sie in Bayern nie geworden.

Lola tanzte zwar nicht mehr, aber eine Beschäftigung hatte sie schon: Sie mußte sich für die Schönheitsgalerie porträtieren lassen. Hofmaler Joseph Stieler sollte langsam malen, sehr langsam. Wann immer es seine Zeit erlaubte, erschien Ludwig I. zu den Sitzungen. Die Schönheitsgalerie spielte in seinem Leben eine besondere Rolle. Die Kunsthistoriker haben die Gemälde analysiert, einen Wandel in der Kunstauffassung des Monarchen nachzuweisen versucht, doch Bayerns Bürger urteilten unprosaischer. Ein Herr von Schintling vermochte die Schönheitsgalerie nur als „Galerie galanter Damen" zu begreifen; seine Braut und Cousine Amalia von Schintling wollte er hier keinesfalls verewigt sehen, aber er war nicht vermögend genug, um seiner Gesinnung die Treue halten zu können. Das war das Problem fast aller „beehrten" Familien; sie fühlten sich wehrlos. Stieler hat einschließlich der Hofdamen 38 Schönheiten porträtiert. Als typische Galeriedame galt Marchesa Marianne Florenzi; sie hatte Ludwig I. zwei Kinder geboren. Verdruß handelte er sich im Falle der Nannette Kaula ein, der „schönsten Jüdin Münchens". Sie heiratete den Bankier Salomon Joseph Heine, einen Verwandten des vor dem Zugriff bayrischer Justiz sicher in Paris lebenden Heinrich Heine, und der große Dichter gab dem Frauenhelden Ludwig, mit dem er wegen Verweigerung einer Professur ohnehin auf keinem guten Fuß stand, literarisch mehr Raum, als diesem lieb war, angefangen von dem für Bayern wenig freundlich ausgefallenen Band 2 der „Reisebilder" bis hin zu einem Gedicht über Lola Montez. Ludwig I., der selbst gern Verse schmiedete, haßte Heinrich Heine. Als Nannette ihm im Alter zufällig begegnete und ihn daran erinnerte, daß er sie einmal für seine Schönheitsgalerie malen ließ, meinte er unwirsch: „Tät's jetzt nimmer! Tät's jetzt nimmer!"[9] Das Bild der Lola Montez wurde die Attraktion des Münchner Kunstsommers 1847. Manchen Museumsbesucher trieb wohl auch die Neugier in die Ausstellung. Hofmaler Joseph Stieler hatte sich große Mühe geben, fand jedoch bei seinem Auftraggeber wenig Anerkennung. Dem König war nichts schön genug. „Ihr Pinsel wird alt“, klagte er. Stieler tat nach altem Erfolgsrezept, was in solcher Situation geboten ist – nämlich keinen Handschlag, stellte zwei Wochen darauf das Porträt erneut vor, und der König war des Lobes voll. „Für einen alten Pinsel jedenfalls ist es schön genug“, quittierte der Maler den Zuspruch des Landesherrn. Der verstand die Doppelsinnigkeit dieser Worte nicht – oder gelangte zu dem weisen Schluß, es sei wohl am besten, nichts zu verstehen.[10]

Das Hotel hatte Lola Montez längst mit einem Quartier in der renommierten Theresienstraße vertauscht. Vielleicht sprach sie die Wahrheit, wenn sie behauptete, sie habe sich in Ludwig I. verliebt. Jedenfalls bedrängte sie ihn im November 1846, zugunsten seines Sohnes auf den Thron zu verzichten und mit ihr ins Ausland zu gehen, am besten nach Spanien. Das aber wollte der König nicht. Einfach Krone und Land abzugeben wie andere ein Haus mit Garten, übertraf seine Vorstellungen. Und er hatte sein Lebenswerk noch nicht vollendet. Was sollte ohne einen Mäzen wie ihn aus den Künsten in Bayern werden? Auf München festgelegt, schickte sich Lola Montez nun an, den Hof in ihrem Sinne zu verändern. Ludwig I. vermerkte am 9. Dezember 1846 in seinem Tagebuch: „In personale Regierungssachen mischt sie sich …, ihr Zugeständnisse gemacht, will sie weitere … Wo soll das hinaus?“[11] Ludwig I. sah sich bald von sämtlichen Flügeladjutanten verlassen, und die Gewinnung neuer fiel ihm unerwartet schwer. Major von Maltzahn jedenfalls lehnte ausdrücklich Lolas wegen am 1. Januar 1847 eine Berufung ab. Regierungsrat Frhr. von Wedel wollte nicht Regierungspräsident werden, falls ihm „die Verpflichtung auferlegt werden sollte, der Sennore Lola Montez eine in den Gesetzen nicht begründete Rücksicht zuzuwenden“.[12] Andere waren weniger empfindlich und setzten auf Lola Montez als künftiges Machtzentrum. Das galt vor allem für Regierungsdirektor Franz von Berks, der denn auch rasch Karriere machte und sich einen Platz im Staatsrat eroberte. Zu einem Politikum wurde Lola Montez, weil sie Behörden verunsicherte. „Regiert" im engeren Sinne hat sie nicht; dieses Geschäft verachtete sie. Das schloß nicht aus, daß sie ab und an politische Vorgänge kommentierte. Obwohl Katholikin, äußerte sie sich abfällig über den vom Ministerium Abel erstrebten Wiederaufbau der Klöster, für den ihr schon wegen der klösterlichen Zucht jedes Verständnis fehlte. Als die geplante Erneuerung der Klöster nicht die Unterstützung der Krone fand, lastete man dies nicht Ludwig I., sondern Lola an. Allmählich wurde es im Kabinett zur Manie, hinter jedem Einspruch des Königs den Einfluß der Montez zu vermuten. Ludwig I. fühlte sich dadurch verletzt. „Mätressenwirtschaft mochte ich nie und mag sie nicht", schrieb er empört an den Breslauer Fürstbischof.[13]

Über Lola hatte die Glücksfee ihr Füllhorn ausgeschüttet. So bekam sie nach Lujo Bassermann eine Apanage von 70 000 Gulden und eine Hoftheaterpension auf Lebenszeit.[14] Es kursierten allerlei Gerüchte. Hätte Lola nach zwei Gastspielen eine Pension bis ans Ende ihrer Tage erhalten, wären Münchens Schauspieler rebellisch geworden. Belegt ist ein – später für ungültig erklärter – Nachtrag vom 26. November 1846 zum Testament Ludwigs I.: Er gewährte seiner feschen Lola eine jährliche Rente von 2 400 Gulden und für den Fall seines Ablebens 100 000 Gulden.[15] Er kannte sie damals seit sechs Wochen. Ludwig I. galt eigentlich als ausgesprochen knauserig.[16] Lola mußte ihn verhext haben!

Er war der fremden Tänzerin verfallen. Der Klerus, nicht nur der bayrische, zeigte sich besorgt. Melchior Frhr. von Diepenbrock, Fürstbischof von Breslau, mahnte am 29. Januar 1847: „König Ludwig, es wächst ein Giftbaum neben Dir auf, dessen tödliche Düfte Dich betäuben, Deine Augen blenden, Deine Sinne berauschen und Dein Herz betören, daß Du nicht siehst den Abgrund, an dem Du wandelst."[17] Ludwig I. machte in seiner Erwiderung vom 9. Februar 1847 eine merkwürdige Rechnung auf: „Bekanntschaften hatte ich ... fast immer, welche meine Phantasie angeregt, und gerade sie waren mein bester Schutz gegen Sinnlichkeit ... Wie der Schein trügt, will ich Ihnen sagen, indem ich hiermit mein Ehrenwort gebe, daß ich nun im vierten Monate weder meiner Frau noch anderen beigewohnt, und vorher es beinahe fünf waren, in welchen ich mich dessen enthalten."[18] Danach hatte Bayerns König also ehrenwörtlich mit Lola Montez zumindest bis dato keine intimen Beziehungen, ihr aber testamentarisch eine ungewöhnlich hohe Summe zugedacht. Der König lüge noch beim Beten, flüsterte man sich zu.

Trotz allem trug München die Affäre Montez (noch) ziemlich gelassen; Schauspieler kommen und gehen, dachte man wohl, und aus Erfahrung glaubte man genau zu wissen, daß der König es ohnehin bei keiner lange aushalte. So kam denn der fällige Krach auf Raten.

Lola Montez war nun schon vier Monate in München, aber noch immer ohne Personaldokumente. Der König sah darin kein sonderliches Problem: Sie solle bayerische bekommen, unbürokratisch wie seinerzeit in Warschau französische. Regierung und Hof opponierten, sie wollten die Montez möglichst bald abschieben, nicht einbürgern. Außenminister Bray-Steinberg meinte, er könne keinen einbürgern, von dem er definitiv nicht mal die frühere Staatsangehörigkeit wisse. Vom König angewiesen, die Papiere auszustellen, „und das ohne Einwände", überreichte der Minister am 10. Februar 1847 die unterschriebenen Dokumente und mit ihnen sein Entlassungsgesuch. Tags darauf bot das gesamte Ministerium Abel – ausgenommen Herr von Maurer – den Rücktritt an. Erbost erwiderte Luwig I.: „Sind die vier Herren bei Troste, wegen Indigenat an ein Frauenzimmer, wozu ich das Recht habe, weil es ihnen nicht genehme, gemeinschaftlich Niederlegung ihrer Ministerstellen zu erklären?"[19] Ludwig I. entließ auf der Stelle das seit zehn Jahren im Amt befindliche Ministerium Abel. Wie hatten sich doch die Dinge gewandelt! Es war noch kein Jahr her, da schloß er kurzerhand den Landtag, weil dieser auf Ablösung des als klerikal-reaktionär bezeichneten Ministeriums Abel drängte. Nun stolperte der mächtige Minister über eine Tänzerin, eine europäische Abenteurerin!

Im Senat der Universität stellte der erzkonservative Prof. Ernst von Lassaulx den Antrag, dem gestürzten Ministerium Abel wegen des Memorandums eine Anerkennung auszusprechen. Lassaulx wurde daraufhin vom König entlassen, mit ihm auch andere Professoren, so der fanatische Ultramontane Ignaz von Dollinger. Rechtsorientierte Studenten demonstrierten mit Fackeln erst zu Wohnung von Lassaulx, um ihm den Rücken zu stärken, dann zur Wohnung der Montez in der Theresienstraße. Durch Presseveröffentlichungen erfuhren aber auch die Liberalen, daß der verhaßte Minister Abel an der Montez gescheitert sei. Sie gingen ebenfalls auf die Straße und – feierten die Montez. Da überraschend der König erschien, beruhigten sich die streitenden Parteien. Ludwig I. berichtete einem Freund: „Wer aber doch hinging (in die Theresienstraße) war ich. Bei einer Masse von Leuten vorbeikommend rief ich: ‚Vor dem König den Hut ab!' Es geschah und Vivat scholl ... So gerade ich mich halten konnte, schritt ich in Lolitas Wohnung, die viele Männer beschämenden Mut erwies und trotz den Steinen nicht vom offenen Fenster wich."[20]

Bei den Liberalen hieß das neue Ministerium Lola-Ministerium oder Ministerium der Morgenröte. Emanuel B. d'Auvergne schrieb dazu: „Unter dem Einfluß Lola Montez' gewinnt der König die Kraft und Aktivität seiner Jugend wieder, kehrt er zurück zu seinen früheren Ideen. Ein Beweis dafür ist die Wahl der neuen Minister ... Die Alternative: Ministerium Abel oder Lola Montez könnte auch lauten: Reaktion oder Fortschritt. Ludwig wählte Lola Montez und den Fortschritt."[21] Formal leitete Minister von Maurer die Regierung, die Fäden aber hielt Ludwig Fürst von Oettingen-Wallerstein in der Hand, ein renommierter Politiker, der unter Napoleon allen Versuchungen getrotzt, nicht in den Dienst Frankreichs getreten war – und 1837 von Abel als Minister den Abschied bekam. Er war jedoch kein Freund der Montez, sah auch keinen „Ministermacher" in ihr. Sie karikiere durch ihre Zügellosigkeit die Idee der Freiheit, meinte er. Dies war seine Antwort auf einen Artikel der Lola Montez in der Londoner „Times" vom 18. März 1847, in dem sie sich als eine „Kämpferin für die Freiheit" bezeichnete.

Vorerst kam das Ministerium in der Öffentlichkeit nicht gegen

Lola an. Neuerungen in der Politik wie Aufhebung der Zensur, Amnestie für politische Gefangene und Einleitung einer Universitätsreform wurden ihr zugeschrieben. Manch einer wollte es späterhin nicht wahrhaben, aber Münchens Liberale feierten Lola Montez monatelang euphorisch als „Retterin der Freiheit".

> Der Trieb erzeugt die Handlung, die uns not.
> Drum kehrt euch nicht verachtend von dem Weib,
> In deren Arm ein König ward zum Mann:
> Sie gab dem besseren Gedanken Leib,
> Verlor sich selbst, allein die Welt gewann.
>
> „Lola Montez", von Franz Grillparzer, 1847

Als verhängnsivoll sollte sich ihr alter Hang zu klangvollen Namen erweisen. Mit der Einbürgerung war eine Voraussetzung für die Nobilitation gegeben. Der Freiinnenstand genügte ihr nicht, Gräfin wollte sie werden; dazu konnte ihr der König verhelfen. Zwar mußte er den Staatsrat hören, brauchte jedoch als Souverän dessen Meinung nicht unbedingt respektieren. Sein Auftrag lautete unmißverständlich: „Der Senora Lola Montez ist der gräfliche Stand zu verleihen. Ich wünsche dabei keinerlei Einwände zu hören, denn ich habe ein königliches Versprechen zu erfüllen." Über Bedenken seiner Minister setzte er sich hinweg. Am 25. August 1847, seinem Geburtstag, wurde „Maria von Porris und Montez … geboren in Sevilla 1823" mit der guten Aussicht auf ein jährliches Einkommen von 20 000 Gulden zur Gräfin von Landsfeld ernannt. Spötter nannten sie Gräfin von „Kains"feld, – „die den Abel erschlagen hat". Das Diplom steckte voller Fehler: Name, Geburtsjahr, Geburtsort – nichts stimmte. Die Behörden brauchten sich später nicht der Mühe zu unterziehen, ihr den Titel abzuerkennen; es gab keine Person, zu der die Angaben im Diplom der Gräfin Landsfeld formal paßten. Es war Usus, Berufungen zu begründen: Lola Montez wurde in den Grafenstand erhoben „wegen der vielen, den Armen Bayerns erzeigten Wohltaten".[22] Diese Neuigkeit quittierten die überwiegend (noch) braven Landeskinder mit einem verächtlichen Achselzucken.

Ein Graf Arco-Valley aber brachte neue Töne zum Klingen; unter Ausnutzung der Pressefreiheit setzte er in der „Augsburger Postzeitung" für die Armen Münchens 5 000 Gulden aus, fällig am Tage des Sturzes der Gräfin Landsfeld. Zur „Verherrlichung der Ausweisung der Gräfin Landsfeld" überwies Graf Arco-Valley 1848 tatsächlich die 5 000 Gulden, der heutigen Kaufkraft nach etwa 100 000 Mark, korrekt dem Münchner Armenpflegschaftsrate.[23]

Ihre Mietswohnung in der Theresienstraße hatte Lola mit dem der Krone eigenen Haus Barerstraße 7 vertauscht. Alten Kupferstichen zufolge handelte es sich zwar um kein Märchenschloß oder einen Feenpalast, wie gern behauptet wurde, aber eine Villa für Geldleute. Schwerlich ist alles für bare Münze zu nehmen, was über die Schlemmereien in dieser Villa verlautete; man sah zwar Lola Montez oft mit einem Sektglas in der Hand, doch sie trank weniger, als man ihr nachsagte, auch legte sie sich ihrer guten Figur willen im Essen Mäßigung auf. Umgeben war sie von einer stattlichen Zahl dienstbarer Geister, alle livriert, und gleich einem Minister oder einer anderen hochgestellten Persönlichkeit von Wächtern. An ihrer Kutsche prangte eine neunzackige Krone.

Von den Liberalen wandte sich einer nach dem anderen enttäuscht von Lola ab. Die Freiheit, hieß es, sei in ihrer Umgebung „parfümiert". Mit Ernennung zur Gräfin Landsfeld verlor Lola Montez ihre Freunde bei gleichzeitiger Gewinnung neuer Feinde. Der Adel sah die Würde seines Standes verletzt; er lehnte die neue Gräfin kategorisch ab. Zu den Empfängen, welche die Landsfeld in ihrem Palais gab, beorderte der König seine Minister und Offiziere regelrecht. Manch einer quittierte jedoch lieber den Dienst, als der Einladung der Gräfin Landsfeld zu folgen. Karl Wilhelm Frhr. von Heideck, der es übernommen hatte, die Finanzen Lolas zu verwalten, gab auf, weil er es nicht ertragen konnte, von seinen Standesgenossen geschnitten zu werden. Überrascht zeigte sich München, als die Königin der Gräfin Landsfeld den für hochgestellte Damen gestifteten Theresienorden überreichte. Vermutlich hatten jene recht, die da meinten, das landesherrliche Paar habe sich verständigt: Die Königin dekorierte ihre Rivalin, und der König hielt diese vom Hofe fern.

Lola fand das „Gehabe des Adels affig"; sie provozierte, erlaubte sich üble Scherze. Als ein Gast in ihrem Haus in ihrer Hörweite beteuerte, er sei nur auf Weisung Ludwigs I. hier, kippte sie ihm rachsüchtig Rizinus ins Essen. Sichtliches Vergnügen bereitete es ihr, als den von Leibschmerzen geplagten Gentleman Panik erfaßte; er sah sich schon als Opfer eines Giftmordes. Diesmal hatte sie die Lacher noch auf ihrer Seite.

Die letzten Monate des Jahres 1847 verliefen ohne große Konflikte. Trotz der Boykottmaßnahmen des Adels verwaiste Lolas Haus keineswegs. Der König fand sich fast Abend für Abend ein. Es kamen ferner regelmäßig Künstler – Maler, Bildhauer, Dichter, Musiker. In dieser Umgebung fühlten sich Ludwig I. und Lola sichtlich wohl. Im Haus der Montez verkehrten aber auch Studenten, angeblich nur zehn bis zwölf. Sie verehrten die Tänzerin, ihre Küche – und vor allem ihren Keller. Gefestigte politische Überzeugungen lagen ihnen ziemlich fern. Durch Fürsprache erreichte Lola beim König die Zulassung einer eigenen Burschenschaft, der Alemannia. Der Eröffnungskommers wurde für den 17. Januar 1848 angesetzt.

In der Regierung waren Veränderungen eingetreten. Maurer, der einzige Protestant, erhielt am 30. November 1847 den Abschied. Das bedeutete eigentlich das Ende des Ministeriums der Morgenröte. Der populäre Fürst von Oettingen-Wallerstein bekam bei Umbildung des Ministeriums nur Absagen, und das immer mit dem gleichen Argument: Seit der König seine Lolita habe, sei er zu einem Unsicherheitsfaktor geworden, und bevor „der alte Narr" nicht Vernunft angenommen habe, wolle man in seiner Regierung keinen Posten. Daß der als Günstling Lolas verrufene Staatsrat Berks das verwaiste Innenministerium übernahm, stiftete Verwirrung. Nur wenige ahnten, daß er eine Schwenkung vollzogen hatte und bereits zum Kreis derer gehörte, die den Sturz Lolas vorbereiteten. Oettingen-Wallerstein ließ auf diplomatischem Wege in England über den Kopf des Königs hinweg heimlich Erkundigungen über sie einziehen.

Die dereinst in zwei Lager gespaltene Presse trat inzwischen ziemlich einheitlich auf – gegen Lola. In den Klatschspalten wurde immer wieder ihr Benehmen als provozierend gebrandmarkt. Ludwig I. mochte es längst bereut haben, die Zensur abgeschafft zu haben. Als Flugblatt erschien das „Lola-Montez-Vaterunser“:

„Lola Montez, leider Gott noch die Unsere, die du das Volk nennst eine Canaille, und die du selbst eine Canaille bist, du Verpesterin der Ruhe und Ordnung, der Sitte und Zucht, des Vertrauens und der Liebe, du Teufel ohne Hörner und Schweife,... verwünscht sei dein Name, zerrissen dein Adelsbrief, verdammt bist du von den Guten und den Schlechten.“[24]

Erzbischof Graf Reisach warnte den König; der fuhr ihn barsch an: „Bleiben Sie bei Ihrer Stola und ich bei meiner Lola!“

Die längst fällige Entladung des Unmuts ging von der Universität aus, wo die einen die Entlassungen der Ultramontanen noch nicht vergessen hatten, die anderen sich um die versprochene Liberalisierung der akademischen Lehre geprellt sahen, und fast alle waren gegen Lola. Sie wollten den „König wieder für sich allein haben“. Die Alemannen, die Lolas Haus Tag und Nacht bewachten, wurden bei ihrem ersten Kommers verprügelt. Lola kam ihnen mit gezogener Pistole zu Hilfe. Obwohl ihm seine Minister dringend abrieten, ließ der König die Universität schließen. Das einte die Studenten und die durch Dienstleistungen – Vermietung etwa oder Gastronomie – von der Universität lebenden Einwohner. Etwa 600 Studenten und 1 000 Bürger zogen am 10. Februar zum Königlichen Palais. Ludwig I. hob erschrocken die Schließung der Universität auf, aber diese Maßnahme kam zu spät. Die Minister drohten mit dem Rücktritt, falls der König „ihr heißes Flehen nicht zu erhören geruhen“ und Lola ausweisen wolle. Eine Kopie ihres Memorandums hatte einer der Minister so lange offen auf dem Schreibtisch liegen lassen, bis es den Weg in eine Redaktionsstube und damit in die Presse gefunden hatte. Im Memorandum hieß es:

„Die Ehrfurcht vor dem Monarchen wird mehr und mehr in dem Inneren der Gemüther ausgetilgt, weil nur noch Äußerungen des bitteren Tadels und der lautesten Mißbilligung vernommen werden. Dabei ist das Nationalgefühl auf das Tiefste verletzt, weil Bayern sich von einer Fremden, deren Ruf in der öffentlichen Meinung gebrandmarkt ist, regiert glaubt."[25]

In der Nacht vom 10. zum 11. Februar 1848 hatte Ludwig I. seiner Lolita noch einen Zettel in die Barerstraße geschickt: „Ich gebe nicht nach, bleibe nur ruhig." Tags darauf entzog er ihr das Wohnrecht; er hatte kapituliert.

Am 11. Februar 1848 meldete die „Augsburger Abendzeitung": „Um 1/2 11 Uhr verließ die Gräfin Landsfeld ihr Haus, nachdem sie zuvor sich allerdings mit persönlichem Mute den Drohungen gegenübergestellt hatte, bestieg ihren Wagen, machte einen Versuch, in die Residenz zu gelangen, aber die Tore waren verschlossen. Endlich fuhr sie aus der Stadt, man sah es und verfolgte sie durchaus nicht; nur zwei Kavaliere fuhren ihr eine Strecke nach, um sich zu versichern, daß sie die Stadt auch wirklich verlassen." Auch Luise von Kobell schrieb über Lolas Flucht: „Sie entkam nach Blutenburg und reiste von da nach Lindau, Tumultanten schrien und schickten sich nun an, das verlassene Haus zu demolieren. Davon benachrichtigt, verfügte sich der König an Ort und Stelle, ein Löwe unter heulenden Wölfen. Er befahl, sich nicht an seinem Eigenthum zu vergreifen. Der Hofraum war verwüstet, die schönen Fenster waren zerschlagen ... An Kunstschätzen hatten die Tumultanten nichts zerstört, hingegen herzhaft Küche und Keller geleert."[26]

Die 48er Revolution erfaßte halb Europa aus Ursachen, die mit einer Lola Montez, die den alternden Bayernkönig um den Verstand brachte, wenig genug zu schaffen hatten. Die „fesche Lola Münchens" mit ihren Exzessen beschleunigte nur die ohnehin auch in Bayern herangereiften Machtkämpfe. Es gab keinen Grund, sie wie eine Hündin zu verjagen. In München setzten die Unruhen zwei Wochen früher noch als in Frankreich und gar einen Monat früher als in Wien und Berlin ein. Während man sich in Berlin und dann auch in Dresden auf den Barrikaden die Köpfe einschlug, verlief die Revolution in München zwar etwas operettenhaft, aber nahezu unblutig. „In München hatten die

Lola-Unruhen eine revolutionäre Dynamik ausgelöst, die der Märzerhebung zugute kam. Man war noch nicht aus der Übung gekommen", so Heinz Gollwitzer, der Biograph Ludwigs I.[27] Der König garantierte am 6. März 1848 Preßfreiheit, verfassungsgemäße Verantwortlichkeit der Minister, die Bildung von Schwurgerichten. Zwar nahm sich dies ziemlich dürftig aus, aber weniger als anderswo war es in dieser Revolution, die ohnehin eher deutlich machte, was längst überfällig war, denn Erfolge zeitigte, auch nicht. Nur eines war, abgesehen von Österreich, anders: Der König stolperte, und das verdankte er wohl doch in erster Linie seiner Lolita. „Aufgehört zu regieren habe ich in jedem Fall, ob ich die Krone behalte oder ablege", sagte er am 19. März 1848 auf einer eilends einberufenen Sitzung des Familienrates. Tags darauf trat er zugunsten seines Sohnes vom Thron zurück. Er lebte fortan meist in Aschaffenburg. Kam er nach München, und das geschah ziemlich oft, konnte er sich allgemeiner Wertschätzung erfreuen, mehr als in den Jahren zuvor. Auch mit seiner Gemahlin fand er seinen Frieden:

„Hätt' ich nicht andre geliebt,
Liebte ich dich nicht so sehr",

so lautete eines seiner Gedichte. Das Verseschmieden konnte er nicht lassen.

Lola Montez blieb das, was sie zeit ihres Lebens gewesen ist – eine Abenteurerin. Sie heiratete 1849 den Fähnrich Heald. Da sie eine geschiedene Frau nach englischem Recht war, machte sie sich der Bigamie schuldig. Sie zog sich in die USA zurück, heiratete den Journalisten Patrick Hull und tingelte als Hauptdarstellerin eines auf ihre Person zugeschnittenen Schauspiels „Lola Montez in Bayern" (!) durch Amerika und Australien. Das Haus, das sie sich in den Vereinigten Staaten einrichtete, brannte ab. Sie starb vereinsamt und wurde auf dem Greenwood Friedhof in New York als „Mrs. Eliza Gilbert, died January 17, 1861" beigesetzt.

Gräfin Reichenbach und ein spätes Eheglück

Über Kurfürst Wilhelm II. von Hessen-Kassel verlautete, seine Regierung sei „so schlecht, wie sie in einem kleinen Lande ohne Stände sein konnte“.[1] Er hielt sich nicht lange an der Macht, nur von 1821 bis 1831, war den Regierungsgeschäften nicht gewachsen, erst recht nicht seiner Mätresse Emilie, der späteren Gräfin Reichenbach.

Sein Großvater, der 1785 verstorbene Landgraf Friedrich II., hatte die Möglichkeiten eines kleinen Landes mit 400 000 Einwohnern hoffnungslos überschätzt und schuf sich von 1763 an in Kassel eine Residenz, die mit Dresden, Weimar oder Potsdam im gleichen Atemzug genannt werden sollte. Daß er sich ein Denkmal setzen ließ, verrät viel über seine Selbstgefälligkeit. Nichtsdestotrotz verschafften das Museum Fridericianum mit seinen kostbaren Kunstschätzen, das Theater, die Kunstakademie, deren Mitglied auch Friedrich August Tischbein war, oder das Carolinum, an dem der Weltumsegler Georg Forster Naturgeschichte lehrte, Kassel weithin Beachtung. Am Hofe verkehrten Geistesgrößen wie Goethe und Wieland, dort schrieb Adolf Freiherr von Knigge das Erfolgsbuch „Über den Umgang mit Menschen“. Mit Kassel war jedoch noch etwas anderes, höchst Verachtenswertes verbunden: der 1775 mit London ausgehandelte Verkauf der Landeskinder als Soldaten für den Krieg Englands in Amerika. 19 400 Hessen – jeder Zwanzigste! – wurden verhökert, auch der aufgegriffene Dichter Gottfried Seume. 7 500 kehrten nicht mehr heim. Hessens Bauern mußten das Kriegshandwerk lernen und stets marschfertig sein. Zornig schrieb der Autor des „Huergelmer“: „Da gibt es … einen hessischen Fürsten, der sich auszeichnen muß. Hierzu gehören prächtige Schlösser, kostbare Gärten, Opern, Mätressen usw. So etwas kostet Geld. Überdies sind auch immer Schulden vorrätig, welche die Schwelgerei des in Gott ruhenden Vorfahren erzeugte ... Was tat also der Fürst? Er nimmt dich unnützen Knecht von der Straße weg, wendet ein fünfzig Taler zu deiner Ausrüstung an, schickt dich dann fort und läßt sich hundert Taler dafür wieder bezahlen."[2]

Der Vater, Wilhelm I., erlangte 1803 zum teuer erkauften Glanz seiner Residenz die Würde eines Kurfürsten. Vier Jahre währte die Pracht. Napoleon setzte 1807 den Kurfürsten ab, zog jede zweite Domäne zugunsten französischer Offiziere ein und gliederte das Land zusammen mit anderen zerschlagenen Fürstentümern dem neuen Königreich Westfalen unter der Regie seines Bruders Jérome Bonaparte an. Was sich unter französischer Herrschaft vollzog, war gewiß nicht allgemein zu verdammen. Westfalen erhielt die erste deutsche Verfassung, es gab Geschworenengerichte, Gewerbefreiheit und für die Bauern die Chance der Ablösung von feudalen Lasten. Erneut erfolgten jedoch Verpflichtungen für fremden Kriegsdienst; wer sich weigerte, verlor alle Rechte. Daß 1812 allein in Hessen-Kassel 1 000 „Deserteure" verhaftet wurden, spiegelt den Umfang der Aushebungen wie die Stimmung im Volk wider. Jérome erhielt den Spottnamen „König Lustik", führte er doch in Kassel ein verschwenderisch luxuriöses Leben, ganz wie einst die deutschen Fürsten. Seine anspruchsvolle Geliebte, Fürstin Ernestine von Löwenstern-Wertheim-Freudenberg, liebäugelte ernsthaft mit der Erhebung zur Königin von Westfalen, aber dazu hätten beider Ehen getrennt werden müssen; unklare Verhältnisse hinderten Jérome und Ernestine nicht, trotzdem einen pomphaften Hof zu halten. Obwohl Jérome die Klöster auflöste und deren Besitz versilberte, sah er sich 1812 gezwungen, die Staatsschulden auf ein Drittel des Nominalbetrages zu reduzieren, was auf einen Staatsbankrott hinauslief. Als Ausgang des Jahres 1813 nach Napoleons Niederlage in der Völkerschlacht bei Leipzig Wilhelm I. wieder in Kassel einziehen konnte, feierten die Hessen über-

*Emilie Gräfin von Reichenbach-Lessowitz · * 1791, † 1843*
Porträtminiatur von J. D. A. Fiorino, um 1820

Wilhelm II., Kurfürst von Hessen–Kassel
** 1777, † 1847 · Kurfürst 1821–1831 (Thronverzicht)*
Porträtminiatur von J. D. A. Fiorino, um 1820

schwenglich die Rückkehr des Kurfürsten und die Befreiung von fremder Herrschaft in der Erwartung, daß er nicht dort anfangen werde, wo 1807 aufgehört wurde. Genau dies lag allerdings in seiner Absicht. Die Reformen wurden rückgängig gemacht, der Adel wieder in seine alten Rechte eingesetzt. Und beim Vergeuden der Steuergroschen war dem Kurfürsten – wie zuvor seinem Vater und Jérome – ebenfalls eine Mätresse behilflich: die Gräfin Hessenstein.

Als 1821 Wilhelm II. an die Macht gelangte, stand die Stimmung des Volkes auf einem Tiefpunkt. Man reagierte empfindlicher als früher auf Fürstenwillkür, Steuererhöhungen und Mätressenwirtschaft, wünschte sich einen Landesherrn, der endlich längst fällige Reformen akzeptierte. Wilhelm II. war als Kurfürst nicht schlechter als seine Vorgänger, auch kein Wüstling, aber er regierte im Vorfeld einer über halb Europa sich zusammenbrauenden neuen Revolution. Vermutlich hätte er sie wie so viele Fürsten durch Gewährung von Zugeständnissen überdauert, aber er mußte gehen – aus demselben Grund wie einst der Bayernkönig Ludwig I. –, seiner Mätresse wegen.

WILHELM II. WAR VON GUTMÜTIGEM NATURELL, ETWAS JÄHZORNIG, MÄSSIG begabt. Besondere Interessen gingen ihm ab. Die schönen Künste ließen ihn gleichgültig, nur mit der Architektur beschäftigte er sich, besonders der Schloßarchitektur. Als er die Kurfürstenwürde übernahm, zählte er bereits 44 Jahre. Sieht man davon ab, daß ihm 1814/15 der Oberbefehl über die hessischen Truppen in Frankreich zugefallen war, hatte er noch nie Verantwortung getragen. Sein Vater arbeitete ihn nicht in die Regierungsgeschäfte ein, Vorhaltungen seiner Räte ignorierte er, beschwerte sich: „Will man denn, daß ich mich täglich über den Kurprinzen ärgern soll?“ Dieser vertrieb sich derweil die Langeweile mit fleißigem Zechen und Verspielen riesiger Summen. Dies geschah in Intervallen, in Abhängigkeit von der Gesellschaft, in die er gerade geriet; er war leicht zu beeinflussen.

Wiederholt besuchte er Berlin. Mit dem Ergebnis einer solchen Reise war er letztlich besonders unzufrieden, nämlich jener von 1797, als er sich Prinzessin Auguste von Preußen, die Tochter König Friedrich Wilhelms II., als Ehefrau nach Kassel holte. Sie zählte 16, er 18 Jahre. Treibende Kraft war der Preußenkönig, dem aus politischen Gründen an familiären Bindungen mit Kassel gelegen war. Kurfürst Wilhelm I. zeigte sich ihm derart gefügig, daß man in Hessen spöttisch vom Preußenkönig als „unserem König" sprach. So war zumindest einer von dieser Heirat angetan.

Der junge Ehemann fand, seine Gattin sei nervenaufreibend unpünktlich, gefühlsarm und schrecklich launenhaft, eine vom Hof geteilte Auffassung. Man schätzte sich glücklich, daß das Kurprinzenpaar Schloß Hanau fernab von Kassel bezog. Friedrich Wilhelm III., der neue Preußenkönig, mußte immer wieder schlichten, 1829 durch Vermittlung seines Legationsrates Varnhagen von Ense, in dessen Nachlaß sich ein für Auguste wenig schmeichelhafter Vermerk finden sollte: „In ihrem Kopf war kein Halt, keine Folge, alles auseinander und durcheinander, bei scheinbar guter Bildung. Sie trotzte nach Laune, gab nach Laune nach. Von ihrem Gemahl wurde sie schlecht behandelt, machte aber ihm auch viel Verdruß."[3] Die Bevölkerung fand sie recht sympathisch, weil sie sich leutselig gab und liberal. Das Kurprinzenpaar brachte es auf sechs Kinder, von denen allerdings nur drei erwachsen wurden – der 1802 geborene Sohn Friedrich Wilhelm, der Kurprinz, durch den die Nachfolge gesichert war, und zwei Mädchen.

Aus Berlin holte sich Wilhelm außer seiner Frau Auguste auch seine Mätresse Emilie. Den Preußenkönig, der in politischen Kategorien dachte, brauchten die Veränderungen in Kassel nicht weiter zu beunruhigen, denn Emilie hatte eine vollkommen preußische Gesinnung, trat „preußischer" noch als Prinzessin Auguste auf. Wilhelm war in der Napoleon-Zeit nach Berlin übergesiedelt und lernte 1810 die damals 19jährige Emilie, Tochter des Goldschmieds Johann Christian Ortlöpp, kennen. Sie erschien ihm als vollkommener Kontrast zu seiner Frau – schön, ausgeglichen, zuverlässig. Außerdem zählte sie 20 Lenze weniger als er. Nach dem Abzug der Franzosen ließ er sie nach Kassel kommen. Sein Vater, der Kurfürst, enthielt sich der Gräfin Hessenstein halber jedweden Kommentars. Anders Kurprinzessin Auguste. Am 22. August 1815 kam es zu einem heftigen Ehestreit. Ein hinzugeeilter Adjutant behauptete, er habe eingreifen müssen, um das Schlimmste zu verhindern. Zwei Monate später, am 21. Oktober 1815, schlossen Kurprinz Wilhelm und Auguste einen Vertrag, der Freiräume für beide schuf und die Ehe de facto beendete.

Sein Verhältnis mit Emilie , die erst 1 000, dann 2 000 Taler jährliche Zuwendungen erhielt, verstand Wilhelm nach dem Übereinkommen mit Auguste als legitim, als eine Gewissensehe. Nur so ist zu begreifen, daß er unbeschwert, oft sogar recht wortgewaltig, gegen die Mätressenwirtschaft anderer Fürsten zu Felde zog. Von den aus der Verbindung mit Emilie hervorgegangenen Kindern erreichten ein Sohn und vier Töchter das Erwachsenenalter. Daß Emilie sie versorgt wissen wollte, mußte ihr als natürliches mütterliches Verhalten zugebilligt werden, obwohl sich darüber die Gemüter im gebeutelten Kassel mitunter bedenklich erhitzten. Auf Ablehnung aber stieß sie vor allem deshalb, weil sie die landesherrliche Familie von Konflikt zu Konflikt stürzte und sich die Rechte einer Kurfürstin anmaßte.

Wilhelm, seine Ehe ignorierend, fand es recht und billig, daß Emilie in der Öffentlichkeit einen ähnlichen Platz wie die Gräfin Hessenstein am Hofe seines Vaters einnehme. Die Adligen empörten sich, lagen doch nach ihrem Verständnis zwischen der altem Adel entstammenden Gräfin Hessenstein und der Tochter eines Berliner Goldschmieds unüberbrückbare Welten. Wilhelm, damals noch Kurprinz, ließ es auf eine Kraftprobe ankommen: Als am 21. November 1820 der 7. Jahrestag der Vertreibung der Franzosen und der Rückkehr des Kurfürsten gefeiert wurde und Emilie dazu keine Einladung erhielt, blieb er der Feier demonstrativ ebenfalls fern. Der Vater, Kurfürst Wilhelm I., eröffnete daraufhin mit seiner Schwiegertochter die Polonaise, um der verlassenen Auguste über die peinliche Situation hinwegzuhelfen. Vier Monate später starb er, und sein Sohn, nunmehr Kurfürst Wilhelm II., ernannte Emilie umgehend zur

Gräfin Reichenbach. Zu Autorität verhalf ihr der Titel allerdings nicht. Vielleicht war der Eindruck, den er dereinst in Berlin von Emilie gewonnen hatte, gar nicht so falsch, aber von allen abgelehnt, wurde sie jetzt zunehmend anmaßender und herrschsüchtiger. Ob ihr alle Fehlentscheidungen der Regierung anzulasten waren, erscheint denn doch recht fraglich. Der Chronist Philipp Losch meinte, man habe dieser unbeliebten Person eben jede Schurkerei zugetraut, wobei er sich namentlich auf die Affäre Bechstädt bezog.[4] Bechstädt, der Diener des Kurprinzen, wurde am 1. Februar 1822 nach einem Maskenball vergiftet aufgefunden, und in Windeseile verbreitete sich in Kassel das Gerücht, der Tod des Dieners sei Emilies Werk; sie habe versucht, den Kurprinzen umzubringen, aber versehentlich sei das mit Gift präparierte Grogglas vertauscht worden und der inzwischen 19jährige Kurprinz Friedrich Wilhelm dem Anschlag entgangen. Die Erregung der Öffentlichkeit war so groß, daß eine Untersuchungskommission gebildet werden mußte. Sie veranlaßte eine Leichenöffnung und vernahm Zeugen, konnte jedoch nur bestätigen, was auch der Arzt attestiert hatte: Selbstmord. Ein Anschlag Emilies auf den Kurpinzen hätte ohnehin keinen Sinn ergeben; im Falle seines Ablebens fiel nach dem Hausgesetz die Kurfürstenwürde der Nebenlinie zu, nicht Emilies Sohn. Der Kurprinz, vom Anschlag überzeugt, gehörte nunmehr zu ihren entschiedensten Gegnern.

Im Lande kursierte ein Vers:

Auch entriß
Uns die Hyder bald des Thrones Erben,
Dem sie längst geschworen, Gift, Verderben.
Alles klagt zum Gott des Lichts;
Wehe, die Gräfin läßt uns nichts.

Augustes Ansehen wuchs ohne eigenes Zutun in dem gleichen Maße, wie die Ablehnung Emilies zunahm, mochte auch Mitleid mit der verdrängten Landesherrin dabei eine Rolle spielen. Vermittelt durch Preußens Hausminister Fürst Wittgenstein kam es am 25. September 1822 zwischen Wilhelm II. und Auguste zu einer Art „Waffenstillstand".[5] Man einigte sich auf getrennte Haushalte. Auguste erhielt Schloß Schönfeld, 10 000 Taler für Umbauten dazu und ein erhöhtes Schatullegeld. Dafür akzeptierte sie die Beziehungen zwischen ihrem Gatten und Emilie, ließ sich diese sogar offiziell vorstellen, behielt sich allerdings das Recht vor, sie bei gewissen Anlässen nicht in ihrer Nähe zu dulden. Daß Auguste sich auf diesen Vertrag einließ, dürfte mit ihren Kindheitserinnerungen in Verbindung gestanden haben. Ihr Vater, der Preußenkönig Friedrich Wilhelm II., hatte viele Liebschaften gepflegt, worunter seine Familie unsagbar litt. Eine ständige Geliebte ihres Mannes empfand Auguste noch erträglicher als das Flattern von einer Mätresse zur andern, wie dereinst von ihrem Vater praktiziert.

Wilhelm II. war fürs erste recht zufrieden, seine Gattin fernab in Schönfeld-Augustenruhe zu wissen. Jedoch mißfielen ihm ihre Gesellschaften, stets belastete ihn das Gefühl, Ausgustenruhe entwickele sich zum Hauptquartier seiner und Emiliens Gegner. Stammgast in Augustenruhe war ein Freund des Kurprinzen, der aus Ungarn stammende Hauptmann Joseph von Radowitz, der öffentlich geschworen hatte, nie die Schwelle der Gräfin Reichenbach zu übertreten und das bald in ganz Hessen-Kassel gebrauchte Wort von der „Berliner Metze" aufbrachte. Als sich 1823 in der Residenz die Nachricht von einem Gartenfest in Augustenruhe verbreitete, konnte es sich nach Meinung Wilhelms II. nur um eine Verschwörung handeln. Er mobilisierte hektisch die Truppen, verbannte am 9. Juni den Kurprinzen nach Marburg und verjagte am 13. Juni vier Offiziere, darunter Hauptmann von Radowitz, der des Landes verwiesen nach Berlin ging, wo er dereinst Außenminister werden sollte.[6] Von einer Verschwörung konnte freilich keine Rede sein. Auguste hatte zu keinem Gartenfest geladen; sie befand sich gar nicht in „Augustenruhe", sondern zum Besuch ihres Bruders in Berlin. Der unbeherrschte Kurfürst war provoziert worden, und man munkelte so manches. Emilie lastete man in diesem Zusammenhang vor allem die mysteriöse „Kasseler Drohbriefaffäre" an.

Der langjährige Vertraute des Kurfürsten, Staatsminister Karl

Rivalier (der Vater der Dichterin Malvida von Meysenburg), hatte den mit „Rächerbund" unterzeichneten und „Geschrieben am Jahrestag der Schlacht bei Bel-Aliance" datierten Brief vorerst zurückgehalten, weil er einen Ausbruch seines cholerischen Herrn fürchtete. Dieser Brief kündete dem Kurfürsten den Tod binnen eines Jahres an, falls das Land nicht endlich eine Verfassung erhalte. Und weiter: „Du erlaubst von nun an Deiner Hure nicht mehr den allermindesten Einfluß auf die Regierungsgeschäfte. Folgst Du dieser Bedingung nicht, so ist auch ihr Leben unfehlbar verwirkt."[7] Der Kurfürst meinte, sein Sohn strebe – mit preußischer Hilfe – nach der Macht. Für Hinweise, die zur Ergreifung des Briefschreibers führten, wurde eine Prämie von 10 000 Talern ausgesetzt. Emilie ging am 23. August 1823 ebenfalls ein anonymer Drohbrief zu, wie auch verschiedene Höflinge solche Schreiben erhielten. Mehrere Verdächtige wurden verhaftet, Polizeidirektor Ludwig von Manger gar ein Prozeß gemacht, der jedoch nach zweijähriger Verhandlung zu einer Farce ausartete. Wilhelm II. ließ seine Zimmer im Schloß Wilhelmshöhe verriegeln, schuf sich eine Leibgarde. Seine Gedanken kreisten ständig um seine Sicherheit. Emilie profitierte von dieser Briefkampagne, mochte diese inszeniert sein oder nicht, denn ihr Widerpart, der Kurprinz, sah sich quasi verbannt, und Wilhelm II., dessen Widerstandskraft gebrochen war, ergab sich völlig seiner willensstarken Mätresse, die fortan in Kurhessen gleich einer Regentin herrschte.

Wer vergab die Ehrenstellen,
Wer regierte denn das Land,
Wer verlieh denn Narrenschellen,
Stern und Orden sonst genannt?
Ich war Fürst und was seid ihr?
Mir müßt ihr die Sohlen küssen,
Ganz aus schuldiger Gebühr.

Ludwig Ruhl, der Direktor der Kasseler Akademie, schilderte das Klima im Lande so: „Es war, als ob sich ein zerstörender Nachtfrost über die Gesellschaft ausbreitete … Ich habe Männer … bei dem Namen der Gräfin Reichenbach blaß werden sehen. Ein kleinliches, gehässiges Zutragen über Tun und Lassen der Familien kam auf und drang wie einschneidender Ostwind in das Innere der Häuser."[8]

Kurfürstin Auguste kam nur 1825 zur Hochzeit ihrer Tochter Marie mit dem Herzog von Meiningen nach Kassel; dabei ließ sich eine Begegnung mit Emilie nicht vermeiden. Von 1826 an wohnte Auguste zusammen mit dem Kurprinzen zunächst in Haag bei ihrer Schwester, der Königin von Holland, dann in Bonn und Fulda. Ihren Platz am Hofe zu Kassel nahm Emilie ein, ohne vom Hof, der Bevölkerung oder den Geistesgrößen Hessens wie beispielsweise den Brüdern Grimm anerkannt zu werden, formal aber als Siegerin.

Der Kurfürst schenkte ihr die Herrschaft Lessonitz in Mähren. Sie hätte gern ihre Erhebung in den Fürstenstand damit verbunden gesehen; der Titel einer Gräfin genügte dem Goldschmiedetöchterlein nicht mehr. Wilhelm II. fuhr tatsächlich 1830 ihrethalben nach Wien, aber dem Kaiser mißfielen die Zustände in Kurhessen seit langem, und angesichts des sich abzeichnenden revolutionären Aufschwunges in Europa wagte er es selbst für gutes Geld nicht, eine Mätresse derart zu begünstigen. Es sei im Interesse Wilhelms II., von einer Erhebung Emilies in den Fürstenstand abzusehen, so sein durchaus berechtigtes Argument. Emilie kam dem Kurfürsten in freudiger Erwartung bis Karlsbad entgegen. Der Kurfürst erlitt hier einen Schlaganfall. In Kassel kursierte das Gerücht, Emilie habe ihn umzubringen versucht, wieder nach der allgemeinen Auffassung, ihr sei alles zuzutrauen. Hatte Varnhagen von Ense sich im Vorjahr noch vergeblich bemüht, schlichtend in den Kasseler Familienkonflikt einzugreifen, schien sich plötzlich alles von selbst zu lösen; der Kurprinz eilte nach Karlsbad zu seinem erkrankten Vater und begleitete ihn dann nach Kassel. Emilie blieb verunsichert ob möglicher Auswirkungen der französischen Julirevolution in Eisenach. Ihre Bedenken waren durchaus begründet.

Aus Protest gegen eine Erhöhung der Brotpreise wurden am 6. September 1830 in Kassel die Bäckerläden gestürmt. Neun Tage später versammelten sich fast alle Einwohner der Stadt vor dem Schloß Bellevue, und Bürgermeister Schomburg erklärte dem Kurfürsten im Namen der Bürgerschaft und als Überbringer einer fast 1 500 Unterschriften tragenden Petition, es drohe „ein allgemeiner Krieg der Armen gegen die Vermögenden", wenn nicht umgehend eine neue Politik eingeleitet und eine Verfassung verabschiedet werde. Wilhelm II. mimte den Unwissenden; er wollte nichts über die katastrophale Lage im Land gewußt haben und willigte in eine Verfassung ein, bei deren Unterzeichnung am 8. Januar 1831 außer dem Kurprinzen auch die Kurfürstin zugegen war. Diese Verfassung war eine der fortschrittlichsten in deutschen Landen. Anders als etwa in Sachsen bestand der Landtag aus nur einer Kammer, und er hatte das Recht der Gesetzesinitiative, der Ministeranklage und volles Budgetrecht. Die Verfassung garantierte den Bauern die Beseitigung der Feudallasten. Wilhelm II. wurde umjubelt, als habe er alle Zugeständnisse einsichtsvoll und freiwillig und nicht unter dem Druck der revolutionären Stimmung im Lande gemacht. Erstmals seit Jahren zeigte er sich wieder gemeinsam mit Auguste, schloß sie gar öffentlich auf dem Balkon des Schlosses Bellevue in die Arme. Beide mochten unter dem Eindruck des feierlichen Augenblicks gestanden haben.

Mitten in die gehobene Stimmung platzte die Nachricht, in der Nacht vom 9. zum 10. Januar sei aus Arolsen kommend die Gräfin Reichenbach eingetroffen. Über Zuträger dürfte sie über das Geschehen in Kassel informiert worden sein. Sie setzte alles auf eine Karte, spielte va banque – und verlor. Die Verfassungsfeier schlug jäh in eine Protestaktion gegen die Mätresse des Landesherrn um. Wilhelm II., maßlos erbost über die Haltung seiner Bürger, goß nun Öl ins Feuer, als er den Truppen des Generals von Haynau die Auflösung der Demonstrationen befahl. Erschrocken über die Zuspitzung der Lage folgte er dann doch dem Ratschlag seiner Minister und veranlaßte die Abreise der Gräfin. Am 12. Januar wurde bekanntgegeben: „Der Anlaß der Aufregung sei auf allerhöchsten Befehl weg". Ein unbeschreiblicher Jubel erfaßte die Massen. Für neuerliche Aufregung sorgte aber das Gepäck der Gräfin, das ihr erst nach Visitation unter Einsatz der neuen Bürgergarde nachgesandt werden konnte. Die Kasseler Bürger waren der Überzeugung, daß sich in diesem Gepäck die Kasse des Kurfürstentums Hessen, die Juwelen des Herrscherhauses und möglicherweise noch der hessische Kunstschatz befänden. Bürgermeister Schomburg wandte vergeblich ein, daß es sich um das übliche Reisegepäck einer Dame handele, viel zu klein und viel zu leicht, um den Staatsschatz enthalten zu können.

Und wieder einmal machte in Kassel ein Spottvers die Runde:

O Cholera verschone mich,
Nimm doch den Fürsten Metternich!
Doch willst du was vom eignen Schlag,
So etwas extra Feines,
So hol die Gräfin Reichenbach
Und den Finanzrat Deines.

Im allgemeinen Trubel blieb unbemerkt, daß Wilhelm II. ebenfalls Kassel verlassen hatte – und nie mehr zurückkommen sollte. Die Geschäfte besorgte von 1831 an nominell als Mitregent sein Sohn Friedrich Wilhelm (I.). Dem Kurfürsten blieb der Titel, was die Entmachtung verbrämte, den Sturz milderte.

Der in Paris lebende Ludwig Börne stand der Euphorie in Kassel verständnislos gegenüber. Er sah nur eine Mätressenwirtschaft gegen die andere vertauscht. Der neue Mitregent scherte sich nicht um die Erfahrungen seines Vaters und führte als erstes seine Geliebte, Gertrude Lehmann aus Bonn, jetzt Gräfin, später Fürstin Schaumburg, am Hof als Mätresse und im Juni 1831 schließlich als Ehefrau ein. Auguste, die zunächst die Aufgaben der Landesherrin wahrgenommen hatte und ihre Schwiegertochter ablehnte, erlebte Ovationen, die aber zwangsläufig zu Lasten ihres Sohnes gehen mußten. Friedrich Wilhelm setzte am 7. Dezember 1831 Militär gegen die Demonstranten ein; anders als im Januar floß diesmal Blut. Auguste verbrachte ihre letzten Lebensjahre zurückgezogen im Schloß Bellevue. Sie war das eigentliche Opfer des Familiendramas und starb ohne Beistand – sie wollte keinen, wies selbst den Arzt zurück – am 19. Februar

1841. Ihrem letzten Wunsch gemäß wurde sie auf dem Kasseler Friedhof beigesetzt, nicht in der kurfürstlichen Gruft.

Die Gräfin Reichenbach hatte sich bei ihrer Flucht aus Kassel nach Frankfurt am Main begeben, wo der Kurfürst eine Villa besaß, in der er gern seine Sommerferien verbrachte. Vom 23. März 1831 an lebte sie zuammen mit Wilhelm II. auf Schloß Philippsruhe bei Hanau. Begaben sie sich auf Reisen, dann unter dem Pseudonym Graf und Gräfin von Schwarzenfels bzw. Graf und Gräfin von Steinau. Fünf Monate nach dem Tode der Kurfürstin Auguste ließ sich Wilhelm II. am 8. Juli 1841 mit der Gräfin Reichenbach trauen. Sie zählte damit in der Geschichte zu den wenigen Mätressen, die von ihrem Fürsten geheiratet wurden. In Kurhessen interessierte sich fast niemand für diese Ehe. Anderthalb Jahre nach der Hochzeit verstarb Emilie 52jährig am 12. Februar 1843 in Frankfurt am Main. Der Kurfürst ließ für sie auf dem Frankfurter Friedhof eine Gruft anlegen, in der er später selbst beigesetzt werden wollte. – Es kam jedoch anders.

Ein halbes Jahr nach dem Ableben der Reichenbach heiratete Wilhelm II., der behauptete, nicht allein sein zu können, die damals 23jährige Caroline von Berlepsch. Knapp vier Jahre darauf starb er 1847 in Frankfurt, und entgegen seinem wiederholt geäußerten Wunsch fand er in Hanau seine letzte Ruhestätte. Die Berlepsch starb 1877 als Frau des Grafen Hohenthal und wurde in Knauthain bei Leipzig bestattet. Somit fanden der Kurfürst und seine drei Ehefrauen auf verschiedenen Friedhöfen ihre letzte Ruhe.

Zu den vielen Spottversen, die bei Vertreibung der Reichenbach kursierten, gehörte auch jener:

Fliehe, Metze, fliehe,
Eil nach Lessonitz
Dort erlebe, Kreatur,
Wieder Deinen Sitz.
Aber lasse uns nicht hier
Deine Natternbrut.
Wohl genug hast, Tigertier,
Du von unserem Blut.

Keines von Emilies und Wilhelms II. Kindern blieb in Kurhessen. Der Sohn übernahm die Herrschaft Lessonitz, und die Töchter verheirateten sich nach außerhalb; die eine ehelichte den Grafen Zichy, den Bruder des Fürsten Metternich, die anderen drei sächsische Adlige – Graf Bose, von Watzdorf, von Fabrice. Wilhelm II. hatte ihnen ein Heiratsgut von 40 000 Talern zugebilligt. Seine Hinterlassenschaften im Werte von einer Million Talern fielen testamentarisch der Berlepsch zu. Sie gewann von seinen drei Frauen materiell das meiste.

Wilhelmine von Grävenitz oder das „Übel von Stuttgart"

ALS DIE GRÄVENITZ VON DER KIRCHE VERLANGTE, SIE IN DIE SONNTÄGlichen Gebete für das Herrscherhaus einzuschließen, zeigte sich Prälat Johannes Osiander verwundert: Das geschehe doch schon mit jedem Vaterunser – „Erlöse uns von dem Übel!"

Christiane Wilhelmine von Grävenitz aus dem Mecklenburgischen entsprach ganz dem Bild einer Mätresse, das sich im Zeitalter des Barock herauskristallisiert hatte. Liebe, Geld und Titel genügten ihr nicht, sie strebte zielbewußt und skrupellos nach Macht, und es gelang ihr tatsächlich, die Landesherrin nicht nur aus dem Ehebett, sondern auch aus dem höfischen Leben zu verdrängen, dem ihr sklavisch ergebenen Landesherrn alle wichtigen Geschäfte zu entreißen und zwanzig Jahre lang im Württembergischen gleich einer Regentin zu herrschen – zur Plage des Landes. Kritiker pflegte sie aus Amt und Würden zu vertreiben oder gar der Freiheit zu berauben. Schlimme Zustände rissen ein. Über der Schuld der Grävenitz drohte die des Landesherrn bald zu verblassen.

Von 1693–1733 regierte in Stuttgart Eberhard Ludwig Herzog von Württemberg, zeitgleich mit Kurfürst August dem Starken von Sachsen. Frauen und barocke Pracht liebten beide, und gemeinsam war ihnen auch die Begeisterung fürs Militär und eine absolutistische Herrschaftsform, wobei August der Starke schon zu einer progressiven neigte, Eberhard Ludwig noch zu einer mittelalterlich-patrimonialen. Sachsens Kurfürst ließ jedoch trotz seiner vielen Affären keine Mätressenherrschaft einreißen; in Sachsen wäre der Grävenitz eine Verbannung gleich der Cosel auf die Feste Stolpen sicher gewesen – aber Eberhard Ludwig war aus anderem Holz geschnitzt als August der Starke.

*Wilhelmine von Grävenitz · * 1686, † 1744*
Medaillon von C. E. von Quitter, 1721

Herzog Eberhard Ludwig von Württemberg
** 1667, † 1733 · Herzog von 1693–1733*

Nach Gustav Rümelin, dem Kanzler der Universität Tübingen, kam es Eberhard Ludwig von Württemberg „gar nicht in den Sinn, an seinen Herzogshut die Vorstellung eines Berufes, einer sittlichen Aufgabe und Verantwortung zu knüpfen, er hatte kein Gefühl für Regentenpflicht, kein Bewußtsein seiner obrigkeitlichen Stellung … Er hat die Welt gesehen, ist ein spendider, Kunst- und Prachtliebender Herr, hat Lust zu bauen und glaubt sogar selbst etwas davon zu verstehen, liebt die Jagd und allen ritterlichen Sport …", ist „der glänzendste Kavalier, doch der nachlässigste und gewissenloseste Fürst, der die Zügel dieses Landes geführt hat".[1] Die Militärs neigten zu einer milderen Beurteilung, weil er ein Draufgänger war, unter Prinz Eugen in der Schlacht bei Hochstädt an der Donau 1704 erfolgreich den rechten Flügel befehligt hatte und als einer der „Retter Wiens" galt. Seit 1712 war er Reichs-Generalfeldmarschall und damit ranghöchster Feldherr des Hl. Römischen Reichs Deutscher Nation. Auch ein Abenteurer wie Carl Ludwig Frhr. von Pöllnitz vermochte dem Württemberger noch etwas abgewinnen; ein „Meister in allen ritterlichen Künsten" sei er, verstehe sich aufs Reiten, Schießen, Tanzen, könne einen Achtspänner mit nur einer Hand dirigieren. Der Herzog sollte aber keine Pferde lenken, sondern einen Staat. Das bereitete Mühe, war ihm zu kompliziert, und so ließ er die Zügel in die Hände seiner Mätresse gleiten.

Wenn der Hofchronist Eduard Vehse recht vermutet, schleusten skrupellose Höflinge mit Frhr. von Stafforst als Spiritus rector die Grävenitz gezielt als Mätresse bei dem liebestollen Herzog ein, um größeren Einfluß zu gewinnen. Geradezu prädestiniert erschien das erst 20jährige hübsche junge Mädchen aus dem fernen Mecklenburg, die Schwester eines Mitverschworenen, des Kammerjunkers Wilhelm von Grävenitz. Unter dem Vorwand, sie solle ihm die Wirtschaft führen, holte er sie nach Stuttgart, ohne Verdacht zu erwecken. Eduard Vehse dürfte der Wahrheit wohl sehr nahegekommen sein, denn nichts bezeugt, daß die 1706 in Stuttgart eingetroffene Christiane Wilhelmine wirklich den Haushalt ihres Bruders besorgte. Wohnung nahm sie beim Frhr.

von Stafforst, dessen Frau sie mit standesgemäßer Kleidung versorgte und am Hof einführte. Die eifrige Hausherrin ließ keinen Ball und keinen Empfang aus, bis es denn schließlich dem Fräulein von Grävenitz glücklich gelang, die Aufmerksamkeit des Herzogs zu wecken. Sie durfte ins Jägerhaus umziehen, und nach kaum einem Jahr ernannte der Kaiser sie zur Reichsgräfin von Urach; Württemberg kostete das Diplom 20 000 Gulden.

Den Stafforsts war noch nicht bewußt, wie sehr sie sich getäuscht hatten, nicht im Herzog, sondern in der Grävenitz. Dieses verarmte mecklenburgische Landfräulein zeigte sich zwar korrupt und intrigant, aber nicht willens, ihren Protegés zu dienen. Wenn sie schon dubiose Geschäfte tätigte, dann auf eigene Rechnung. Immerhin bewies sie Familiensinn: Bruder Wilhelm wurde am selben Tag wie sie in den Reichsgrafenstand erhoben, dann zum Geheimrat und schließlich zum Obersthofmeister ernannt; weitere hohe Ämter harrten seiner. Die Geschwister hatten ihren Platz an der landesherrlichen Krippe gefunden.

Am 13. November 1707 überraschte Herzog Eberhard Ludwig sein Land mit der offiziell verbreiteten Nachricht, er habe sich schon im Juli in Oberhausen „kirchlich zur rechten Hand" mit Christiane Wilhelmine von Grävenitz trauen lassen. Als Trauzeugen seien Fürst von Hohenzollern, Herr von Hornberg und weitere Persönlichkeiten zugegen gewesen. Des Herzogs Verkündigung löste einen Sturm der Entrüstung aus. In Württemberg hielt man sich viel darauf zugute, anders als in Sachsen seit zweihundert Jahren von familienbewußten Herrschern regiert zu werden. Und Eberhard Ludwig war seit 1697 mit der gutmütigen, etwas unansehnlichen Johanna Elisabeth von Baden-Durlach verheiratet! Der Landesherr, zugleich auch Kirchenoberhaupt, lebte also jetzt in Bigamie!

Frhr. von Stafforst, der im Geheimen Rat den Ton angab, lehnte eine Einberufung der Räte ab. Er hatte noch nicht erkannt, daß ihm die Grävenitz bereits entglitten war, und stellte sich schützend vor die Zweitehe des Herzogs, was ihn seine Stellung kosten sollte. Vorerst konnte sich der Geheime Rat jedenfalls zu keinem Entschluß durchringen. Ähnlich erging es den Prälaten. Sie mußten bei Amtsantritt württembergischer Tradition gemäß die Verpflichtung eingehen, nie Klage beim Reich gegen das Staats- und Kirchenoberhaupt zu erheben, um Außenstehenden keine Handhabe zu liefern, sich in die Angelegenheiten Württembergs einzumischen. Ein Hofkaplan, der Eberhard Ludwig das Abendmahl verweigerte, wurde sofort des Hofes verwiesen. Damit waren alle Opponenten vor Alleingängen gewarnt.

Mit dem Landschaftskonsulenten Hörner fand sich ein Mann, der die Kritiker zu vereinen suchte. Ihm schwebte eine Debatte im Landtag vor, doch dessen letzte Sitzung lag zehn Jahre zurück. Hörner riet seinen Mitverschworenen erst einmal, dem Herzog die obligatorischen Neujahrsglückwünsche zu verweigern. Eberhard Ludwig nahm diesen merkwürdigen Boykottaufruf nicht sonderlich ernst, aber er zeigte sich denn doch peinlich berührt, als der Neujahrsempfang mangels Beteiligung ein Debakel zu werden drohte. Am 18. Februar 1708 einigten sich die Landstände auf ein Schreiben an den Landesherren, „doch um Gotteswillen zu bedenken, mit welch großem Aergernus, Seufzen und Betrübnis dero ganzes Herzogtum und alle darin wohnenden redlich gesinnten Herzen ‚diese Doppelehe' empfinden".[2] Dem Geheimen Rat, der sich den Landständen anschloß, antwortete der Herzog am 6. April 1708 erzürnt, „er habe mit rechtem Mißfallen der Geheimen Räthe so schlechte Raisonnements (unrichtige Behauptung) ersehen müssen und daß sie immer und allein auf der alten Leyer bleiben, die Gräfin zu abandonieren (verlassen), das in Ewigkeit nicht geschehen werde."[3] Und als Zugabe: „Geheime Räte und nicht Vormünder und Hofmeister haben Wir uns bestellt!" Den Sitzungen des Geheimen Rates blieb er fortan demonstrativ fern. Auch die Prälaten hatten nicht untätig beiben können, da ihnen die Kirchenbasis vorwarf, nicht nur den Hofkaplan im Stich gelassen zu haben, sondern auch Pfarrer Kornbeck in Neckarweihingen, der den Herzog in einem Flugblatt der Bigamie beschuldigt und ebenfalls sein Amt verloren hatte. Die Prälaten konnten gar nicht anders, sie mußten die

Pfarrer des Landes anweisen, dem Herzog das Abendmahl zu verweigern, der sich empört an Geheimrat von Forstner, seinen Jugendfreund, wandte: „Ich bin Papst in meinem Lande und niemanden anders als mir selbst Rechenschaft schuldig. Ein lutherischer Fürst ist in Gewissensfällen nur Gott verantwortlich."[4] Wenn er sich auch selbstgefällig gab, beunruhigte ihn die zunehmende Isolierung doch.

Inzwischen verstärkte sich auch der Druck von außen. Verschiedene deutsche Fürsten hatten den Herzog bereits brieflich gewarnt. Ende Februar trafen gar zwei Beauftragte des Kaisers in Stuttgart ein, um sich zu informieren. Der Herzog konnte sie nicht gut des Landes verweisen, er hätte nur gar zu gern gewußt, wer den Kaiser angerufen habe. Formal war dies sein Schwiegervater, der Markgraf von Baden. Herzogin Johanna Elisabeth hatte sich mit Vertretern der Landstände, Geheimen Räten und Beamten beraten, wie zu verfahren sei. Viele schreckte ihre Nachricht, Eberhard Ludwig wolle dem Rat des Fürsten von Hohenzollern folgen und zum Katholizismus übertreten, weil der Papst die erste Ehe scheiden werde, sei es auch nur, um dem Protestantismus zu schaden.[5] Man hielt es daher für dringend geboten, sich an den Kaiser zu wenden, wollte aber nicht als Aufrührer gelten. Als die Herzogin vorschlug, ihr Vater könne die Klage in Wien einreichen, schwanden die letzten Vorbehalte. Niemand würde etwas dabei finden, wenn der Markgraf die Interessen seiner Tochter gegen den ehebrechenden Schwiegersohn wahrnahm. Eberhard Ludwig dürfte über Zuträger, wenn nicht gar über Johanna Elisabeth direkt, Kenntnis von den Absprachen gewonnen haben. Seine Gegner formierten sich, während er selbst vergeblich Ausschau nach Freunden hielt. Wollte er Schlimmeres verhüten, mußte er Einsicht zeigen.

Er ließ Prälat Johannes Osiander wissen, „daß er sich mit der Herzogin christlich wieder reconcilieren (zusammenfinden) wolle. Wegen Von sich Lassung der Frau Gräfin aber wollten Sie sich nicht so schnell poussieren (drängen) lassen, sondern man müsse Ihm hiezu Zeit lassen".[6] Als Entschädigung für die Gräfin forderte er im gleichen Atemzuge 100 000 Taler, zu zahlen von den Landständen. Die kaiserlichen Unterhändler erhielten am 22. Juni 1708 einen fast gleichlautenden Bescheid. Da der Herzog sich bereit erklärte, seine zweite Ehe zu annullieren, sahen sie ihre Mission als erledigt an. Ihre Vollmachten waren wohl ohnehin begrenzt.

In Stuttgart zog jedoch keine Ruhe ein. Der Herzogin lag verständlicherweise viel an der unverzüglichen Abreise der Grävenitz, nur fand sie keine Resonanz bei ihrem Gemahl. Um ihre Forderung zu bekräftigen, behauptete sie, man habe ihr nach dem Leben getrachtet, ihr gemahlene Diamanten in die Schokolade gemischt, was nur ein Werk der Gräfin sein könne. Glaubwürdig erschien dies nicht. Der Grävenitz kam jedoch dieser Kleinkrieg recht gelegen. Sie ließ wissen, daß sie Württemberg verlasse, sobald sie ihre verlangte Abfindung erhalten habe. Doch den Landständen erschien die Forderung überzogen.

Der Kaiser setzte eine zweite Schlichtungskommission ein. Am Ende einigten sich die Parteien auf 50 000 Taler Abfindung, und mit einer größeren Summe hatten wohl der Herzog wie die Grävenitz ohnehin nicht gerechnet. Die Landstände reute zwar das viele Geld, sie waren aber im Grunde froh, einer leidigen Affäre ledig zu sein; sie zahlten, und die Gräfin Urach geborene von Grävenitz reiste ab. Mochte sie in Genf, ihrem neuen Quartier, die schönen württembergischen Gulden verprassen. Sei's drum! Der Herzog allerdings klagte: „Die Separation thue ihm so wehe, als ob man ihm die Seele vom Leib risse."

Halb Europa sah sich 1701 bis 1714 in den spanischen Erbfolgekrieg verstrickt, und Herzog Eberhard Ludwig mußte als kaiserlicher General des öfteren an Feldzügen teilnehmen. Er war vor der Ära Grävenitz aus militärischen Gründen schon wiederholt außer Landes gewesen, und nach Ausweisung der Gräfin zog es ihn erneut in die Ferne, aber diesmal kam den Stuttgartern die bange Ahnung, er lausche wohl nicht dem Kriegslärm, sondern dem Bettgeflüster seiner Christiane Wilhelmine. Tatsächlich erkor er die Schweiz zum „Schlachtfeld". Herzogin Johanna Elisabeth hatte zu früh über die Ausweisung der Rivalin triumphiert;

der Gatte war damit nicht zurückgewonnen. Am 11. Mai 1710 fand er sich schließlich wieder in Stuttgart ein. Man munkelte, die 50 000 Taler seien verpraßt. Das württembergische Herrscherpaar söhnte sich jedenfalls aus. Selbst ein so nüchtern denkender Mann wie der Frhr. von Forstner vermochte in den Ausflügen des Herzogs nach Genf nur die glücklich überwundenen Nachwehen einer törichten Liebe zu sehen. Daß die Landstände die Gräfin „abgefunden" und so unbeabsichtigt die Fortsetzung der Liaison finanziert hatten, erschien zwar im Nachhinein bedenklich, aber jetzt sollte die Grävenitz keinen einzigen Gulden mehr erhalten. Dieser verhängnisvolle spanische Erbfolgekrieg hatte Württemberg bereits an die 15 Millionen Gulden gekostet, da blieb für Kavalierstouren des Landesherren kein Geld mehr!

Die Grävenitz, Gräfin von Urach, unterschrieb am 15. November 1710, fünf Monate nach der Abreise des Herzogs aus der Schweiz, den seit zwei Jahren ignorierten kaiserlichen Vermittlungsvorschlag, erklärte sich mit Lösung ihrer Ehe einverstanden, bestätigte die Abfindung und verzichtete auf weitere Ansprüche. Unterschrieb sie, weil der Herzog sie verlassen hatte? Nach einigen wenigen Tagen löste sich das Rätsel: Sie wollte wieder heiraten! Der Auserwählte war der böhmische Graf Johann Franz Ferdinand von Würben, in Adelskreisen als Schuldenmacher bekannt, ansonsten einer der bedeutungslosesten Grafen des Hl. Römischen Reichs Deutscher Nation. Die Trauung erfolgte in Oberhausen, wo drei Jahre zuvor die Grävenitz den Herzog geheiratet hatte. In Stuttgart verbreitete sich diese Neuigkeit mit Windeseile. Optimisten meinten, Württemberg sei nun endgültig von dieser Mätresse befreit. Zauderer wie Prälat Osiander gaben allerdings zu bedenken, daß die mit dem Herzog geschlossene Ehe kirchlich noch gar nicht gelöst sei, der Herzog und nunmehr auch die Gräfin in Bigamie lebten, doch allgemein hielt man es für ratsam, darüber den Mantel des Schweigens zu decken.

Die Mitteilung des Hofes, Graf Würben sei am 30. November 1710 vom Herzog zum Landhofmeister ernannt worden, löste

Irritationen aus. Der Hof beruhigte die erschreckten Gemüter: Graf Würben werde seinen Wohnsitz in Wien beibehalten. Demnach hatte der Herzog auf Kosten des Landes dem Gemahl seiner ehemaligen Mätresse eine Pfründe verschafft! Wo Graf Würben wohnte, würde aber auch Gräfin Würben wohnen – im fernen Wien, für einen Abstecher des Herzogs anders als Genf zu weit. Und jetzt war die Grävenitz ja auch verheiratet. Noch ahnte niemand, was sich zusammenbraute.

Der Vertrag zwischen Eberhard Ludwig und Graf Würben entsprang einem findigen Kopf. Würben erhielt jährlich 8 000 Taler Gehalt. Dafür brauchte er keinen Federstrich zu machen, selbst wenn er es gewollt hätte, denn es war ihm ausdrücklich untersagt, den Boden Württembergs zu betreten. Obendrein bekam er noch eine einmalige Abfindung von 20 000 Gulden dafür, daß er auf eine Scheinehe mit der Grävenitz eingegangen war und auf alle ehelichen Rechte verzichtete. Der Graf hielt seine Verpflichtungen getreulich ein. Das ihm unverdient und unverhofft wie ein Lottogewinn zugeflossene Geld verjubelte er an den Spieltischen Wiens. Er starb 1720 von niemandem betrauert, am wenigsten von der Gattin, die er nur ein einziges Mal, vor dem Traualtar, zu Gesicht bekommen hatte.

Die Grävenitz, nunmehr Gräfin Würben, fand sich 1711 wieder in Stuttgart ein. Sie war die Gattin des württembergischen Landhofmeisters, des ranghöchsten Beamten, also nahm sie ihren Wohnsitz in Stuttgart! Nirgendwo stand geschrieben, es sei dies nur in Anwesenheit ihres Gatten erlaubt. Des württembergischen Dramas dritter und schändlichster Teil konnte beginnen.

Das Blatt hatte sich gewendet. Vor einigen Monaten noch unerwünschte Person, vom Kaiser verwarnt, mit Geld versehen, um sie außer Landes zu bringen, durfte die Frau Landhofmeisterin den „Vortritt“ beanspruchen. Die Herzogin-Mutter kränkelte und starb 1712, die Herzogin mied, schockiert ob der neuerlichen Peinlichkeiten, öffentliche Auftritte. So fiel der Gräfin die höchste Stellung zu, die eine nicht zum Herrscherhaus zählende Frau einzunehmen vermochte. Bei Hoffesten oder Empfängen spielte sie die Rolle der Gastgeberin, und es bereitete ihr sichtliches Vergnügen, wenn ihre alten Kontrahenten – mit innerem Widerwillen – gehorsam vor ihr „das Knie beugten". Ihrer Sache sicher, ließ sie sich diesmal Zeit auf dem Weg zur Macht. Anders als 1707/08 wollte sie eine ihr hörige Clique hinter sich und die Opponenten gespalten wissen.

Sie nahm für Graf Würben die Geschäfte des Landhofmeisters wahr und bezog nach dem Tode des Schein-Gatten auch sein Gehalt. Im „Patriotischen Archiv" hieß es: „Sie wußte den Herzog so zu beherrschen, daß bei Hof und im Ministerio alle Personen, die sich ihrem Willen nicht beugen wollten, wenn sie auch sonsten des Herzogs Herz besessen, fort mußten."[7] Man bezichtigte sie in Stuttgart, sie wolle sich an allen rächen, die 1707/10 ihre Ausweisung gefordert hatten. In manchen Fällen traf dies sicher zu, aber die Gräfin war nicht rückwärtsorientiert, sie schaute nach vorn. Über Neubesetzungen kam sie zu ihr ergebenen Beamten – und zu Geld. Wer nicht zu ihren Günstlingen zählte, mußte das Amt kaufen, zu einer Zwangsanleihe bereit sein und eine Kaution hinterlegen. Nicht auf Fähigkeiten kam es an, sondern aufs Geld! Um seine „Einlagen" nicht aufs Spiel zu setzen, befolgte der neue Amtsinhaber gehorsam jede Weisung der Gräfin. Für seine „Auslagen" hielt er sich an der Bevölkerung schadlos, etwa durch Aufstockung offizieller Gebühren um seinen Anteil, Vergabe von Konzessionen gegen Bestechungsgeld oder Androhung von Prozessen wegen Nichtigkeiten bzw. aus der Luft gegriffener Beschuldigungen; zahlte der Beschuldigte 1 500 bis 4 000 Gulden – eine solche Summe kristallisierte sich als Taxe heraus –, wurde auf Anklage verzichtet. Hilflos sah sich die Bevölkerung einer korrupten Beamtenschaft ausgeliefert. Die Gräfin ließ sich von einem Bürger, der eine Apotheke eröffnen wollte, 5 000 Gulden geben. Da sie vergaß, die zugesagte Konzession ausstellen zu lassen, klagte der Apotheker. Aus Angst vor der Willkür des Staates entschloß sich nur selten jemand zu einem solchen Schritt. Erst unter dem neuen Herzog Karl Alexander gingen die Anzeigen ein; sie ergaben ein umfangreiches „Sündenregister".

In den Beratungen des Geheimen Ratskollegiums ließ sich der

Herzog von der Gräfin vertreten. Daß einige Räte ihr die Gefolgschaft verweigerten, kam ihr nicht ungelegen, weil sie so eine Handhabe fand, das Kollegium zu erneuern. Etwa jedes zweite Mitglied erhielt den Abschied. Dann geriet die Umschichtung ins Stocken. Im Unterschied zum Gros der Bediensteten des Hofes besaßen die Räte Einfluß und Geld. Das brachte die Gräfin nicht in Verlegenheit: als 1717 die Residenz nach Ludwigsburg umzog, ließ sie das Geheime Ratskollegium in Stuttgart zurück. In Ludwigsburg etablierte sie ein Geheimes Kabinett, das unter ihrer Leitung die „Aufsicht über alle Justiz-, Finanz- und Gnadensachen" wahrnahm. Dem Herzog gelangte nur noch zur Kenntnis, was das Kabinett für geboten ansah.

Wichtigste Stütze der Gräfin, wenn auch keineswegs immer eine bequeme, war ihr Bruder Wilhelm von Grävenitz, einst Kammerjunker, nunmehr Premierminister, ein gescheiter Mann, vor allem ein geschickter Unterhändler. Im Unterschied zu anderen Günstlingen vermochte er das ihm durch Protektion zugefallene Amt auszufüllen. Zwei gut versorgte Schwäger der Gräfin dagegen sahen sich völlig überfordert: Boldevin, einst Gardereiter, war Kriegskommissar geworden, Sittmann, ein gelernter Perückenmacher, General, unfähig, auch nur eine Kompanie zu befehligen.

Daß Eberhard Ludwig der Gräfin „zu Gefallen eine ganz neue Stadt, Ludwigsburg", gebaut habe, ist übertrieben, auch wenn es Nachschlagewerke wie eine Selbstverständlichkeit vermelden.[8] Als 1704 der Grundstein gelegt wurde, lebte die Grävenitz noch in Schwerin.[9] Das mächtige Barockschloß Ludwigsburg mit seinen 452 Räumen ließ Eberhard Ludwig aus Repräsentationsgründen bauen. Nach französischem Vorbild schuf er dieses württembergische Versailles, weil er das im 16. Jahrhundert aus einer Burg entstandene Stuttgarter Schloß, „nach alter Art groß und übel gebauen" (Albert von Haller) und den „wenig angenehmen Eindruck eines Gefängnisses" machend (Carl Ludwig von Pöllnitz) für eine prunkvolle absolutistische Hofhaltung als völlig ungeeignet ansah. Ähnlich wie der Zwinger zu Dresden wurde Schloß Ludwigsburg zum Inbegriff höfischer Feste der Barockzeit. Manches wirkte jedoch gezwungener, so der Karneval. Er war in Württemberg erst seit 1715 gestattet, gegen den erbitterten Widerstand der Prälaten. Die Karnevalsordnung von 1719 verpflichtete alle, „sich auf der Redoute bei Vermeidung des Herrn Ungnade fleißig einzufinden". Hochburgen des Karnevals wie Dresden hatten solche Order nicht nötig. Schloß Ludwigsburg glänzte bei Festlichkeiten stets im Scheine tausender Kerzen. Die Kosten gerieten immer wieder in die Kritik; jährlich wurden etwa 10 000 Gulden für Kerzen ausgegeben, was einem Anteil am Etat von 7 Prozent entsprach. Im Schloß Ludwigsburg war die herzogliche Leibwache stationiert, der Stolz Eberhard Ludwigs, bestens ausgerüstet, effektvoller als vergleichbare Formationen anderer deutscher Höfe.

Mit Blick auf Zeitpunkt der Grundsteinlegung und Baubeginn kann Ludwigsburg nicht, wie oft angenommen, als „Protestbau" gelten – in Stuttgart die Herzogin, in Ludwigsburg die Gräfin. Niemand wäre überrascht gewesen, wenn Johanna Elisabeth nach Rückkehr ihrer Rivalin sich in ihrer Heimat Baden niedergelassen oder auf Reisen begeben hätte, aber sie blieb im Schloß; ihr einziger Sohn, Erbprinz Friedrich Ludwig, hielt ihr die Treue. In unmittelbarer Nachbarschaft ihrer Residenz befand sich der Prinzenbau, bis 1717 Sitz der Landhofmeisterin. Obwohl in Ludwigsburg bereits alles für den Einzug der Residenz vorbereitet wurde, erfolgte 1711/12 eine – allerdings schon länger geplante – Erneuerung des Prinzenbaus, und zwar ganz so, als könne der Kämmerer aus dem vollen schöpfen. Schon um die nebenan wohnende Herzogin herauszufordern, fiel alles besonders prunkvoll aus. Zum künstlerisch Wertvollsten, aber auch teuersten, zählte eine riesige Deckenmalerei im Mitteltrakt, 13 Szenen aus dem Trojanischen Sagenschatz darstellend. 1717 zog die Residenz ohne die Herzogin nach Ludwigsburg um; sie harrte in Stuttgart aus, im „toten Winkel". Zwar blieb ihr jetzt der Anblick des geschäftigen Treibens im Prinzenbau erspart, aber sie fühlte sich mehr denn je isoliert. Bis 1723 nahm sie alles resignierend hin, dann wandte sie sich an den Kaiser. Karl VI. griff anders als sein Vorgänger nicht ein. Es fehle ihm die Handhabe, verlautete aus Wien, und dies traf sogar zu: Die Landhofmeisterin war anders als 1707 nicht illegitim mit dem Herzog verheiratet, sondern die Frau eines österreichischen Grafen. Welche Ämter sie in Württemberg einnahm, war Sache des Herzogs, nicht des Kaisers. Die Herzogin überzeugte dies nicht: Nach ihrer Meinung wollte der Kaiser nichts sehen und hören, weil er aus Württemberg Schweigegeld bekam.

Nach dem Tode der Herzogin-Mutter ging deren Schloß Stetten in die Hände der Landhofmeisterin über, die vieles verändern ließ, vor allem den Park, in dem eine Eremitage entstand und ein Parksee, für den ein Lustschiff gekauft wurde. Die Arbeiten waren im wesentlichen 1723 abgeschlossen. Vier Jahre später, 1727, begann Paolo Retti, für die Gräfin ein Schloß in Freudenthal zu errichten; Paolo Groppi schuf die kostbaren Plastiken im Park. Für die Bewirtschaftung ihrer privaten Besitzungen opferte die Gräfin viel Zeit. Zwar brauchte sie nicht mit jedem Gulden zu geizen, aber selbst ihre Gegner konnten ihr eine geschickte Wirtschaftsführung nicht absprechen. Ihre Güter zählten zu den modernsten des Landes, und die erheblichen Werterhöhungen in nur wenigen Jahren sollten dem Hof noch einmal Kopfschmerzen bereiten. Beide Schlösser wurden Zeugen des Sturzes der allmächtig gewordenen Mätresse Eberhard Ludwigs.

Als der Herzog 1731 Berlin besuchte, hinterließ er in Ludwigsburg eine Order: Wenn er wiederkomme, habe „die Landhofmeisterin weg zu sein"! Er setzte ihr eine Pension von jährlich 10 000 Gulden aus; die privaten Besitzungen beließ er ihr. Einen Grund für die Ausweisung der Gräfin aus Ludwigsburg gab er nicht an.

Der Etat war derart durcheinander, daß Geheimrat von Forstner anläßlich der Berufung eines neuen Kammerpräsidenten resignierend meinte: „Käme auch der Engel Gabriel vom Himmel, um dieses Finanzwesen in guten Zustand zu bringen, er würde wenig Ehre einlegen."[10] Allerorts hatte Württemberg Schulden, vor allem in der Schweiz. Das Herzogtum stand vor dem Bankrott, und die Stimmung war so, daß „Prälaten, Pfarrer, Stundenbrüder" etc. in der Gräfin „nur die Wiederverkörperung der

Schlange und die Reinkarnation des Bösen" sahen.[11] Eberhard Ludwig, der jahrzehntelang tatenlos den Umtrieben seiner Mätresse zugesehen hatte, hielt sich mit Schuldzuweisungen wohlweislich zurück. Es ist nicht einmal gewiß, ob der plötzliche Bruch späten Einsichten und Gewissensnöten entsprang. Die Gräfin Würben war mittlerweile 50 Jahre alt geworden, nicht mehr so attraktiv wie ehedem, und zudem launenhafter als dies der verliebteste Kavalier auf die Dauer zu ertragen vermag. Der Herzog war ihrer überdrüssig und legte sich eine neue Mätresse zu, Friederike Wilhelmine Gräfin von Wittgenstein, die er in seinem Testament mit einem Legat von 50 000 Gulden und einer Rente von 8 000 Gulden bedachte. Die Familie Wittgenstein gehörte zu den entschiedensten Gegnern der Gräfin Würben. Und schließlich söhnte sich der Herzog wieder einmal mit seiner Gattin aus. – Er sorgte sich um die Nachfolge. Weil der Erbprinz dahinsiechte (gestorben 1732), wollte er noch einmal zu Vaterfreuden kommen. Die in die Versöhnung und deren Resultat gesetzten Erwartungen erfüllten sich jedoch nicht. Im Ehebette befiel ihn „eine solche Angst und Bängigkeit", daß er meinte, die Gräfin (Würben) habe ihn auf rätselhafte Weise verzaubert. Wollte er den Grund für das Ausbleiben der Vaterschaft nicht bei sich suchen oder der Gräfin einen Schrecken einjagen, damit sie aus Furcht vor einem Hexenprozeß Württemberg verlasse?

Gräfin Würben hatte sich erst nach Schloß Setten, dann nach Freudenthal zurückgezogen. Am 8. Oktober 1731 beklagte sie sich schriftlich bei Eberhard Ludwig über den ihr verordneten Polizeischutz. – Sechs Tage darauf wurde sie verhaftet und in Cannstatt bei Stuttgart festgesetzt. Am 18. Oktober 1731 ordnete der Herzog ihre Überführung auf die Feste Urach an. Auf dem Weg dahin durfte Oberst von Streithorst, der das Begleitkommando befehligte, „keinen ritterschaftlichen Orth" berühren. Die Route war ihm vom Herzog persönlich vorgeschrieben worden. Die Gräfin konnte „1 Frau, 2 Kammer-Jungfern, 1 Kammerdiener, 3 Lakaien, 1 Koch" mitnehmen. Bei Ankunft in Urach „soll die Gräfin in demjenigen herrschaftlichen Seitenbau, wo vor diesem der ältere Fürst von Hohenzollern logirt gewesen, ein quartiret" werden.[12] Da die Würben ihre Freiheit wiederhaben wollte, der Herzog aber keinen Prozeß riskierte, lag ein Vergleich nahe. Am 28. März 1732 unterschrieb die Gräfin ein seitenlanges „Selbstbekenntnis", das voller Ausflüchte steckte. Daß sie mit eigener Hand eine Anklageschrift gegen sich formulierte, hatte der Hof wohl schwerlich erwartet. Entscheidend für ihn war der Abschnitt 17: „Inmasse ich auch aufs schleunigste außerhalb des Herzogthums mich zu begeben und selbst außerhalb desselben auch nicht auf den nahe an dem Herzogthum gelegenen Gütern aufzuhalten mich eidlich verbinde."[13] Sie verzichtete auf ihre Besitzungen, verlangte aber eine Abfindung von 200 000 Gulden. Ohne Erhebung einer förmlichen Anklage konnten die Rechtstitel nicht angefochten werden, und die Gutachter meinten, die Güter seien ordentlich bewirtschaftet, die Forderungen so gesehen gerechtfertigt. Allerdings konnte die Kammer einen solchen Betrag nicht sofort aufbringen. Der Hof hat später stets nur lapidar behauptet, man habe ihr „den größten Teil des Raubes wieder abgenommen". Als Wohnsitz wählte sie erst Heidelberg, dann Mannheim.

Am 31. Oktober 1733 starb Eberhard Ludwig. Da er keinen direkten Nachkommen hinterließ, fiel das Herzogtum an eine Nebenlinie des Herrscherhauses. Der neue Herzog verlangte die Auslieferung der Gräfin Würben. Er ließ eine auf 188 Zeugenaussagen basierende Anklageschrift formulieren, in der es u. a. hieß: „Hauptsächlich aber hat die peinlich Beklagte aus der Criminal Jurisdiction ein Instrument gemacht, um mittelst in das Land ausgeschickter Commissari und ihrer keinem Spitzbuben, Straßenräuber und Freybeuter etwas nachgebenden Helfershelfer viele Unterthanen theils aus Haß und Feindschaft, theils aus bloßer Geld- und Raubgier um Leib und Leben, Ehre, Haab und Guth zu bringen."[14] Die fragwürdige Rolle, die Eberhard Ludwig spielte, wurde schamvoll ignoriert. Die Bemühungen der Justiz hatten trotz Abwesenheit der Beschuldigten einen Sinn: Noch war sie nicht „ausgezahlt", und mit Erhebung der Anklage konnten die Überweisungen eingestellt werden. Um die Öffentlichkeit abzulenken, setzte eine üble Bilderstürmerei ein. Was an die

Landhofmeisterin erinnerte, verfiel der Zerstörung. Die Porträts sind dem Feuer überantwortet worden. Mit Sicherheit überdauerte nur ein Miniaturbild von ihr, das 1721 Katharina Elisabeth Quitter schuf.

Wilhelmine von Grävenitz, verehelichte Gräfin Würben, siedelte 1734 nach Berlin über, wo sie 58jährig 1744 verstarb. Pfarrer und Gemeinde brauchten keinen Totenschein auszustellen; es gab niemanden, der einen verlangte.

Sophie von Hatzfeldt und das tragische Ende von Lassalle

DIE BEZIEHUNGEN ZWISCHEN SOPHIE REICHSGRÄFIN VON HATZFELDT und Ferdinand Lassalle stießen auf Skepsis:

sie, eine große stattliche Erscheinung, eine Juno – er, nicht unansehnlich, aber klein und schmächtig;

sie, eine reife Frau – er, 20 Jahre jünger, zwei Tage jünger noch als ihr ältester Sohn;

sie, eine Vertreterin des schlesischen Hochadels und privilegiert – er, ein Breslauer Jude, der um die Gleichberechtigung rang;

sie, eine der reichsten Frauen Deutschlands – er, ein Kleinbürger, der jeden Taler mehrmals wenden mußte …

Diese so gegensätzlichen Menschen sollten liiert sein?

DER FAMILIE HATZFELDT GEHÖRTE DAS FÜRSTENTUM TRACHENBERG NÖRDlich von Breslau (Wrocław), eine der ältesten und größten schlesischen Standesherrschaften, in die Geschichte eingegangen durch das „Trachenberger Protokoll", jenen großen Kriegsplan, den 1813 die verbündeten Staatsoberhäupter Europas im (1945 zerstörten) Schloß Trachenberg gegen Napoleon entwarfen. Im Zentrum Breslaus besaßen die Hatzfeldts eines der schönsten Gebäude der Stadt, das „Palais Hatzfeldt". Dieser klassizistische Prachtbau, 1945 mit Ausnahme des Portikus zerstört, war eine Meisterleistung von Karl Gotthard Langhans, dem Schöpfer des Brandenburger Tors. 1845 kauften die Hatzfeldts für 1,7 Millionen Taler dem bankrotten Fürsten Hermann Pückler die Herrschaft Muskau mit der 1 000 ha großen Parkanlage beiderseits der Neiße ab, ein Kleinod der Gartenkunst. Aus dem Haus Hatzfeldt gingen Minister, Botschafter, Generäle und Gouverneure der Hohenzollern hervor.

Entgegen der weit verbreiteten, selbst in der Neuen Deutschen Biographie[1] vertretenen Ansicht, Sophie von Hatzfeldt sei in Trachenberg geboren, kam sie am 10. August 1805 in Berlin zur Welt. Als Baby hatte sie bereits gute Aussicht, in die Geschichte einzugehen: Mit der kleinen Sophie auf dem Arm soll ihre erneut schwangere Mutter durch einen Kniefall vor Napoleon den Vater vor der Hinrichtung bewahrt haben. Franz Ludwig Fürst von Hatzfeldt-Trachenberg war vom französischen Kriegsgericht auf Grund seiner Briefe an den in Jena geschlagenen preußischen Oberkommandierenden als Verschwörer zum Tode verurteilt worden. Sophies Mutter, eine Tochter des Kriegsministers Graf von der Schulenburg-Kehnert, warf die ihr vorgelegten Beweisstücke einfach in den Kamin, was den Kaiser der Franzosen angeblich äußerst beeindruckte. Ob es sich so zutrug, ist allerdings fraglich.[2] Der Fürst war seit der Flucht des preußischen Königs 1806 Gouverneur von Berlin und unterzeichnete den Aufruf „Die erste Bürgerpflicht ist Ruhe", Willibald Alexis als Titel seines vielgelesenen historischen Romans „Ruhe ist die erste Bürgerpflicht" dienend. Selbst für den stark rechts orientierten Historiker Heinrich von Treitschke war der Fürst der „greise Heißsporn der reaktionären Partei", für den liberalen Historiker Hermann Oncken ein Mann, der von der vorrevolutionären Zeit träumte. Nach dem Sieg über Napoleon zog sich der Fürst in ruhigere Sphären zurück und wurde Diplomat, zuletzt tätig als Gesandter Preußens in Wien; beim erzreaktionären Fürsten Metternich sei er bestens aufgehoben, meinten seine Opponenten spöttelnd. Er starb 1827 in Wien, fünf Jahre vor seiner 20 Jahre jüngeren Gattin, die – abgesehen vom legendären Kniefall – stets im Hintergrund blieb.

Daß der Fürst ein ganz dem Ancien régime verhafteter Mann war, bewies er auch als Familienoberhaupt. Zwischen der fürstlichen Linie Hatzfeldt und der gräflichen, die ihre ausgedehnten Besitzungen am Niederrhein und im Rheingau hatte und in Schloß Kalkum bei Düsseldorf oder Schloß Schönstein resi-

*Gräfin Sophie von Hatzfeldt · * 1805, † 1881*
Holzstich-Porträt, 1848

*Ferdinand Lassalle · * 1825, † 1864*
Lithographie nach einem Foto, um 1860

dierte, gab es Majoritätsstreitigkeiten, die für das Hatzfeldt-Imperium nicht eben einen Machtverfall, aber belastende Querelen mit sich brachten. Der Fürst setzte den Streitigkeiten auf eine ihm bequeme Weise ein Ende: Er gab 1822 seinem Widersacher, dem Reichsgrafen Edmund von Hatzfeldt-Wildenburg, Tochter Sophie zur Frau. Er war sich der zu erwartenden Folgen seines Entschlusses voll bewußt. Sophie hatte zwei unverheiratete ältere Schwestern, aber nicht von diesen, sondern von ihr als der jüngsten erwartete er eine Fügung in seine Familienpolitik; die kaum 17jährige, noch unreif, vermochte ihr kommendes Geschick nicht einzuschätzen, so daß bei ihr mit dem geringsten Widerstand gerechnet werden durfte. Graf Edmund war ein Mann, der um seinen Ruf nicht zu bangen brauchte, da er bereits keinen mehr besaß – zumindest keinen guten. Franz Mehring sah in ihm einen „sardanapalischen Wüstling". So ähnlich schätzte ihn auch die fürstliche Familie Hatzfeldt ein. Er heiratete Sophie nur ihrer Mitgift wegen.

Die ahnungslose Sophie wurde am 10. August 1822, ihrem 17. Geburtstag, standesamtlich in Lauthausen, kirchlich in dem der fürstlichen Linie gehörenden Schloß Allner (bei Siegburg) mit ihrem Cousin Edmund getraut. Die eigentliche Hochzeitsfeier fand zwei Tage später auf Schloß Kalkum bei Düsseldorf statt. An diesem Tag, angeblich dem schönsten im Leben einer Frau, brach für sie eine Welt zusammen. Ihr Mann sagte ihr nach dem Fest unumwunden, „er habe sie nicht geheiratet, um sich um sie zu bekümmern, er liebe bereits die Gräfin Nesselrode; sie, Sophie, möge ihre Wege gehen und ihn seine Wege gehen lassen".[3] Jahre später noch beklagte sie sich: „Meine Eltern haben das größte Unrecht gegen mich begangen, sie haben mich als Kind von 16 Jahren des Vorteils wegen in eine Ehe verkauft, von der sie wußten, daß sie den Umständen nach, unter denen sie geschlossen, sehr unglücklich für mich sein mußte."[4] Daß dies übertrieben war, konnte keiner behaupten; die Ehe mündete in einer regelrechten Katastrophe.

Graf Edmund beugte sich nur einer Autorität, seiner um die Erbfolge besorgten Großmutter. Sie war es denn auch, der Sophie zumindest ab und an einen Schlafzimmerbesuch ihres Gatten zu verdanken hatte; nach einer Totgeburt (1823) gebar sie ihre Kinder Alfred (1825), Melanie (1828) und Paul (1831). Im Schloß Kalkum befand sich das Gemach der Gräfin Nesselrode neben dem Ankleideraum von Graf Edmund. Lebte das Ehepaar in Düsseldorf, was seit einem 1825 erfolgten Hauserwerb oft geschah, wohnte Sophie auf einer anderen Etage als ihr Gatte und dessen Geliebte, die ihm zwei Kinder gebar. Häufig drängten sich auch noch andere Frauen zwischen Edmund und Sophie. Falls hier das Wort Trennung überhaupt am Platz ist, traf es für das Ehepaar Hatzfeldt ab 1833 zu; es trennte sich „temporär", hieß es. Sophie führte von nun an mit ihren beiden jüngsten Kindern ein unstetes Reiseleben; nach einem längeren Aufenthalt in Dresden begab sie sich von Bad zu Bad, nur um ihrem gar nicht trauten Heim möglichst fern zu sein. Scheidungspläne begannen 1837 bei ihr erste Formen anzunehmen, gehemmt durch die Angst um die Kinder. Als Frau stand ihr kein Mitspracherecht zu, was Graf Edmund weidlich mißbrauchte. Er hatte ihr Alfred, den für die Erbfolge prädestinierten Sohn, bereits entzogen, dann auch Tochter Melanie, die er zu den Salesianerinnen nach Wien bringen ließ. Allein der jüngste Sohn, Paul, blieb Sophie, aber nur deshalb, weil sie zu Neujahr 1838 eine von Graf Edmund im Bündnis mit der Kinderfrau geplante Entführung in Baden-Baden entschlossen zu verhindern wußte. Franz Mehring zollte ihr deshalb später einmal viel Respekt.[5] Sophie bekam sofort die Rache ihres Mannes zu spüren, von dem sie finanziell abhängig war. Im Juni 1840 fand eine Familienkonferenz statt. Sophie mußte zurück nach Schloß Kalkum, wo sie wie eine Gefangene lebte. Der dortige Vikar Beesen bezeugte: „die Frau Gräfin von Hatzfeldt befand sich in den Jahren 1840 bis 41 allein in Kalkum ohne den Herrn Grafen und ohne die Kinder ..., (und) daß sie dort von allem Verkehr abgeschnitten und ein sehr unglückliches Leben führte. Die Dienstleute hatten die Weisung, gar keinen Besuch bei ihr vorzulassen und ihren Befehlen nicht zu gehorchen."[6] Irgend etwas mußte geschehen, das meinten schließlich auch ihre Geschwister. Ohne Sophie zu verständigen, schlossen die männlichen Vertreter ihrer Familie im Juli 1841 mit Graf Edmund einen Vertrag, der ihnen ein Mitspracherecht in der Kindererziehung garantierte und Sophie finanziell sicherstellte. Graf Edmund gewährte ihr eine Rente von jährlich 8 000 Talern, aber über das Geld verfügte ihr Bruder Hermann, das Familienoberhaupt der fürstlichen Linie. Zumindest gewann sie jetzt weitgehend ihre Bewegungsfreiheit zurück. Da ihr Sohn Paul gegen ihren Willen auf die Kadettenanstalt in Potsdam kam, zog sie 1841 nach Berlin, um in seiner Nähe zu sein. Und sie reiste wieder einmal, 1842/43 nach Italien, begleitet von einem Grafen von Bassenheim. Mitunter dachte sie wohl daran, diesen zu heiraten, und wer konnte es ihr eigentlich verdenken, wenn sie ihr Leben neu zu ordnen trachtete. Es war charakteristisch für das Verhalten der sogenannten feinen Gesellschaft, daß ihr die Bassenheim-Affäre sehr verübelt wurde; über die amourösen Abenteuer des Grafen Edmund wurde dagegen, allenfalls peinlich berührt, ganz gern hinweggesehen.

Das Jahr 1843 stand für Sophie unter keinem guten Stern. Aus München auf Betreiben des Grafen Edmund im Februar ausgewiesen, ging sie für acht Monate nach Trachenberg, quasi ins Asyl auf den Familienbesitz, begleitet, ohne ausdrückliche Billigung ihres Gatten, von ihrem Sohn Paul. Am 27. Oktober 1843 wurde Paul im Gefolge einer Beschwerde Edmunds auf Befehl des Königs von einem Militärkommando festgenommen und zwangsweise nach Potsdam zurückgebracht; Sophie soll versucht haben, dies mit der Pistole in der Hand zu verhindern. Ihr Bruder Hermann, dessen Gast sie war, sah sich in seinem Hausrecht verletzt und protestierte noch am selben Tag beim König gegen das Eindringen der „Militär- und Polizeibeamte(n) in mein friedliches Haus“ und die Entführung seines Neffen Paul. „Die Existenz meiner Schwester ist jetzt vernichtet, der älteste Sohn ist entfernt von ihr erzogen, die Tochter ist seit einer Reihe von Jahren im Kloster völlig verlassen und für die Mutter verloren, und jetzt ist auf Ew. Maj. Befehl auch das letzte Kind von ihr genommen worden, an dem sie mit wahrer Liebe hing.“[7] Nach seiner Meinung hatte Schwager Edmund diesmal den Bogen überspannt und den Vertrag von 1841 über das Mitspracherecht der fürstlichen Linie bei der Kindererziehung verletzt. König Friedrich Wilhelm IV. wurde das Hatzfeldt-Drama allmählich lästig. Möglicherweise bereitete ihm die Entsendung von Militär nach Trachenberg zur Festnahme eines 12jährigen Jungen im Nachhinein doch Unbehagen. Jedenfalls kam, ein ungewöhnlicher Vorgang, 1843 eine Kabinettsorder heraus, die Graf Edmund befahl, Sophie „besser zu behandeln".[8] Hermann, ohnehin darauf bedacht, Aufsehen zu vermeiden, verhandelte äußerst geduldig mit seinem Schwager Edmund im Einverständnis mit Sophie, die darauf reflektierte, daß ihr Zufluchtsort Muskau, der neue Familienbesitz, im Ergebnis eines weiteren Abkommens für sie zur rettenden Oase werden könne, doch Ausgang des Jahres 1845 mußte sie Muskau verlassen, weil sich ihre Familie zerstritten hatte.

Da ihr die Kinder ohnehin entzogen waren, hätte Sophie ernsthaft eine Scheidung erwägen können, aber die den Skandal befürchtende Familie bremste. Die Geschwister, denen sie sich eigentlich geopfert hatte, waren aus Prestigegründen gegen ihre Trennung von Edmund. Hermann, der Sophies Vermögen verwaltete, wollte für die Prozeßkosten kein Geld freigeben. Enttäuscht sagte sie sich von ihm los, und da er das Familienoberhaupt war, lief dies auf einen Bruch mit den Geschwistern hinaus.

Zu Beginn des Jahres 1846 stellte Oberst Archibald Graf von Keyserling Sophie in Berlin einen Landsmann aus Breslau vor, Ferdinand Lassalle.

Als dieser junge Mann am 13. April 1825 als Sohn des aus Osteuropa zugezogenen jüdischen Seidenhändlers Heyman Lassal (abgeleitet vom Herkunftsort Loslau) in Breslau zur Welt kam, war Sophie bereits das dritte Jahr mit Graf Edmund verheiratet. Lassalle schwärmte ihr etwas von Haschisch vor und vom Zigarrenrauchen, und sie hatte den Eindruck, einen energischen und gewandten, etwas exzentrischen jungen Intellektuellen vor sich zu haben, was so falsch nicht war. Trotz seiner 20 Jahre blickte er auf ein ziemlich bewegtes Leben zurück. Als Gymnasiast zeigte er bereits Interesse an der Politik. „Wenn man sieht", vermerkte er in seinem Tagebuch, „was für ein großer Kerker Deutschland ist, wie Menschenrechte mit Füßen getreten werden, wie dreißig Millionen Menschen von dreißig Tyrannen gequält werden, so möchte das Herz weinen ob der Dummheit dieser Leute, die ihre Ketten nicht zerreißen. ... Ich will ... kein lächelnder feiger Hofschranze werden. Ich will den Völkern die Freiheit verkünden, und sollt' ich im Versuche untergehen".[9] Weil seine Zeugnisse am Gymnasium nicht eben gut ausgefallen waren, fälschte er die Unterschrift seines Vaters, und um Komplikationen auszuweichen, „schmiß" er zum Entsetzen seiner Eltern das Gymnasium. 1840/41 besuchte er die Handelsschule in Leipzig, spürte aber, daß er keinerlei Eignung für den Beruf des Kaufmanns besaß, ging zurück nach Breslau und bereitete sich privat auf die Reifeprüfung vor. Er bestand sie zwar, wurde aber trotzdem als „unreif" vom Studium ausgeschlossen, beschwerte sich daraufhin beim Minister – seine erste Auseinandersetzung mit der Staatsmacht – über den Widersinn zwischen bestandener Reifeprüfung bei gleichzeitiger Nichtanerkennung der Reife und bekam recht. Er studierte „das größte umfassendste Studium der Welt, das Studium, das am engsten mit den heiligsten Interessen der Menschheit verknüpft ist: Das Studium der Geschichte". Einer politischen Rede wegen saß er an der Breslauer Universität zwei Wochen Karzer ab, wodurch ihm Breslau erst einmal verleidet war; er wechselte 1844 an die Universität Berlin über und schloß sich den Junghegelianern an. Ende 1845 fuhr er zu Studienzwecken für zwei Monate nach Paris, um Material für eine Arbeit über Heraklit zu sammeln, mit der er sich in Berlin habilitieren und dann um eine Professur bewerben wollte. In Paris freundete er sich mit Heinrich Heine an, der zwar später „einen der furchtbarsten Bösewichte", damals jedoch einen „neuen Mirabeau" in ihm sah; „mit der reichsten Begabnis der Darstellung verbindet er (Lassalle) eine Energie des Willens und ein Habilité im Handeln, die mich in Staunen setzte".[10]

Am Beginn der Beziehungen zwischen Gräfin Hatzfeldt und Lassalle spielte die Erotik keine Rolle, und das war eigentlich das Charakteristische dieses Verhältnisses; Liaisons nahmen ihren

Anfang meist im Bett und – endeten dort. Hier traf dies nicht zu. Lassalle erfuhr durch Graf Keyserling näheres über den Hatzfeldtschen Ehekrieg, auch daß Sophies Reichtum theoretischer Natur sei, da sie als Frau nicht über ihr Geld verfügen könne. Im Verlaufe der nächsten zwei Monate reifte in ihm der Entschluß, sich der Gräfin Hatzfeldt als Rechtsbeistand anzunehmen, obwohl er noch studierte und kein Jurist war.

Versöhnungsversuche zwischen den streitenden Parteien brachten nichts. Graf Edmund reichte am 4. April 1847 die Scheidungsklage ein, Sophie am 6. November 1847 die Gegenklage. Über die Widerwärtigkeiten, derethalben prozessiert wurde, informieren Klage und Gegenklage. (Abgedruckt bei Helmut Hirsch: Sophie von Hatzfeldt, Düsseldorf 1981, S. 130 bis 182). Die Prozeßführung war so widerlich wie der Prozeßgegenstand. „Es handelte sich nicht um einen einzigen Prozeß, sondern um einen Wald von Prozessen, in dem die Parteien einander gegenüberlagen wie zwei Indianerstämme auf dem Kriegspfad und mit allen erlaubten und unerlaubten Mitteln der Hinterlist und Spionage, ja noch schlimmeren Dingen gegeneinander operierten“, schrieb der Lassalle-Biograph Hermann Oncken.[11] Zumindest finanziell profitierte die Justiz beträchtlich davon. Reich wurden auch die Bediensteten, natürlich nur jene, die sich bestechen ließen und mit ihren Schlüssellochgeheimnissen zur gegnerischen Partei überwechselten. Lassalles Diener Wilhelm Hoppe ergaunerte sich auf diese Weise eine Schenke in Köln. Lassalle wiederum bestach mit 10 000 Talern Franz August von Stockum, den Geschäftsführer des Grafen Edmund. Die berüchtigte Kassettenaffäre wuchs letztlich zu einer Kriminalkomödie aus. Lassalle hatte sich Beweise für die Mätressenwirtschaft und Vermögensvergeudung des Grafen Edmund erhofft, aber die Kassette, die er sich am 20. August 1846 von der Baronin Meyendorf in einem Hotel verschaffte, enthielt weder den vermuteten Leibrentenvertrag noch anderes Belastungsmaterial. Das Risiko hatte sich nicht verlohnt. Zum eigentlichen Flop aber wurde die Affäre durch das Eingreifen der Justiz. Als geistiger Urheber des Kassettendiebstahls wurde Lassalle am 20. Februar

1848 verhaftet, ein halbes Jahr später vor Gericht gestellt, aber nach einer bravourösen Verteidigung, durch die er sich für lange Zeit in die erste Reihe der deutschen Gerichtsredner schob, freigesprochen. Er hatte die einmalige Chance genutzt, vor der Öffentlichkeit die Hintergründe des Hatzfeldtschen Ehekrieges darzulegen. Sein Freund Arnold Mendelssohn – ein Vetter Felix Mendelssohn-Bartholdys –, der die ominöse Kassette nach dem Diebstahl lediglich weggebracht hatte, nur der Bote war, erhielt fünf Jahre Zuchthaus, der dritte im Bunde, Felix Alexander Oppenheim, der die Kassette gestohlen hatte, wurde freigesprochen. Was da rechtens sein sollte, verstanden allenfalls noch die beteiligten Juristen.

Zwar war der Hatzfeldt-Prozeß damals eine Sensation, aber für das Verhältnis zwischen der Gräfin und Lassalle blieb der Prozeßverlauf weniger von Interesse als die Motive für das Bündnis, den „Kriegspakt", wie Lassalle gern zu sagen pflegte.

Sophie von Hatzfeldt dürfte sicher nach dem Bruch mit ihrer Familie in – dem ihr sehr sympathischen – Lassalle so etwas wie den rettenden Engel gesehen haben. Sie brauchte Verbündete, konnte aber, da momentan mittellos, keine Ansprüche an deren Stand und wissenschaftliches Renommee stellen, und sie war daher dankbar für Lassalles Beistand. Es entsprach der Lauterkeit ihres Charakters, daß diese Dankbarkeit ein Menschenalter Bestand haben sollte. In Kreisen des Hochadels galt es skandalös, wenn jemand an die Lösung seiner Ehe dachte, besonders dann, wenn es sich um eine Frau handelte, und der „Kriegspakt" mit einem Bürgerlichen, noch dazu einem jüdischen, stieß bei der Aristokratie auf keinerlei Verständnis. Sophie mußte mit Demütigungen aller Art und gesellschaftlicher Isolierung rechnen. Tatsächlich kam ihr aus ihren Kreisen nur Fürst Pückler zu Hilfe, zwar ein anerkannter Gartenkünstler und geachteter Schriftsteller, aber selbst höchst exzentrisch, der ihr bei allem guten Willen keine große Stütze sein konnte. Wer sich trefflich in ihre Lage zu versetzen vermochte, war Karl Marx, mußte doch seine Frau, Jenny von Westphalen, selbst erfahren, was mit der Deklassierung für einen Menschen verbunden ist. „Die Frau hat für eine

Deutsche viel Energie entwickelt in dem Duell mit ihrem Mann", vermerkte Karl Marx respektvoll. Er lieh ihr sogar Geld, obwohl er selbst ewig in Finanznöten steckte; von ihrem Mann erhielt Sophie ab 1846 keinen Unterhalt mehr, trotz ihrer hohen Mitgift.

Viel schwieriger war es, Lassalles Motive zu ergründen. Später gern idealisiert, verlor er seine – durchaus berechtigten – materiellen Interessen bei all seinem Enthusiasmus keineswegs aus den Augen. Bei Prozeßübernahme kam es zum Abschluß eines Vertrages. Zu Buche sollte für ihn eine Jahresrente von 4 000 Talern stehen, das war weit mehr, als ihm die Universität für eine Professur gezahlt hätte; er mußte allerdings den Prozeß gewinnen, ansonsten drohte er leer auszugehen. Seine für die angestrebte wissenschaftliche Laufbahn geplante Arbeit über Heraklit blieb infolge seiner Prozeßvertretung bis 1857 liegen. Dieser skandalumwitterte Ehescheidungsprozeß konnte leicht seine Karriere in Wissenschaft und Politik beenden, noch bevor sie recht begonnen hatte.

Soweit man den 20jährigen, der einen so mächtigen Aristokraten wie den Reichsgrafen Edmund von Hatzfeldt herausforderte, ernst nahm, schrieb man ihm übertriebene Eitelkeit zu, Mitleid mit einer verlassenen schönen Frau, Ritterlichkeit bis zur Quichotterie, Geltungssucht und Weltverbesserei, oder man unterstellte ihm, er wolle sich an der Seite der Gräfin – oder mit ihrer Hilfe – aus dem Bürgertum fortstehlen, um einen Platz in der Oberschicht zu erklimmen. In seiner berühmten Kassettenrede (11. August 1848) sagte er: Als redlich bekannte Männer „sprachen mir selbst die Überzeugung aus, daß ich schlechterdings in einem Liebesverhältnis mit der Gräfin stehen müsse. Und als ich mir zu fragen erlaubte, worauf sie diese Annahme gründeten, da wurde mir eben so offen geantwortet: auf nichts – auf nichts in der Welt, als darauf, daß sich sonst eine so große Aufopferung für eine fremde Sache gar nicht erklären ließe".[12] So einfach aber lagen die Dinge keineswegs.

Lassalle bedeutete das Vertrauen der Gräfin viel. „Sie hat ihr Schicksal in meine Hand gelegt", schrieb er später in seinem „Bekenntnisbrief",[13] „und zwar nicht heute, wo ich einen begründeten Ruf habe, sondern damals, als ich ein junger Mensch von zwanzig Jahren, zwar talentvoll, aber anscheinend machtlos und unbekannt in der Welt war." Dieses Vertrauen suchte er auch um den Preis übelster Beschimpfungen und politischer Verfolgung zu rechtfertigten. Karl Marx, der zwar Sophie bewunderte, bezweifelte mit Blick auf Lassalle, „ob ein wirklich bedeutender Mensch zehn Jahre einer solchen Bagatelle (Privatintrige) opfern würde".[14] Lassalle aber wollte alles zu Ende bringen.

Es war gewiß nicht nur Eitelkeit, die ihn veranlaßte, Gräfin Hatzfeldts Anwalt zu werden. Den Ausschlag gab wohl ein Brief, den Graf Edmund am 10. Februar 1846 seinem Sohn Paul schrieb und in dem es hieß: „Ich kann und werde ... nur dann für Deine Zukunft sorgen, wenn Du Dich unter meine väterliche Gewalt und Leitung stellst" und nicht „der Leitung Deiner Mutter" folgst.[15] Wie sehr ihn diese despotische Haltung entsetzte, geht aus einem Brief hervor, in dem er 1860 einer unbeteiligten Freundin, einer russischen Adligen, den Grafen Edmund so beschrieb: „Über fünf Millionen verfügend, der Reichste von der ganzen Familie, im Besitze aller Vorrechte und der Autorität, die unser hoher Adel – es ist dies eine der größten Familien von Deutschland – damals hatte und selbst heute noch hat, kannte er keinerlei Maß in den Exzessen, denen er sich in seinem Haß gegen sie (die Gräfin) hingab. Er hatte sie in seine Bergschlösser eingesperrt, er hatte ihr während ihrer Krankheiten den Mediziner und die Medizin verweigert, er entriß ohne Unterlaß durch geheime Entführungen ihre Kinder, ... er ließ sie unaufhörlich aller Existenzmittel entblößt, und während er sein ungeheures Vermögen verschwendete und sein Leben in den nichtswürdigsten Ausschweifungen vertat, unterstützte und bezahlte er die gegen sie gerichtete Verleumdung."[16] Edmund hatte in Paris eine üble Schmähschrift gegen seine Frau herausgegeben. Lassalle sah sich als Mann und Demokrat herausgefordert.

Ritterlichkeit motivierte Lassalle zwar, aber die eigentliche Triebfeder seines Handelns war die Überzeugung, mit einer „Sache der Menschheit" konfrontiert zu sein. „Ich sagte mir", führte er in der bereits erwähnten „Kassettenrede" aus, daß „ihr Schicksal, an dem sie so schwer trug, nicht ein zufälliges, nicht ein privates sei, das für die Allgemeinheit keine Bedeutung hatte, sondern daß auch sie, die sich so verlassen und vereinsamt vorkam, in eine gewaltige siegessichere Schlachtordnung hineingehöre". Selbstgefälligkeit drückt allerdings ein Manuskriptbrief aus: „Und ich, ein junger, machtloser Jude, erhob mich gegen die furchtbarsten Mächte – ich allein gegen die ganze Welt, gegen die Macht des Ranges und der ganzen Aristokratie, gegen die Macht eines unbegrenzten Reichtums, gegen die Regierung und gegen die Beamten aller Art, welche stets die natürlichsten Verbündeten von Rang und Namen sind, gegen alle nur möglichen Vorurteile."[17]

Gar so einsam war er in diesem Kampf aber nicht, nur gab es mit einigen Mitstreitern Differenzen, und vielleicht überging er sie deshalb nachtragend. Zu Beginn des Jahres 1847 schoß Graf Clemens August von Westphalen zu Fürstenberg (1805–1885) 17 000 Taler vor, zinslos und mit der allerbesten Aussicht, sein Geld abschreiben zu können. Ohne die Hilfe des Grafen hätte Lassalle nicht einmal die Gegenklage einzureichen vermocht, erst recht nicht jahrelang einen Mammutprozeß führen können. Er vergaß auch einen anderen Geldgeber, seinen Vater, einen gutmütigen Mann, dem seine übertrieben sparsame und herrschsüchtige Frau deshalb das Leben zur Hölle gemacht haben dürfte.

Entscheidende Monate der 48er Revolution verbrachte Lassalle in Haft – vom Februar bis August 1848. Hatzfeldt-Prozeß und Revolution griffen für ihn ineinander. Er führte das Scheidungsverfahren gegen einen Vertreter jener Klasse, die zu stürzen sich die 48er anschickten. Für Sophie, die Aristokratin, bedeutete das Einstehen für die Republik mehr als für den bürgerlichen Lassalle. Daß die Bauern der Standesherrschaft ihres Mannes sich auf ihre Seite schlugen, bereitete ihr eine große Genugtuung. Sophie war es auch, die Lassalle mit Marx bekannt machte. In Düsseldorf und Umgebung waren die „rote Gräfin" und Lassalle in den Revolutionsjahren populäre Agitatoren. (Mehr dazu bei Christiane Kling-Mathey: Gräfin Hatzfeldt, Bonn 1989, S. 51 ff.). Sophie mußte sich von Edmund vorwerfen lassen, sie habe den „Prozeß zu einer Parteisache“ gemacht, doch die Freiheit, um die sie rang, fügte sich ein in den Kampf gegen eine überlebte Ordnung. Lassalle und Sophie reiften politisch in dieser so bewegten Zeit, und ihre persönlichen Bindungen verstärkten sich durch die gemeinsame politische Arbeit.

Das Scheidungsverfahren trat angesichts der weite Kreise ziehenden revolutionären Ereignisse erst einmal in den Hintergrund. Zwar zeitigte die Revolution keineswegs die erhofften Früchte, aber das politische Klima im Lande erfuhr einen Wandel, was auch Graf Edmund begriff und ihn zur Einwilligung in Scheidung und Finanzausgleich veranlaßte. Die Ehe der Hatzfeldts wurde am 31. Juli 1851 rechtskräftig geschieden und am 12. August 1854 auch ein Vermögensausgleich erzielt – nach Prozessen vor 36 Gerichten. Sophie mußte zwar auf elterliche und großelterliche Erbteile verzichten, auch auf ihren Brautschatz, aber sie bekam 160 000 Taler eingefrorenes Kapital zugesprochen, dazu 140 000 Taler mit einem 5prozentigen Ertrag – 7 000 Taler jährlich – für ihren Lebensunterhalt.

Ob sich Sophie von Hatzfeldt nach dem Prozeß wirklich befreit oder gar frei fühlte, ist fraglich. Ihre Kinder rückten von ihr ab. Alfred und Melanie feierten zu ihrer großen Enttäuschung 1852 ohne sie – aber mit ihrem Exgatten – Hochzeit. Paul, der ihr immer am nächsten stand, während der 48er Revolution auch politisch, hatte sich 1849 aus finanziellen Gründen seinem Vater zugewandt. Auf die Dauer wollte auch er nicht mit einer Mutter leben, die permanent für Schlagzeilen in der Presse sorgte.

Nach erfolgter Gütertrennung hielt Sophie nichts mehr im Rheinland; sie ging nach Berlin. Auch Lassalle zog es dorthin, wo er sich der Wissenschaft widmen wollte.

Die Behörden machten Lassalle bei der Übersiedlung Schwierigkeiten. Selbst die Königin von Preußen schaltete sich ein, äußerte Bedenken gegen den gleichzeitigen Aufenthalt von Lassalle und der Hatzfeldt in Berlin. Lassalle gab dem Polizeipräsidenten 1857 das Ehrenwort, „daß zwischen ihm und der Gräfin keine andere Beziehung bestehe als die einer in gegenseitiger Achtung begründeten und durch zehn Unglücksjahre festgehämmerten Freundschaft".[18] Da er nie leichtfertig mit einem Ehrenwort umging, fanden alte Zweifel an seinem intimen Verhältnis mit Sophie Hatzfeldt neue Nahrung. Alles nur böses Gerede! Seit 1847 litt er an einer „gewissen Krankheit", wie man die Syphilis elegant umschrieb, ein weitverbreitetes und eigentlich so ernst nicht genommenes Leiden, das jedoch in Verbindung mit dem Ehrenwort in einem neuen Licht erschien. Lassalle aber war nach jahrelanger Prozeßpraxis mit einer unanfechtbaren Juristensprache vertraut. Er drückte sein Ehrenwort im Präsens aus – es „bestehe" kein Verhältnis; er sagte nicht, wie mancher das verstehen wollte, es habe nie eins bestanden.

Seit Lassalle 1848 aus dem Gefängnis gekommen war, hatte er mit der Gräfin Hatzfeldt in Düsseldorf unter einem Dach gelebt, offen Intimität demonstrierend. „Die einzige Person, die ich je geliebt habe, sind doch Sie gewesen", schrieb er ihr am 9. September 1860.[19] Er bevorzugte in seinen Briefen die Anrede: „Meine gnädigste Frau". Sophie allerdings drückte sich in ihren Briefen recht zurückhaltend aus. „Liebes Kind", redete sie ihn an. Daraus läßt sich allerdings nicht auf rein mütterliche Beziehungen schließen, obwohl dies den Anschein erwecken mochte – oder sollte. Dieses merkwürdige Verhältnis hat ohnehin die Psychologen später im gleichen Maße interessiert wie die Historiker. Gerade über die Düsseldorfer Zeit wurde aber wenig bekannt. Im Briefwechsel standen beide damals nicht, sie lebten ja zusammen. Sophies Briefwechsel ist ohnehin erst seit Mitte der 50er Jahre überliefert, aber ihre Familie verbat sich im Schriftverkehr alles, was Politik und Ferdinand Lassalle betraf .

Mit Abschluß des Hatzfeldtschen Prozesses änderte sich das Verhältnis zwischen Lassalle und Sophie mit Sicherheit. Das alte Kriegsbündnis war gegenstandslos geworden. Sophie, die so viele Jahre tapfer jeder Herausfordung standgehalten und ein ihr ungewohnt kärgliches Leben geführt hatte, wurde reizbar, kränkelte, sah sich monatelang ans Bett gefesselt, ein Zusammenbruch, wie er sich nach großer Anspannung mit der darauf folgenden Ruhephase nur allzuoft einstellt. Nunmehr wieder über

Geld verfügend, unternahm sie verschiedene Bäderreisen. Lassalle wollte endlich seine Arbeit über Heraklit zu Ende bringen und sich um eine Professur bewerben. Da er zum ersten Mal in seinem Leben ein sicheres Einkommen dank der von Sophie ausgesetzten Leibrente besaß, erfüllte er sich 1856 einen alten Traum und unternahm eine Orientreise – allein. Von Konstantinopel aus schrieb er ihr: „Sie sind und bleiben mir das Liebste im Orient und Okzident, und werden mir dies immer bleiben, solange ich nur eine Spur von Gegenseitigkeit in Ihnen entdecke... Ich gebe Ihnen jetzt ... das Wort, daß ich stets mit derselben Wärme und Innigkeit an Ihnen hangen, daß ich stets bei Ihnen bleiben werde, solange Sie selbst es wollen, und daß ich Sie nie verlassen werde, solange Sie mich nicht gradezu und positiv dazu zwingen."[20] Das erotische Element spielte in ihren Beziehungen ohnehin stets eine untergeordnete Bedeutung, hatte beide nicht von einem dritten Verhältnis abgehalten. Bestand sollten dagegen die freundschaftlichen Bande erlangen.

Karl Marx besuchte 1861 Lassalle in Berlin. Er wollte die „Neue Rheinische Zeitung" wieder ins Leben rufen und rechnete mit einem Zuschuß der Sophie von Hatzfeldt. Sie kam ihm auch entgegen, 30 000 Taler wäre ihr das Projekt möglicherweise wert gewesen, aber nur, und dies war ein für sie charakteristischer Zug, wenn Lassalle Chefredakteur oder Schriftleiter werde. Marx zog sich unter diesen Voraussetzungen zurück. Er vermutete wohl auch zu Recht, daß seine Frau Jenny für Bohemien wie Lassalle und die Hatzfeldt wenig Verständnis aufbringen und lieber in London bleiben würde; er selbst fand auch keinen Gefallen an dem Milieu, mit dem er da konfrontiert wurde, fühlte sich unbehaglich in Lassalles protziger Wohnung, so in einem Brief an Antoinette Philips offen eingestanden. Wie er zu berichten wußte, stellte sich täglich gegen 16 Uhr die Hatzfeldt ein, um den Abend mit Lassalle zu verbringen. „Ich fand ihre Haare so ‚blond' und ihre Augen so blau wie früher, aber in ihrem übrigen Gesicht las ich die Worte eingeprägt: zwanzig und zwanzig macht siebenundfünfzig."[21] Je mehr die Zeit fortschritt, desto deutlicher trat der Altersunterschied zutage. Lassalle stand mit

36 Jahren auf dem Zenit seines Lebens, Sophie dagegen hatte mit ihren 56 Jahren – Marx übertrieb etwas – ihre beste Zeit hinter sich.

Sophie von Hatzfeldt lernte 1861 während einer gemeinsam mit Lassalle in die Schweiz unternommenen Reise den (verheirateten) Militärschriftsteller Oberst Wilhelm Rüstow kennen und schätzte ihn mehr als jeden ihrer früheren Liebhaber. Lassalle sah sich, vielleicht selbst etwas überrascht, in einer Konfliktsituation und reiste eifersüchtig ab. Die Freunde deuteten dies als Bruch mit Sophie, aber ein halbes Jahr darauf versöhnten sich beide; Oberst Rüstow nahm sich später das Leben.

Lassalle hatte mit (der verheirateten) Agnes Denis-Hreet ein Kind, die 1857 verstorbene Tochter Fernande. Wichtiger als Agnes und andere Liebschaften mochte ihm Lina Duncker sein, die Frau eines Freundes. Ihretwegen kühlten sich wohl seine Beziehungen zur Hatzfeldt ab, doch Lina war „ein hoffnungsloser Fall". Eines war überhaupt merkwürdig: es fand sich keine Frau, die eine Ehe mit ihm eingehen wollte, weder vor noch nach seiner Liaison mit der Hatzfeldt. 1864 lernte er Helene von Doenniges kennen, die Tochter eines Historikers, der damals Bayern als Gesandter in der Schweiz vertrat. Helene schwankte zwischen Zustimmung und Ablehnung. Daß Doenniges seine Tochter keinem „Zigeuner" zur Frau geben wollte, ist zwar oft behauptet, aber wohl so nie gesagt worden, Doenniges verbarg seine Vorbehalte geschickt hinter dem Argument, seine Tochter sei längst vergeben. Lassalle, erbost und beleidigt, forderte in einer Kurzschlußreaktion Doenniges zum Duell. Es liegt der Verdacht nahe, daß er seinem Leben ein Ende setzen wollte, nur nicht durch Selbstmord. Nach dem Zeitverständnis mußte Helenes Verlobter, der rumänische Bojar Janko von Racowitz, anstelle des Brautvaters die Forderung akzeptieren. Helene zufolge nahm der Prinz am Tage vor dem Duell erstmals eine Pistole in die Hand – um sich einzuschießen. Im Wald von Carouge verletzte er Lassalle am 28. August 1864 durch einen unglücklichen Schuß in die Genitalien tödlich; drei Tage blieben Lassalle noch, drei Tage, in denen Sophie von Hatzfeldt nicht von seinem Krankenlager wich.

Die Trauerfeier fand in Anwesenheit von etwa 1 000 Personen in Oberkassel statt, weil die Behörden von Düsseldorf keine Einwilligung gaben. Bestattet wurde Lassalle, wie seine Mutter es verlangte, auf dem Jüdischen Friedhof in Breslau. Die Grabinschrift, „Er starb jung, im Triumphe als Achilles“, stammt aus dem Kondolenzschreiben von Karl Marx an die Gräfin Hatzfeldt. Den beeindruckendsten Nachruf dürfte Friedrich Engels verfaßt haben: Lassalle „war politisch sicher einer der bedeutendsten Kerle in Deutschland. Er war für uns gegenwärtig ein sehr unsicherer Freund, zukünftig ein ziemlich sicherer Feind, aber einerlei; es trifft einen doch hart. ... Das konnte nur dem Lassalle passieren, bei dem sonderbaren Gemisch von Frivolität und Sentimentalität, Judentum und Chevalierstuerei, das ganz ihm allein eigen war“.[22]

Ein Jahr vor seinem Tode hatte Ferdinand Lassalle 1863 in Leipzig den Allgemeinen Deutschen Arbeiterverein (ADAV) gegründet, seine historisch bedeutendste Leistung. Sophie von Hatzfeld sah sich als Erbin. Auf einem der beiden Sargschilder Lassalles stand der Ausspruch von ihr:

> Im Denken, Fühlen, Streben war ich eins
> mit dir. Ich hab die Wurzeln meines Seins
> so innig mit dem deinigen verschlungen,
> daß selbst dem Tod die Trennung nicht gelungen.

Es ehrte sie die Bereitschaft, ihr Vermögen und ihre Kraft für das politische Erbe Lassalles einzusetzen. Von den Wirren in dem ohnehin noch ungefestigten Verein einmal abgesehen, mußte sie es als Frau schwerhaben. Charakteristisch für die Verhältnisse in deutschen Landen war, daß Frauen erst 1908 erlaubt wurde, Mitglied einer Partei zu werden. Sie klagte denn auch, sie könne „nicht selbst, weder in der Presse noch sonst auftreten“. Nur „Schutzengel“ des Vereins zu sein, genügte ihr nicht. Wenn die leitenden Personen schon das Gehalt von ihr bezogen, wollte sie auch entscheiden, wer dessen würdig sei. Aus ihrer Sicht war das gar nicht so unverständlich, aber aus Sicht eines demokratischen

Wahlmethoden unterworfenen Vereins sah das nach Diktatur aus und – Weiberwirtschaft. Das allein führte schon zu bedenklichen Differenzen.

Karl Marx hatte Sophie 1861 einmal „ungleich mehr politischen Verstand als Lassalle“ zugestanden. Seine Gegner zitierten vom ihm eher seinen Kommentar über „die alte Hure Hatzfeldt“, was umgangssprachlich aufgefaßt wurde, sich jedoch auf die politische Prostitution bezog. Am aufgekommenen Lassalle-Kult hatte sie ihren Anteil. Es glückte ihr, 1867 etwa ein Fünftel der alten ADAV-Mitglieder für den „Lassalleschen Allgemeinen Deutschen Arbeiterverein“ mit Sitz in Leipzig zu gewinnen. Das Organ der Spaltergruppe war die „Freie Zeitung“, von Sophie finanziert. Die „Hatzfeldtsche Kirche“, die es auf 107 Gemeinden und 12 700 Mitglieder, hauptsächlich in Sachsen, gebracht haben soll, bestand nur zwei Jahre lang: 1869 vereinigten sich die beiden Flügel des ADAV wieder – gegen den Willen der Sophie von Hatzfeldt. Für sie zählten diese zwei Jahre aber zu den glücklichsten ihres Lebens. Sie machte zwar auch trübe Erfahrungen, weil einige Funktionäre sie als „Goldene Gans“ betrachteten, ihr Rechnungen für fingierte Propagandareisen präsentierten, aber wie dereinst in den Revolutionsjahren 1848/49 mit Lassalle trat sie wieder persönlich auf. Der ADAV-Sekretär Julius Vahlteich spottete allerdings, sie sei in die Hütten der sächsischen Strumpfwirker in Kleidern gekommen, die es ihr unmöglich machten, die Tür selbst zu schließen. Sie sah sich verehrt als Lassalles Nachfolgerin. Was besagten ihr schon Zusammenstöße mit der Polizei! Daß sie in Dresden aus dem Fenster springen und vor der Polizei in den Wald flüchten mußte, erschreckte sie keineswegs. Sie unterlag letztlich August Bebel, einem Mann, der zum Idol der deutschen Arbeiterbewegung geworden war. Ihrem Wirken wurde wohl am ehesten das Urteil von Franz Mehring gerecht: „Die Gräfin machte jedes Wort Lassalles zu einem Evangelium, an dem nicht gerüttelt werden dürfe, und dieser Buchstabenglaube mußte sie um so eher irreleiten, als sie nicht durch die Sozialdemokratie zu Lassalle, sondern durch Lassalle zur Sozialdemokratie gekommen war.“[23] Sie sah sich gesellschaftlich entwurzelt, ihrer Klasse nicht mehr zugehörig, von der Arbeiterschaft, der sie sich zuwandte, jedoch ihres Herkommens wegen beargwöhnt. Für beide Seiten blieb sie die „rote" Gräfin; die eine betonte das Wort „rot", die andere das Wort „Gräfin".

Sophie von Hatzfeldt trat im Juli 1878 von der politischen Bühne mit einem Auftritt im Berliner „Hotel de Magdebourg" gegen das drohende Sozialistengesetz Bismarcks ab: Sie forderte den Sturz des Reichskanzlers. In der ihr noch verbliebenen Zeit sorgte sie sich um eine wissenschaftliche Aufbereitung der Arbeiten Ferdinand Lassalles.

Aus ihrem Privatleben war nach Lassalles Tod wenig Gutes zu erfahren, sei es in den Beziehungen zu ihren Kindern oder zu ihren Männerbekanntschaften.

Sie enterbte 1869 Alfred und Melanie und setzte ihren im diplomatischen Dienst stehenden Lieblingssohn Paul zum Alleinerben ein. Als ihr Exgatte Graf Edmund kurz vor seinem Tod die Schuld an der unglücklichen Ehe auf sich nahm, glaubte sie eine Möglichkeit zu sehen, sich mit ihren anderen Kindern auszusöhnen – zu spät. Ihr Kampf um einen Familienanschluß hatte etwas Rührend-Tragisch-Naives an sich. Obwohl sie Pauls Egoismus kannte, gab sie ihm, dem ewig Verschuldeten, schon zu Lebzeiten ihr Vermögen, das trotz einer Fehlspekulation auf dem Kapitalmarkt, der Leibrente für Lassalle, Zuschüssen für die (1872 eingegangene) „Freie Zeitung" und Parteispenden noch immer bedeutend war. Es sollte sich dies als ein schwerer Fehler erweisen. Paul von Hatzfeldt nahm besorgt um seine Karriere die Mutter selbst dann nicht zu sich, als sie schwer unter einer Lähmung zu leiden begann. Wegen krankheitsbedingter Ausgaben verlor sie 1878 das Letzte, was ihr geblieben war, ihr Haus in Heddernheim. Nun führte sie wieder ein armseliges Gasthofleben – ihre Nichten beglichen stillschweigend die Rechnungen.

Keinen Deut besser als mit Sohn Paul erging es ihr mit den Liebhabern. Daß sie von der Angst des Alleinseins im Alter geplagt wurde, stieß bei den wenigen ihr verbliebenen Freunden zwar auf Verständnis – so bei Georg Herwegh –, nur hätte sie sich deren Meinung zufolge weniger an Männer im Alter ihrer Söhne (ihre alte Neigung), sondern an seriöse Personen halten sollen. Bernhard von Bülow, der als Staatssekretär im Auswärtigen Amt mit Sophies Sohn Paul verkehrte, traf sie 1867, als sie „in exzentrischer Toilette, eine große Zigarre im Munde, mit rotgefärbten Haaren durch die Leipziger Straßen und Wirtshäuser zog am Arme eines weit jüngeren Sozialisten (Fritz Mende) ..., (der) den genialeren Ferdinand Lassalle bei ihr als Liebhaber ersetzt hatte". Karl Schorn vermerkte 1898 in seinen Lebenserinnerungen ähnliches: „In den siebziger Jahren lebte sie längere Zeit in Bonn mit einem Sozialdemokraten Mende, einem schwindsüchtigen Menschen von wenig einnehmendem Äußeren und ordinären Manieren, stets in Begleitung von allerlei großen und kleineren Hunden."[24] Mende, der sie an Lassalle erinnern mochte, wurde von ihr im Testament von 1869 großzügig bedacht – er sollte ihr Legat (24 000 Taler), das Mobiliar und Bargeld erhalten, aber er starb eher als sie. Zwar hatten die persönlichen und politischen Bindungen keine Bedeutung mehr, aber nach Mendes Ableben wurde sie sich ihrer Einsamkeit erst recht bewußt. Geistig noch wach, aber ohne rechte Aufgabe, verlassen, kränkelnd, hatte das Leben seinen Sinn für sie verloren; sie resignierte.

Sophie von Hatzfeldt erlag am 25. Januar 1881 im Wiesbadener „Hotel zum Adler" völlig verarmt einer Lungenentzündung. Eigentlich hegte sie ehedem den Wunsch, neben Lassalle beerdigt zu werden, aber sie wurde in Frauenstein beigesetzt, ganz schlicht zwischen anderen Grabstätten. Unauffälligkeit hatte sie sich ausbedungen; sie wolle nicht als etwas Besonderes gelten. Aber eine ungewöhnliche Frau war sie dennoch!

Ob Sophie von Hatzfeldt und Lassalle als ein Liebespaar im vertrauten Sinne gelten können, mag zweifelhaft sein, aber als ein klassisches Freundespaar dürfen sie wohl gesehen werden. Beide waren hochbegabt, etwas exzentrisch, sich ergeben, und betrachteten nach zermürbenden Kämpfen für eigene und fremde Interessen ihr Leben als verfehlt.

Mary Vetsera und die Bluthochzeit zu Mayerling

IM WIENERWALD, KNAPP 30 KILOMETER VON DER ÖSTERREICHISCHEN HAUPTstadt entfernt, liegt das Karmeliterkloster Mayerling. Die Gebäude gehörten einmal zu jenem Jagdschloß, in dem es am 29. Januar 1889 zum Doppelselbstmord des österreichischen Thronfolgers Rudolf von Habsburg und Mary (Marie) Alexandrine Baronesse von Vetsera kam. Kaiser Franz Joseph ließ das erst zwei Jahre zuvor erneuerte Schloß in ein Kloster umwandeln. Da er nur einen strengen Orden als würdig ansah, fiel seine Wahl auf die Unbeschuhten Karmelitinnen, einen Zweig der 1155 in Karmel nahe Haifa gegründeten Einsiedlervereinigung. Im Stiftungsbrief hieß es: „In der Kapelle muß für immerwährende Zeiten der freie Zutritt gewährt bleiben. Insbesondere haben die Karmelitinnen alltäglich für das Seelenheil weiland des Kronprinzen Erzherzog Rudolf zu beten."[1] Wo heute der Altar steht, befand sich einst das Schlafzimmer, in dem man die beiden Leichen fand.

Baulich völlig verändert wurde nach Rudolfs Tod auch seine Suite im Schweizerhoftor der Wiener Hofburg. Aus dem Billardzimmer, in dem drei Professoren fünf Stunden lang (!) die Leiche obduziert hatten, wurde ein Wintergarten. Kaiser Franz Joseph war unerbittlich: Kein Schloßbesucher sollte an die Lebenssphäre des Kronprinzen erinnert werden, etwa an den Schreibtisch, den Rudolf mit einem Totenschädel und einer Pistole verziert hatte.

Mit Rücksicht auf die Staatsräson erhielt der Thronfolger ein erstklassiges Begräbnis. Als 113. Habsburger wurde er in der Uniform eines Feldmarschalleutnants in der Kapuzinergruft beigesetzt. Etwa Hunderttausend kamen, um Abschied von dem populären Kronprinzen zu nehmen. Manche harrten bis zu zwölf Stunden aus, um noch einen Blick auf die Leiche werfen zu können. Rudolfs Kopf war sorgfältig mit Wachs präpariert, die zertrümmerte Schädeldecke bandagiert.

Mary Vetsera, Rudolfs Todesgefährtin, blieb nur ein letztklassiges Begräbnis, eine Beisetzung bei Nacht und Nebel, eine Grabstätte im Selbstmörderwinkel auf dem Friedhof des Stiftes Heiligenkreuz nahe Mayerling. Laut Todesanzeige starb sie übrigens in Venedig.

Als 1989 anläßlich des 100. Jahrestages der Bluthochzeit in Mayerling eine Gedächtnismesse gelesen wurde, flehte der Priester: „Barmherziger Gott, wir haben für Deinen Diener Rudolf Gebete und Gaben dargebracht und für ihn das heilige Opfer gefeiert. Vergib ihm seine Sünden, tilge jeden Makel, der ihm noch anhaftet, und laß ihn schauen, was Du denen bereitet hast, die Dich lieben."[2]

Der nahe bei Mayerling begrabenen Baronesse Vetsera gedachte der Priester zur Gedächtnismesse mit keiner Silbe. Kaiser Franz Joseph wäre zufrieden gewesen.

Der Diener Johann Loschek, der morgens gegen 6 Uhr die verhängnisvollen Schüsse gehört haben wollte und gegen 8 Uhr 10 zusammen mit den Jagdgästen Joseph Graf Hoyos und Prinz Philipp von Coburg die Tür aufbrach, erzählte als schon 83jähriger 1928 seinem Bürgermeister: „Rudolf lag entseelt auf seinem Bette angezogen, Mary Vetsera ebenfalls auf ihrem Bette vollständig angekleidet ... Beide hatten sich überhaupt nicht schlafen gelegt. Beiden hing der Kopf herunter. Gleich beim ersten Anblick konnte man sehen, daß Rudolf zuerst Mary Vetsera erschossen hatte und dann sich selbst entleibte. Es fielen nur zwei wohlgezielte Schüsse. Die Anwesenheit einer dritten Person sowie daß Glasscherben im Kopfe Rudolfs steckten ist wie so vieles über Rudolfs Tod frei erfunden."[3] Daß Verwandte Mary erst ankleiden mußten, verschwieg Loschek aus Gründen der Pietät. Es drängt sich allerdings die Frage auf, warum er reichlich zwei Stunden verstreichen ließ, ehe er gewaltsam ins Zimmer drang. Dem kaiserlichen Leib-

*Baronesse Mary Vetsera · * 1871, † 1889*
Foto um 1888

Rudolf, Erzherzog von Österreich
*Kronprinz von Österreich · * 1858, † 1889*
Foto von Cassirer & Danziger, Berlin 1889

arzt Prof. Dr. H. Widerhofer zufolge lag Mary ausgestreckt im Bett, „offene Haare über Schultern, eine Rose in den gefalteten Händen – Rudolf in halbsitzender Position, der Revolver seiner erstarrten Hand entfallen am Boden, im Glase nur Cognac ...“[4] Üblicherweise hält die herabfallende Hand eines Selbstmörders den Revolver verkrampft fest. Der ebenfalls aus Wien herbeigeeilte Hofsekretär Dr. Heinrich von Slatin notierte über jene Situation: „Wir ... fanden ... zwei Leichname, jenen des Kronprinzen, das Antlitz kaum entstellt, jedoch die Schädeldecke abgesprengt, Blut- und Gehirnteile herausquellend, wie mir schien durch einen Schuß aus nächster Nähe, und einen schönen weiblichen Leichnam. Es war jener der Mary Vetsera.“[5] Die verschiedensten Personen wußten also um das Geschehen.

Bei dem Revolver handelte es sich um eine Armee-Waffe Kaliber 11. Als Munition dienten Bleikugeln mit Sprengwirkung, keine Stahlmantelgeschosse. Daß die Jagdgäste Loschek als ersten das Schlafzimmer mit den Leichen betreten ließen, verstand die Polizei als „nicht mehr gutzumachenden Fehlgriff“. Wie schrecklich die Schußwunden anzusehen waren, davon sprach Loschek in erster Erregung zum Kutscher Josef Bratfisch, zum Förster Karl Ratschek ... Daß es sich um einen Doppelselbstmord handelte, davon war er überzeugt.

Josef Graf Hoyos, der in einem abgelegenen Seitenflügel übernachtet und nichts Ungewöhnliches vernommen hatte, von Loschek erst geweckt wurde, trug die Hiobsbotschaft nach Wien – und wartete wider besseres Wissen mit der Ansicht auf, die Vetsera hätte den Thronfolger vergiftet und sich dann selbst das Leben genommen. Der Kronprinz ein Mörder und Selbstmörder? – Das vertrug sich nicht mit der Staatsräson! Die kaiserliche Familie folgte bereitwillig der Version des Grafen. Kaiserin Elisabeth („Sissi“) antwortete ihrer Tochter Marie Valerie auf die Frage, ob Rudolf sich selbst umgebracht habe, „daß ihm das Mädchen Gift gegeben hat“.[6] Kaiser Franz Joseph informierte im gleichen Sinne Ministerpräsident Eduard Graf Taaffe, der gegen 13 Uhr die Nachricht an den Polizeipräsidenten Franz von Krauß weitergab: „Der Kronprinz ist heute früh mit der Vetsera im Bette todt aufgefunden worden; sie haben sich vergiftet. Der Prinz von Coburg halte die Thüre verschlossen und wache darüber, damit niemand hineingehe ins Zimmer. Graf Bombelles (Obersthofmeister) sei hinausgefahren mit dem Sarg und werde die Leiche des Kronprinzen in der Nacht nach Wien bringen."[7]

Eduard Graf Paar, Generaladjutant des Kaisers, suchte Helene Vetsera, Marys Mutter, auf. Sie solle Wien sofort verlassen; ihre Tochter habe den ahnungslosen Rudolf vergiftet.[8] Aus Furcht vor einem Skandal stieg Helene eingeschüchtert in den Zug nach Venedig; unterwegs überlegte sie es sich allerdings anders und kehrte um. Die „Neue Freie Presse" meldete noch am 2. Februar 1889: „Kaiserliche Hoheit haben sich mit Strychnin vergiftet." Die Zeitung war nicht auf dem laufenden, auch wenn sie sogar das benutzte Gift kennen wollte. Die Version von der bösen Giftmischerin und ihrem bedauernswerten Opfer hatte sich als zu töricht erwiesen, um daran festhalten zu können. Kaiser Franz Joseph ließ die „Wiener Zeitung" folgende Todesanzeige veröffentlichen:

„Seine k. und k. Hoheit der durchlauchtigste Kronprinz Erzherzog Rudolph ist gestern, den 30. d. Mts., zwischen 7 und 8 Uhr früh in seinem Jagdschlosse in Meyerling bei Baden, am Herzschlag plötzlich verschieden."

Am gleichen Tag legten die Professoren E. Hofmann, H. Kundrat und H. Widerhofer den Obduktionsbericht vor. Widerhofer soll dem Kaiser erbost über die Herzschlag-These vorgehalten haben: „Majestät, die Kugel, wir haben sie gefunden – die Kugel, mit der er sich erschossen hat!" Die Ärzte waren zwar nicht bereit, die abgesprengte Schädeldecke zu übersehen, aber sie formulierten ein Gefälligkeitsgutachten mit vorsichtig eingeflochtenen „Annahmen". Die entscheidende Passage des Obduktionsberichtes lautete: „Die vorzeitige Verwachsung der Pfeil- und Kreuznaht, die auffällige Tiefe der Schädelgrube und der sogenannten fingerförmigen Eindrücke an der inneren Fläche der Schädelknochen, die deutliche Abflachung der Hirnwindungen und die Erweiterung der Hirnkammer sind pathologische Befunde, welche erfahrungsgemäß mit abnormen Geisteszuständen einherzugehen pflegen und daher zur Annahme berechtigen, daß die Tat in einem Zustand von Geistesverwirrung geschehen ist."[9] Die katholische Kirche konnte dies akzeptieren und dem Thron Bestattung in geweihter Erde zubilligen. Am nächsten Tag, dem 1. Februar 1889, räumte die „Wiener Zeitung" ohne Nennung von Details Suizid ein.

In den wenigen Tagen bis zur Beisetzung kursierten drei verschiedene Versionen über Rudolfs Tod: Opfer eines Mordanschlages, Herzschlag, Selbstmord im Zustand geistiger Verwirrung. Wer vermochte sich da noch zu wundern, wenn ein für Spekulationen fruchtbarer Boden die seltsamsten Früchte hervorbrachte? Die Mayerling-Affäre hätte bei wahrheitsgemäßer Darstellung nicht annähernd so viel Aufsehen erregt.

Die Leiche der Mary Vetsera konnte Kaiser Franz Joseph nicht rasch genug beiseite schaffen lassen. Oberkommissar Ferdinand Gorup notierte: „Am 30.1.1889, 1/2 2 Uhr wurde ich (vom Polizeipräsidenten) beauftragt, mich unter Mitnahme von zehn Polizei-Agenten unverzüglich nach Baden zu begeben und mit dem dortigen Bezirkshauptmann behufs Absperrung des Zuganges zum Schlosse Meyerling für Unbefugte und behufs Wegschaffung der Leiche einer Frauenperson aus Meyerling ins Einvernehmen zu setzen."[10] Ministerpräsident Taaffe hatte bereits den Polizeipräsidenten angewiesen, daß die „Leiche ohne Aufsehen woanders hingebracht werde und daß von den sonstigen Förmlichkeiten abgesehen werde". Mit dem Arzt konnte der Hof zufrieden sein, denn im medizinischen Gutachten hieß es: „Am 30. Januar 1889 wurde in der Gemeinde Mayerling ein weiblicher Leichnam aufgefunden. Der Herr Leibarzt Dr. Franz Auchenthaler constatiert zweifellos Selbstmord mittels Schußwaffe. Am linken Stirnwandbein befindet sich ein 5 cm langer, 3 cm breiter lappiger Substanzverlust der Haut, in dessen Umgebung die Haare versengt sind; es ist dies also die Eintrittsöffnung des Projektils. Der Schußkanal geht quer durch das Gehirn und endet 2 cm ober dem äußeren, rechten Gehörgang, hier eine schmale kantige Ausschußöffnung bildend; die Knochen um Ein- und Ausschuß sind rings zersplittert, ebenso auch die Schädeldecke. Sonst ist keine Verletzung wahrzunehmen: Die Verletzung ist absolut tödlich, und mußte der Tod augenblicklich eingetreten sein ...“[11] Die Baronesse besaß im Umgang mit Waffen keinerlei Erfahrung. Da sie Rechtshänderin war, konnte sie, den schweren Armeerevolver an die linke Schläfe gesetzt, niemals den sofort tödlichen Schuß abgegeben haben. In ihrer erstarrten linken Hand hielt sie zudem ein Taschentuch oder (und) eine Rose. Hätte dies alles der Arzt wahrheitsgemäß vermerkt, wäre die Einschaltung der Staatsanwaltschaft unvermeidbar geworden. Hofsekretär Slatin gab in seinem Bericht nach Wien auch unumwunden zu, „daß Auchenthaler und ich bei Mary Vetsera Selbstmord konstatieren mußten, weil sonst die sofortige stille Bestattung nach dem Gesetze nicht möglich gewesen wäre“.[12]

Auf Helene Vetsera geht eine ausführliche Schilderung des Umgangs der Obrigkeit mit Marys Leiche zurück. „Donnerstag den 31. Jänner abends um 1/2 5 Uhr fuhren Graf Stockau und Alexander Baltazzi (Mary war beider Nichte) nach Mayerling; sie läuteten vergebens eine halbe Stunde beim Schloße an, bis endlich ein Wagen mit einem Beamten des Obersthofmarschallamtes (Dr. Slatin, W.F.) und dem kaiserlichen Leibarzt Dr. Auchenthaler angefahren kam, worauf denn auch der Schloßwärter erschien, und sie in das Schloß hineinließ. Der Beamte brach die Siegel und öffnete die Thür des Zimmers, wo man die Leiche blutbefleckt fand. Sie hatte eine Schußwunde an der linken Schläfe, die hinter dem rechten Ohr herauskam. Es waren, da die That am Tage vorher zwischen 6 und 8 Uhr früh geschehen war, etwa 38 Stunden seit dem Tode verflossen, ohne daß dem entseelten Leichnam sein Recht geworden war. Die Leiche befand sich noch in demselben Zustand, in welchem sie Tags zuvor zugleich mit jener des Kronprinzen aufgefunden wurde; die Augen weit geöffnet und starr hervortretend, aus dem halb geöffneten Munde war ein gestockter Blutstrom hervorgeqollen, der einen Theil des Körpers bedeckte; die Arme ruhten leicht gebogen im Schoß, die linke Hand verschloß krampfhaft ein Taschentuch, welches nur mit Anwendung großer Gewalt aus der erstarrten Hand entfernt werden konnte. Bei der ersten Auffindung wurde die Leiche im Zimmer des Kronprinzen am Rücken liegend vorgefunden, sie war jedoch von dort in ein anderes Zimmer übertragen, auf ein Bett gelegt, und mit Kleidern derart überdeckt worden, daß sie erst nach Entfernung der Kleider sichtbar wurde."[13]

Alexander von Baltazzi wollte, daß der Totenschein auf „ermordet" laute, um Mary ein christliches Begräbnis zu sichern, vermochte sich jedoch nicht durchzusetzen. Untersuchungsleiter Ferdinand Gorup, nachmalig Polizeipräsident von Wien, veranlaßte getreu der Weisung Taaffes die Überführung der Leiche auf den Friedhof des Stifts Heiligenkreuz. Weil ein Leichenwagen zu auffällig gewesen wäre, setzten Alexander von Baltazzi und Georg Graf Stockau die Tote in einer Kutsche zwischen sich; stabilisiert wurde die Leiche durch einen entlang des Rückens in die Kleider gesteckten Stockes. Hofsekretär Slatin und Leibarzt Dr. Auchenthaler benutzten einen zweiten Wagen. Die Verwandten Marys spielten bei dieser würdelosen Prozedur eine fragwürdig anmutende Rolle. Man wird ihnen zugute halten müssen, daß der Hof sie eingeschüchtert, Mary einen Giftmord angelastet hatte und Mutter Helene durch kaiserliche Order von Mayerling ferngehalten wurde. Bis zur Ankunft auf dem Friedhof war offen, wie sich die Beisetzung vollziehen würde. Augenscheinlich griff Prior Pater Malachias Dedic vermittelnd ein. Er sah die Leiche und die Schußverletzung und begriff, daß entgegen dem Totenschein kein Selbstmord im engeren Sinne vorlag; er zeigte sich bereit, die Leiche einzusegnen, und daraufhin unterschrieben Alexander Baltazzi und Graf Stockau gegen Mitternacht auf dem Friedhof Heiligenkreuz schließlich das von Dr. Auchenthaler verfaßte Protokoll. Mary wurde in Reisekleidern in den vom Stift rasch zusammengenagelten Sarg gelegt. Da der Boden durchfroren war und Eisregen einsetzte, verzögerte sich jedoch die Aushebung des Grabes, obwohl Polizeibeamte dem Totengräber zur Hand gingen. Bis zum Morgengrauen sollte eigentlich die Beisetzung erfolgt sein, aber erst 10 Uhr 10 konnte der Polizeikommissar nach Wien telegraphisch Vollzug melden: „Alles abgetan!"

Die als „Mayerlinger Geheimakt" geführten Polizeiakten hielt Wien unter Verschluß. Als sich 15 Jahre nach dem Sturz der Habsburger endlich jemand dazu entschloß, das fünffach versiegelte Paket aufzubrechen, war die Enttäuschung groß.[14] Der Hof hatte rechtzeitig seine Vorkehrungen getroffen und verfängliches Material vernichtet, was durch die Geheimniskrämerei um den „Mayerlinger Geheimakt" weitgehend verdeckt werden konnte. Die Forschung setzte jahrzehntelang auf Material, das längst seinen Weg durch den Kamin genommen hatte.

Die Zeitzeugen, Diener, Kutscher, Ärzte und Polizisten, hielten sich strikt ans Redeverbot. Nur die aus Wien verbannte Helene Vetsera verfaßte eine in 200 Exemplaren aufgelegte Denkschrift, die jedoch der Geheimpolizei bis auf wenige Hefte im Juni 1889 vor Auslieferung in die Hände fiel und im Reißwolf landete. Um Helene zu besänftigen und von einer zweiten Denkschrift abzuhalten, kam ihr der Hof entgegen; sie durfte auf dem Friedhof Heiligenkreuz eine kleine Kapelle errichten lassen – gegenüber der von Hanna, Marys Schwester, erbauten Gruft; am 16. Mai 1889 wurde die Leiche der Baronesse in einem Kupfersarg in diese Gruft überführt. Als Grabinschrift wählte Helene: „Wie eine Blume sproßt der Mensch auf und wird gebrochen" (Hiob 14,2).

Film und Fernsehen erkannten in der Mayerling-Affäre später einen dankbaren Stoff. „Kronprinz Rudolfs letzte Liebe", 1955 in Österreich gedreht, mit Rudolf Prack, Christiane Hörbiger und Winnie Markus in den Hauptrollen, formte entscheidend das Bild, das heute große Kreise von der Bluthochzeit haben. Die künstlerische Umsetzung des historischen Stoffes aber erfolgte ziemlich frei. Die Kritik sprach von einer „Seifenoper" und einer „Groschenheft-Geschichte im Luxuseinband". Von der Thematik ging etwas verführerisch Operettenhaftes aus, eine Versuchung, der weder Autor noch Regisseur zu widerstehen vermochten – oder nicht widerstehen wollten.

Mary Vetsera zählte 17 Jahre, als ihr Geliebter sie mit ihrem Einverständnis erschoß. Ihre Geschichte erlangte im Vergleich zu der anderer bekannter Mätressen eine auffallend geringe Eigenständigkeit; wichtiges stand in Verbindung mit der Biographie Rudolfs. Die Vetsera „regierte" nicht wie die „schöne Wilhelmine" in Preußen, unterhielt keinen „Hof" wie die Lupescu. Sie führte ein stilles und kurzes Mätressendasein; sie mochte zwar eine Snobistin sein, aber sie handelte uneigennützig, opferte sich in jugendlicher Schwärmerei.

Der „Berliner Börsen Courier" schrieb am 24. Februar 1889: „Die Baronesse war nicht eigentlich, was man eine Schönheit nennt, am wenigsten eine edle, vornehme Schönheit; das Wort Schopenhauers vom ‚Knalleffekt der Natur' paßt selten so gut wie hier; von der üppigen, früh erblühten Gestalt, dem hübschen Gesichtchen mit den zuckenden Lippen, dem kecken Stumpfnäschen, den feuchtschimmernden blauen Augen ging ein Hauch heißer Sinnlichkeit aus, welcher um so mehr auf die Männer wirkte, je sinnlicher ihre eigene Natur war ... Sie war mäßig begabt ... Sie hatte keinerlei, und zwar buchstäblich keinerlei geistige Interessen und interessierte sich, außer für ihre Toilette, nur für den Rennsport." Der Autor dürfte schwerlich zum Kreis ihrer Verehrer gezählt haben. Oder handelte es sich um eine Autorin? Die Frauen waren auf Mary neidisch – behauptete ihr Hauslehrer Gabriel Dubrav: „Ein verwöhntes Kind, etwas kokett, gehaßt von den anderen Frauen, die durch sie in den Schatten gestellt wurden."[15] Nach Louise von Coburg, Rudolfs Schwägerin, hatte sie „Temperament, Rasse und Kaprizen eines Vollblutpferdes ... Als ich das erstemal Gelegenheit hatte, ihre Schönheit zu bewundern, habe ich wirklich beinahe die Fassung verloren ... Welch ein seltsames Geschöpf doch Mary war! Kokett aus Instinkt, unbewußt unmoralisch in ihren Neigungen, fast Orientalin in ihrer Sinnlichkeit und dabei so süß und lieblich, daß jeder sie gern haben mußte. Sie war zur Liebe geboren ..."[16] Ebenso freundliche Worte fand die Modistin Marie Nunziante: „Die Mary hatte auch ein reizendes Figürl, aber so was Süßes wie ihr Köpferl kann man sich gar nicht vorstellen ... Sie hatte wunderbare frische Backerln, mandelförmig geschnittene Augen und schwarzes Haar. Man war glücklich, wenn man sie nur ansehen konnte."[17]

In der Presse erschien erstmals 1884 eine Notiz über Mary: Sie hatte 13jährig beim Eislauf mit Bravour die meist viel älteren Konkurrentinnen geschlagen. Ihr Partner war später Gundakar Wurmbrand, der nach ihrem Tode einige Gedichte von ihr herausgab. Einmal aufgefallen, wurde Mary auch im „Salonblatt" erwähnt. In der Ausgabe vom 10. Juli 1887 hieß es: „Zu den entourirtesten und mit Recht vielbewunderten jugendlichen Schönheiten gehörte in der verflossenen Saison unstreitig Mary Vetsera ... Aus dem reizenden Kind ist eine reizende Dame geworden."[18] Im Herbst des folgenden Jahres wählten die Wiener Gesellschaftsreporter Mary „zu den schönsten neuen Jungdamenzierden der kommenden Saison". Die blutjunge Baronesse schwamm darob auf einer Woge der Glückseligkeit.

Mary wuchs in einem Palais in der Wiener Salesianergasse auf. Zu den auffallendsten Gewohnheiten der Familie gehörte es, sich englisch zu unterhalten; der Vater, ein im diplomatischen Dienst stehender Slowake, bestand darauf. Helene Vetsera, Marys Mutter, war eine geborene Baltazzi italienisch-orientalischer Herkunft. Da ihr Mann 1887 in Kairo unerwartet einem Schlaganfall erlag, verschlechterte sich ihre finanzielle Lage. Sie verkehrte viel bei ihren drei Brüdern, die in Wien gern mit den Pferderennen in der Freudenau in Verbindung gebracht wurden: Hector von Baltazzi galt als Österreichs bester Herrenreiter (1916 Selbstmord), Aristides von Baltazzi als Besitzer des größten Gestüts im Lande (Gestüt Napajedl in Böhmen), Alexander von Baltazzi, ebenfalls ein bekannter Herrenreiter, handelte mit Rennpferden und Grundstücken. Der Hofadel verachtete hochnäsig das geschäftige Treiben der Baltazzis.

Helene strebte für Mary eine Vermählung mit Prinz Miguel de Braganza an. Von dieser Verbindung erhoffte sie sich mehr als die Tochter, für die der mit dem Kronprinzen befreundete Braganza nur ein willkommener Informant war. Im April 1888 begann Mary für Rudolf zu schwärmen. Als Helene den Gemütszustand ihrer Tochter erkannte, verreiste sie für einige Monate mit ihr, erst zu Verwandten nach England, dann zur Kur nach Bad Homburg. Aber Zeit heilte in diesem Fall keine Wunden.

Mary sah den Kronprinzen im Herbst 1888 bei Eröffnung des neuen Hofburgtheaters. Sie faßte sich ein Herz und bekannte ihm in jungmädchenhafter Manier brieflich, wie sehr sie ihn liebe und bat um postlagernde Antwort. „Er teilte mir mit", vertraute sie Marie Gräfin Larisch an, „daß jede Nacht um zwölf Uhr ein Fiaker eine Stunde lang in der Salesianergasse warten würde. Wenn ich also entschlüpfen könne, würde ich wissen, was ich zu tun hätte". Und über die erste Begegnung äußerte sie : „Ich wurde fast ohnmächtig vor Freude, als ich ihn an meiner Seite wußte. Ich fühlte mich wie im Himmel. Wir sprachen von tausend Dingen. Er war so anbetungswürdig, wie ich ihn mir vorgestellt habe".[19]

Marie Gräfin Larisch-Moennich, eine Nichte der Kaiserin, wurde wegen ihrer bürgerlichen Mutter vom Hof geschnitten. Mit Rudolf, ihrem Cousin, stand sie auf vertrautem Fuß; er schüttete bei ihr sein Herz aus, wenn ihm danach zumute war – und bezahlte ihre Schulden. Sie fühlte sich ihm darob verpflichtet und erfüllte bereitwillig seine Wünsche. Das Schloß war ihr vertraut genug, um ohne fremde Hilfe zur Kronprinzensuite im Schweizerhoftor zu finden, obwohl der Weg dahin bei Umgehung der Wachen einem Schleichpfad durch ein Labyrinth glich. Da die Gräfin zum Freundeskreis von Marys Mutter zählte, konnte sie die Baronesse ohne Schwierigkeiten zu Rudolf entführen. Niemand schöpfte Verdacht, wenn sie Mary zu einer „Spazierfahrt", auf einen „Kaffee", zum „Photographen" oder zu einem „Einkauf" abholte. Da die Gräfin in Pardubitz lebte und nur gelegentlich nach Wien kam, stets im Grandhotel am Ring absteigend, konnte sie auch noch „Wiedersehensfreude" ins Spiel bringen; sie war ein geradezu idealer Postillon d'amour.

Zur ersten „Ausfahrt" kam es am 28. Oktober 1888. Vier Wochen später saß Mary als Gast in der Opernloge des Grafen Larisch, der Loge des Thronfolgers direkt gegenüber. Mary und die Kronprinzessin zeigten für die Aufführung kein sonderliches Interesse; sie beobachteten sich eifersüchtig stundenlang durchs Opernglas. Vom 11. bis 21. Dezember 1888 gab die Hofoper den „Ring der Nibelungen". Helene ließ sich eine Loge reservieren, aber Mary gab vor, für Richard Wagner kein Interesse zu haben. Kam Helene aus dem Theater, lag Mary stets schon zu Bett. Wenn Rudolfs Kutscher, Josef Bratfisch, nicht übertrieben hat, kam es zwischen Oktober und Januar zu 20 Rendezvous.

Vielleicht hätte Rudolf Marys Brief nur mit ein paar unverfänglichen Zeilen oder überhaupt nicht beantwortet, wäre er nicht gerade von einer tiefen Depression erfaßt und empfänglich für die kleinste Zuneigung gewesen. Er mußte sich gestehen, in jeder Hinsicht gescheitert zu sein, als Ehemann wie als Hoffnungsträger des Hauses Habsburg.

Rudolf hatte sich standesgemäß mit Stephanie von Belgien verehelicht, aber die wenig reizvolle Gattin, ein „Trampeltier" – wie die von der Natur begnadete und als schönste Frau Österreichs geltende Kaiserin Elisabeth einmal boshaft meinte –, erwies sich als spröde und von mäßigem Intellekt. Nur ein Kind, Elisabeth Maria, ging aus dieser Verbindung hervor. Nach nur anfänglicher Eintracht zeigten sich die Eheleute bald immer seltener gemeinsam in der Öffentlichkeit. Stephanie tröstete sich mit Graf Arthur Potocki.

Von amourösen Abenteuern bei Rudolf zu sprechen, wäre eine Bagatellisierung. Er wich auf seinen Liebespfaden nicht einmal den tiefsten Sümpfen aus. Viele Damen der vornehmen Gesellschaft nahmen keinen Anstoß daran. Es hieß, sie nutzten ihn einfach aus, zeigten sich gefällig, damit er ihnen oder dem Gatten zu einer Karriere verhelfe. Wahrscheinlich bestand auch eine Neigung, auf dem Umweg über den Kronprinzen am sündigen Leben teilzuhaben. Rudolf führte ein „Register der Eroberungen", was ihn nicht eben als Gentleman auszeichnete. Als er sich eine Geschlechtskrankheit zuzog, bekämpfte er sie mit Rauschgift und wurde am Ende süchtig. Kaiser Franz Joseph verstand den Lebenswandel seines Sohnes als Skandal und ließ ihn von Polizisten überwachen. Auch Kronprinzessin Stephanie verschaffte sich über jeden seiner Schritte Gewißheit – durch Privatdetektive.

Drei Jahre lang hatte Rudolf mit Mizzi (Maria) Kaspar ein Verhältnis, einer bildhübschen Kurtisane. Als sie sich 1886 Auf der Wieden, einem Nobelviertel Wiens, für 60 000 Gulden eine luxuriöse Villa kaufen konnte, war sie amtlich Hausbesitzerin, und das hob im Wien jener Jahre ihre soziale Stellung. Rudolf hatte sich das Geld für Mizzis Haus teilweise geliehen; seine Apanage war zwar mit 45 000 Gulden jährlich beträchtlich, reichte aber bei weitem nicht, um seiner Freundin ein so teures Haus zu kaufen. Aus der Verbindung mit ihr gingen zwei Kinder hervor.

Da Rudolf seine Ehe nicht zu retten vermochte, bat er den Papst, eine Scheidung zu genehmigen, der Heilige Vater aber antwortete nicht ihm, sondern schrieb an Kaiser Franz Joseph, was am 26. Januar 1889 zu einer Auseinandersetzung zwischen Vater und Sohn führte, vom Personal belauscht, verbreitet und kommentiert. „Thue, was du willst, ich werde Deiner Scheidung niemals zustimmen“, soll Franz Joseph kategorisch erklärt und empört hinzugefügt haben: „Du bist nicht würdig, mein Nachfolger zu werden.“[20] Dieses Gespräch war nicht Ursache des Selbstmords, beeinflußte aber den Zeitpunkt.

Über Rudolf als Politiker gingen die Auffassungen der Zeitgenossen auseinander. Den einen galt er als Rebell, den anderen als Phantast. Kaiser Franz Joseph hielt ihn mißtrauisch aus allen staatlichen Angelegenheiten heraus, selbst aus dem Kronrat, und der seit 1879 regierende Ministerpräsident Taaffe brüskierte den Thronerben unter diesen Vorzeichen, wann immer sich Gelegenheit bot.

Der Kaiser hatte dem sensiblen Rudolf eine soldatische Erziehung zugedacht. Als die wenig familiär eingestellte, meist sehr beschäftigte Kaiserin Elisabeth erfuhr, ihr gerade 6jähriger Sohn werde durch einen Pistolenschuß geweckt und müsse tagaus, tagein exerzieren, sprach sie 1865 ein sie ehrendes Machtwort. Rudolf verdankte ihr eine Erziehung durch humanistisch gebildete und liberal eingestellte Lehrer. Er war schon Oberst und Regimentskommandeur, als er mit dem Zoologen Alfred Brehm eine Reise nach Ägypten und Palästina unternahm, brachte 1884 sein Buch „Fünfzehn Tage auf der Donau“ heraus, für das er von der Universität Wien den Ehrendoktor erhielt, und begann im Jahr darauf mit der Herausgabe des 24bändigen Werkes „Die Österreichisch-ungarische Monarchie in Wort und Bild“, wobei ihm seine tschechischen und ungarischen Sprachkenntnisse zugute kamen. Er fühlte sich zum Gelehrten berufen, war aber durch Geburt zum Thronfolger bestimmt.

Zum Verdruß seiner Standesgefährten sah er im Bürgertum die „Basis des modernen Staates“. Er vertrat religiöse Toleranz, was im katholischen Österreich nicht nur orthodoxen Klerikern mißfiel. Konsequent war er in seiner Gegnerschaft zum wieder erwachten Antisemitismus, und die Rechte bezeichnete ihn prompt als „Judenknecht“. Zu seinen engsten Freunden zählte der jüdische Journalist Moriz Szeps, der ihm in seinem „Neuen Wiener Tagblatt“ Publikationsmöglichkeiten einräumte. Die Artikel des Kronprinzen erschienen mit Rücksicht auf seine künftige Position und das Haus Habsburg anonym. Mit Szeps hatte Rudolf wenige Stunden vor seinem Freitod zu nachtschlafender Zeit noch eine Unterredung, über die Szeps sich ausschwieg.

Außenpolitisch trat der Kronprinz nach dem Vorbild Victor Hugos für die „Vereinigung der Staaten Europas“ ein. Er meinte, der Vielvölkerstaat Österreich bilde dafür einen idealen Kern. Angesichts der Selbständigkeitsbestrebungen von Tschechen und Ungarn wirkte jedoch diese Auffassung geradezu weltfremd. Ähnliches galt auch für die Bündnispolitik. An Maria Theresia anknüpfend, strebte er eine Allianz mit Rußland und Frankreich an. Zu Preußen-Deutschland stand er in Opposition. Nur Friedrich III., der nach 99tägiger Regierungszeit an Kehlkopfkrebs verstarb, stand ihm nahe, während er mit Bismarck und dem säbelrasselnden Wilhelm II. nichts im Sinne hatte. Daß der Publizist Julius Felix in Wirklichkeit Rudolf von Habsburg hieß, wurde bekannt. Der deutsche Kaiser, der im Herbst die Truppen des österreichischen Verbündeten inspizierte, verlangte demonstrativ die Abberufung Rudolfs von seinem Posten als Generalinspekteur der Infanterie der k.u.k. Monarchie „wegen Inkompetenz“.

Kronprinz Rudolf betrieb ein Verwirrspiel von Herrschaftsanspruch und Opposition ohne Parteibasis. Eingebettet in dem für ihn unlösbaren Widerspruch zwischen einer bedeutungslos gewordenen Aristokratie, der er nach Geburt zugehörte, und der aufstrebenden Bourgeoisie, die sich ihm verschloß, ihm mißtraute, was angesichts seiner konfusen Philosophie nicht weiter verwundern konnte, familiär entwurzelt, gesundheitlich zerrüttet – zwei Wochen vor seinem Streit mit dem Kaiser neuerlicher Ausbruch einer Gonorrhoe –, dem Alkohol und harten Drogen verfallen, sah er in der Selbstentleibung „die einzige Art, zumindest wie ein Gentleman diese Welt zu verlassen", so in seinem Brief an Nachlaßverwalter Ladislaus von Szögyenyi formuliert. Sein Tod hatte mit Heroismus nichts zu tun: „Er starb aus Ekel!" meinten seine Freunde; sie zeigten sich keineswegs verwundert, als die Mayerling-Tragödie bekannt wurde.

Am 27. Januar 1889 gab Prinz Reuß, der deutsche Botschafter in Wien, anläßlich des 30. Geburtstages von Wilhelm II. einen Empfang. Er hatte auch die Vetseras eingeladen. Daß sie als nicht hoffähig galten, kümmerte ihn wenig; für ihn waren sie Angehörige eines verstorbenen Diplomaten. Mary fühlte sich glücklich. Der Zufall hatte es gewollt, daß sie ihren „Polterabend" in festlicher Umgebung erleben durfte. Aus dieser Stimmung heraus resultierte wohl ihre als Provokation verstandene Haltung; sie ignorierte die Kronprinzessin, als dieser die weiblichen Gäste vorgestellt wurden. Sie kostete „ihren Tag" voll aus.

Rudolf erschien auf ausdrücklichen Wunsch seines Vaters in preußischer Uniform. Der Geheimdienst, der über jeden Schritt des Thronfolgers sorgsam wachte und wie jeder Geheimdienst selbstgefällig in der Überzeugung lebte, ihm entgehe nichts – von der Mayerling-Affäre sollte er durch Dritte erfahren –, registrierte eine Auseinandersetzung zwischen dem Kronprinzenpaar wegen Mary Vetsera. Mit dem Selbstmord hatte der Ehekrach so wenig zu schaffen wie der Streit tags zuvor mit Kaiser Franz Joseph.

Rudolf, außerstande, allein eine Entscheidung von Bedeutung zu treffen, wollte auch in seiner letzten Stunde nicht allein sein. Er suchte bereits einen Partner, als er Mary noch gar nicht kannte. Sein Privatsekretär Viktor von Fritsche lehnte ab. Daraufhin schlug er – im Sommer 1888 – Mizzi Kaspar vor, mit ihm zusammen aus dem Leben zu scheiden; die lebenslustige Kurtisane tat ein solches Ansinnen als makabren Scherz ab, verständigte aber die Polizei, ein Beweis, daß ihre Zweifel an der Ernsthaftigkeit von Rudolfs Absichten gespielt waren. Rudolf begab sich am 27. Januar 1889 nach dem Empfang in der deutschen Botschaft ins Etablissement der Mizzi Kaspar, blieb bis 3 Uhr und nahm Abschied mit dem Bemerken, er fahre nach Mayerling, um sich dort zu erschießen.

Vielleicht hatte Kronprinzessin Stephanie gar nicht so unrecht, als sie zu ihrer Hofdame äußerte: „Mary Vetsera? Wer war die Vetsera? Eine von Vielen. Die Nacht bevor er nach Mayerling fuhr, hat er mit der grande cocotte von Wien, Mitzi Caspar, verbracht."[21] Rudolfs und der Vetsera Selbstmord war gewiß keine Romanze eines an Standesschranken gescheiterten Liebespaares.

Marys Hauslehrer meinte, sie habe sich schon im November 1888 auf die Bluthochzeit eingestellt. Ihre Lebensphilosophie sei einem Wandel verfallen. „Das Wort der Alten gefiel ihr: Wer jung stirbt, den haben die Götter lieb!" Sonst gar nicht leselustig, habe sie sich von heute auf morgen für Publikationen interessiert, in denen Doppelselbstmorde eine Rolle spielten. Als sie vom Fall Chambige erfuhr – die Frau starb, der Mann überlebte –, befaßte sie sich auffallend intensiv mit Giften, aber auch mit Darstellungen von Selbstmorden vor einem Spiegel. Marys Zofe zufolge verständigte sich das Paar definitiv am 13. Januar 1889 über den gemeinsamen Abschied aus dem Leben. Von einem Rendezvous mit Rudolf sei die Baronesse völlig verstört heimgekehrt. „Jetzt gehöre sie nicht mehr sich selbst, sondern ihm ganz allein."[22] Dies deckt sich mit einem Brief, den Mary am gleichen Tag an ihre nach Frankfurt übergesiedelte Klavierlehrerin Hermine Tobis schrieb: „Liebe Hermine! Ich muß Ihnen ein Geständnis machen, über das Sie sehr böse sein werden. Ich war gestern von 7 bis 8 Uhr bei ihm. Wir haben beide den Kopf verloren. Jetzt gehören wir uns mit Leib und Seele an ..."[23] Die Vetsera ließ in den Tagen darauf in ein Rudolf zugedachtes Zigarettenetui die Worte gravieren: „13. Jännär. Dank dem Schicksal". Rudolf wiederum schenkte Mary einen eisernen Ehering mit den Initialen:

„I.L.V.B.I.D.T." (In Liebe vereint bis in den Tod). Am 26. Januar 1889 fiel Helene eine Schatulle Marys in die Hände, die Fotos von Rudolf, das Zigarettenetui mit Gravur und Marys Testament enthielt, ausgefertigt am 18. Januar 1889. An diesem 26. Januar hatten beide ihre familiären Schwierigkeiten: Rudolf mit dem Vater, Mary mit der Mutter.

Am 28. Januar 1889 wurde Mary unter einem Vorwand von der Gräfin Larisch in der elterlichen Wohnung abgeholt und durch einen hinteren Eingang zu Rudolfs Wohnung geführt. Rudolf bat die Gräfin, für zehn Minuten in einem anderen Zimmer zu warten. Derweil verließ Mary die Hofburg. Von der Polizei befragt, sagte der bei einer privaten Speditionsfirma angestellte Kutscher Josef Bratfisch aus, daß er am frühen Morgen Weisung erhielt, sich für eine längere Fahrt bereitzuhalten, und daß „kurz vor 11 Uhr Mary Vetsera aus dem Gang der Augustinerbastei heraustrat, sofort einstieg und befahl, nach dem ‚Rothen Stadl' (bekanntes Ausflugslokal) zu fahren".[24] Derweil hatte Gräfin Larisch einen Auftritt mit ihrem Cousin; sie fühlte sich ausgetrickst, wußte nicht, was sie Marys Mutter berichten solle. Rudolfs Ratschlag folgend, fuhr sie sofort zum Palais der Helene Vetsera, meldete, Mary sei geflüchtet – ließ jedoch Rudolf aus dem Spiel.

Etwas anders liest sich diese Notiz in den Akten des Polizeipräsidenten Krauß: „Nach 12 Uhr mittags kam Gräfin Marie Larisch ... zu mir ins Bureau, um mir folgende discrete Mittheilung zu machen: Sie habe nach 10 Uhr V.M. die 17 Jahre alte Baronin Vetsera bei ihrer Mutter, III., Salesianergasse 11 mit einem Fiaker abgeholt, um mit ihr zu Rodeck am Kohlmarkt zu fahren, um daselbst eine Rechnung zu bezahlen. Die Gräfin sei dann in das Gewölbe des Rodeck gegangen, während die Baronin im Wagen zurückblieb. Als die Gräfin nach einer Weile einen Commis aus dem Gewölbe zum Wagen schickte, um die Baronin zu bitten, in die Galanteriewarenhandlung zu kommen, war die Baronin nicht mehr im Fiaker, und der Fiakerkutscher erzählte, die Baronin sei in einen anderen Fiaker umgestiegen und weggefahren. Die Gräfin eilte hinaus, um selbst zu sehen, was die Mittheilung bedeute, und fand im Fiaker einen Zettel, in welchem die

Baronin die Absicht aussprach, sich das Leben zu nehmen." Die Gräfin sei „zu Baronin Vetsera gefahren, und da wäre durch Wahrnehmung in den letzten Tagen die begründete Vermutung ausgesprochen worden, daß bei der Entweichung des Mädchens der Kronprinz die Hand im Spiel hatte".[25] Bevor Gräfin Larisch nach Pardubitz abreiste, fand sie sich gegen 19 Uhr begleitet von Helene Vetsera nochmals beim Polizeipräsidenten ein. Helene nahm sich mit der offiziellen Vermißtenanzeige Zeit bis zum darauffolgenden Tag 11 Uhr: „Mary trug ein dicht anliegendes, olivengrünes Schneiderkleid, mit schwarzer Tresse besetzt, der Kragen durch eine einfache Brosche zusamengehalten. Sie trug keinen Schmuck, außer ihrem Ohrgehänge, dem eisernen Armband und Ring und einem goldenen Kreuz um den Hals. Sie trug einen Hut aus grünem Filz, der reich mit Straußenfedern garniert war. Dazu einen schwarzen Schleier, den Sealskinmantel und einen Muff."[26] In dieser Kleidung sollte Mary Vetsera drei Tage darauf beerdigt werden.

Die Behörden wurden wegen ihres zögernden Verhaltens bald heftig kritisiert; man wußte inzwischen, was in Mayerling geschehen war und dünkte sich weise. Die Polizei hatte Helene zu beruhigen versucht: Am 30. Januar gäbe es in der Burg ein Familiendiner des Hauses Habsburg, dem sich der Kronprinz nicht entziehen könne, und mit Rudolf werde sich auch Mary wieder in Wien einfinden.

Als Polizeipräsident Krauß durch Gräfin Larisch vom Verschwinden Marys erfuhr, hatten ihm seine Agenten schon die Nachricht zugespielt: „11 Uhr 50: Se. k. Hoheit Kronprinz Rudolf passierte soeben den 5. Bezirk gegen Schönbrunn." Der Hof bemerkte Rudolfs Weggang erst, als der Prager Erzbischof zu einer Audienz erschien und wenig später das Heeresgeschichtliche Museum nachfragte, wo der Kronprinz bleibe, er habe doch eine Sitzung anberaumt. Rudolf hatte keinen seiner Termine abgesagt. Vom Gasthof „Roter Stadl" aus setzte er die wegen des strengen Winterwetters beschwerliche Reise mit Mary gemeinsam fort, stieg aber kurz vor Mayerling aus und begab sich zu Fuß zum Jagdschloß, wo er eine Stunde früher als Mary und der Kutscher anlangte.

Tags darauf trafen die Jagdgefährten Joseph Graf Hoyos und Prinz Philipp von Coburg in Mayerling ein. Rudolf frühstückte mit ihnen, schickte sie aber „wegen einer Erkältung“ allein auf die Jagd. Beide wußten nichts von Marys Anwesenheit. Abends fuhr der Prinz nach Wien zu dem bereits erwähnten Familiendiner der Habsburger. Graf Hoyos zog sich nach dem Abendessen, das er gemeinsam mit Rudolf einnahm, gegen 21 Uhr zurück. Mary hatte er wiederum nicht gesehen.

Während sich die Freunde auf der Jagd befanden, hatten Rudolf und Mary teils getrennt, teils gemeinsam ihre Abschiedsbriefe geschrieben. Im Kleid der Vetsera soll sich ein zerknitterter Zettel gefunden haben, ein Brief an die Schwester: „Er hat mir heute endlich offen die Unmöglichkeit dargelegt, daß ich je die Seine werden könnte; – er hat seinem Vater (am 26. Januar) das Ehrenwort darauf gegeben, von mir zu lassen. Es ist aus! Ich gehe freudig in den Tod!“[27] Der Abschiedsbrief an die Mutter lautete: „Liebe Mutter! Verzeiht mir, was ich getan, ich konnte der Liebe nicht widerstehn. In Übereinstimmung mit ihm will ich neben ihm am Friedhof von Alland begraben sein. Ich bin glücklicher im Tode als im Leben. Deine Mary.“[28] Auch ihrem Verlobten Braganza schrieb Mary ein paar Zeilen. Rudolf vermerkte darunter: „Servus Wasserer!“ (Spitzname des Prinzen Braganza). Spät am Abend mußte Kutscher Josef Bratfisch im Billardzimmer zur Unterhaltung heurige Lieder singen. Er war der Letzte, der Rudolf und Mary lebend gesehen hat.

Die Historikerin Brigitte Hamann vermutet in der Vetsera den aktiveren Teil während der letzten Nacht. Rudolf suchte wohl nur der Einsamkeit in seinen letzten Stunden zu entgehen. Von 70 000 Gulden, die er der Gräfin Larisch anvertraut hatte, waren 40 000 Gulden für Mary Vetsera bestimmt, damit sie sich begleitet von Therese Miller ins Ausland begeben könne. Da die Miller Hebamme war, nährte dies den Verdacht, Marys Flucht aus der Hofburg sei eine mißglückte Abtreibung vorangegangen. Für einen Eingriff dürften die offenen zehn Minuten nicht gereicht haben. Noch unwahrscheinlicher mutet an, daß Mary sich danach bei strengem Winterwetter in eine Kutsche gesetzt und stundenlang durch den Wienerwald gefahren sein soll. Der – allerdings unter fragwürdigen Umständen verfaßte – Totenschein gibt über eine mögliche Schwangerschaft keine Auskunft. Einiges spricht dafür, daß die romantisch veranlagte blutjunge Baronesse Rudolfs Lebensweg bis zum bitteren Ende teilen, der Engel, der ihn „hinüberbegleitet", sein wollte und die ihr zugedachte finanzielle Absicherung ausschlug. Während Rudolf steten Schwankungen unterlag, nahm sie die vereinbarte Bluthochzeit ernst. Bei ihrer Flucht verzichtete sie auf die Mitnahme selbst der notwendigsten Utensilien; sie brauchte keine mehr.

An Marys erstem Todestag lag ein prachtvolles Gebinde auf ihrem Grab; Einheimische wollten wissen, Kaiserin Elisabeth habe es niedergelegt, als sie zum Requiem für Rudolf in Mayerling gewesen sei. Offiziell wollte das Haus Habsburg eine Mary Vetsera nie gekannt haben. Ihre Gruft wurde 1945 beim Einmarsch der Roten Armee verwüstet. Totengräber Alois Klein berichtete: „Wir fanden den Sarg zerbochen, und der Kopf, an dem die beiden Schußverletzungen (Ein- und Austritt der Kugel) deutlich zu sehen waren, lag neben dem Grab auf dem Boden der Gruft."[29] Weder der österreichische Staat noch das Stift legten bei der Behebung der Verwüstungen Eile an den Tag. Vierzehn Jahre gingen ins Land, bevor am 7. Juli 1959 auf Kosten einer „Dame aus Triest" – Theresa Zar, Enkelin eines kaiserlichen Dieners – ohne Hinzuziehung eines Gerichtsmediziners eine neuerliche Umbettung der sterblichen Überreste der Mary Vetsera erfolgte. Der Schädel ließ sich anhand der Einschußstellen leicht identifizieren; beigegeben wurden die „Gebeine eines ca. 18jährigen Mädchens". Ein 1978 gestellter Antrag, das Grab noch einmal zu öffnen, wurde vom Prior des Stifts Heiligenkreuz abgelehnt.

An seine Ehefrau Stephanie schrieb Rudolf zum Abschied: „Du bist von meiner Gegenwart und Plage befreit."[30] Das traf so nicht zu. Der Kaiser gewährte ihr zwar eine Pension von jährlich 150 000 Gulden, aber eine Kronprinzen-Witwe, gerade 25 Jahre alt, mußte sich am Hof überflüssig vorkommen. Eine Zeitlang verbarg sie sich hinter Pseudonymen (Gräfin Lacroma, Lady

Bonchurch); 1900 heiratete sie den ungarischen Großgrundbesitzer Elemér Lónyay von Nagylóna (seit 1917 Fürst). Mit dieser nicht standesgemäßen Ehe schied sie aus dem Kaiserhaus aus; ihr Vater, der König von Belgien, enterbte sie. Ihre Memoiren, erschienen 1935 in Leipzig unter dem Titel „Ich sollte Kaiserin werden“, wurden in Österreich sofort verboten. Stephanie wohnte 39 Jahre lang im slowakischen Schloß Oroszvár, wurde 1945 beim Einmarsch der Roten Armee vertrieben und starb im August desselben Jahres 81jährig im ungarischen Benediktinerstift Pannonhama bei Györ.

Stephanies und Rudolfs einziges Kind, die Tochter Elisabeth Maria – „sei gut für die arme Kleine, die das einzige ist, was von mir übrig bleibt“, bat Rudolf im Abschiedsbrief an seine Frau – ehelichte 1902 den Fürsten Otto Windischgrätz, gebar ihm vier Kinder, ließ sich aber 1924 scheiden und heiratete nach dem zweiten Weltkrieg den aus dem KZ befreiten Sozialdemokraten Leopold Petznek; sie starb als „rote Erzherzogin“ 80jährig 1963 in Wien. Mit ihren Kindern zerstritten, hinterließ sie, die Universalerbin Rudolfs, ihr Vermögen der Stadt Wien.

Mit Marys Mutter, Helene Vetsera, verkehrte der Adel nicht mehr. Sie kaufte sich den Mühlhof in Küb bei Payerbach, wo sie „auf den Tod wartete“; sie überlebte alle vier Kinder und starb 1925 vereinsamt in Wien. Ihrem Letzten Wunsch gemäß wurde sie in Payerbach bestattet.

Als Gräfin Larisch an der Beerdigung Rudolfs teilnehmen wollte, ließ ihr die Kaiserin sagen, sie habe Wien sofort und für immer zu verlassen. Der Hof lastete ihr Kuppelei an und – fürchtete ihr Wissen. Der Bannstrahl traf auch ihre Verwandtschaft. Ihr Mann ließ sich 1896 von ihr scheiden, Sohn Heinrich nahm sich das Leben. Sie heiratete den Kammersänger Otto Bruck, der 1914 verstarb, meldete sich während des ersten Weltkriegs als Rotkreuzschwester an die Front, lebte dann einige Zeit in den USA, wo sie mit dem Farmer William H. Meyers verheiratet war, und starb 1940 im Servatius Stift zu Augsburg. Die Gestapo beschlagnahmte ihre Aufzeichnungen und Briefe.

Mizzi Kaspar wurde von Rudolf finanziell sichergestellt. Den

Hof stimmten zwar „die 30 000 Gulden, die für eine Dame zweifelhaften Rufes bestimmt waren“, sehr verdrießlich, doch das Geld wurde „über kaiserlichen Auftrag an die Betreffende ausgefolgt“. Ihr Haus verkaufte Mizzi 1891; sie verzog in einen Stadtteil, wo niemand sie kannte. Mit 43 Jahren starb sie ledig 1907 an Rückenmarksverhärtung. Beigesetzt wurde sie ihrem Wunsch gemäß in Mödling bei Mayerling; das Grab ist eingeebnet.

Kaiser Franz Joseph war ein langes Leben beschieden. Am Hof scherzte man, er sei längst tot, wisse es nur nicht, da er verboten habe, ihm schlechte Nachrichten zu übermitteln. Er starb 1916. Daß er sich um die Nachfolge sorgen mußte, lastete er Mary Vetsera an. Nach Rudolfs Tod war Neffe Franz Ferdinand Anwärter auf den Thron, nicht standesgemäß verheiratet mit der Gräfin Sophie Chotek; zusammen mit seiner Frau erlag er 1914 einem Attentat in Sarajevo. Neuer Thronerbe war Karl, ein Neffe Franz Ferdinands und des sächsischen Königs Friedrich August III. Die Revolution zwang ihn 1918 zum Thronverzicht; 1922 starb er verbannt in Funchal auf Madeira.

Die Chronisten haben die Hintergründe der Bluttat von Mayerling verschieden interpretiert und gelangten zu gegensätzlichen Auslegungen, angesiedelt zwischen operettenhafter Farce und einem fürs Haus Habsburg historischen Memento mori.

Helene Lupescu und „ihr" Prinz, der die Welt mit fünf Thronverzichten narrte

Mit den Berühmtheiten ihrer „Zunft" hatte Madame Lupescu, die Geliebte des Karl (Carol) von Hohenzollern-Sigmaringen, vieles gemeinsam: sie war attraktiv, geistreich, intrigant. Ihr Einfluß auf die Politik war bedeutender noch als jener der „schönen Wilhelmine" in Preußen. Der Weg zum Ministersessel durch ihr Vorzimmer erwies sich als wesentlich kürzer denn der übliche über Partei und Parlament. Mit den beiden Frauen, die Carol durch Bluts- oder Ehebande nahestanden, gab es keinen Streit; beide flüchteten entsetzt – die Mutter wie sein angetrautes Weib. Auch hier finden sich in der Geschichte Parallelen. So zog sich Augusts des Starken Eberhardine auf Schloß Pretzsch zurück, den ausschweifenden Lebenswandel ihres Herrn Gemahls aus der Ferne verfolgend.

Auffallend war, daß ihre Liaison mit Carol 26 Jahre währte, erst mit dem Tode Carols endete. Und sie gehörte zu den wenigen Mätressen, die geheiratet wurden. Vor allem bei den Finanzen drängen sich wenig Vergleiche zwischen der Lupescu und anderen Mätressen auf. Geldgeschäfte waren ihr Metier, sie verstand sich selbst aufs Geldbeschaffen, während andere nur an Pensionen und Abfindungen dachten. Als Carol Macht besaß, mißbrauchte sie zwar seine Stellung skrupellos, aber sie vermehrte ihren Reichtum schon, als Carol noch keine Macht besaß und auch dann, als er verlorener Macht nachtrauerte, und diese Zeit währte länger als der Glanz der Krone. Die Boulevardpresse wunderte sich: stets hatten die Mätressen von den Fürsten profitiert, hier lebte jahrelang der Fürst auf Kosten seiner Mätresse. Wo die Lupescu auftauchte, blühte das Geschäft. Sie gründete

Firmen, handelte auf eigene Rechnung und Provisionsbasis – sie bestach, ließ sich bestechen. Die resolute rothaarige Jüdin hätte sich als Makler an der Londoner Börse oder Boss eines Ölkonzerns in Texas bestens geeignet.

Sie hieß eigentlich Helene Wolf und wurde am 15. September 1895 in Hertza (Moldau) geboren. Von ihrem Vater, Nikolaus Wolf, erbte sie die kaufmännische Veranlagung. Er besaß eine Konzession als Apotheker, aber Heilmittel machten nur einen Bruchteil seiner Umsätze aus. In seiner Apotheke ließ er sich regelmäßig erst wieder im Alter blicken, als sein Sohn die sonstigen Geschäfte besorgte. Er war Händler, zählte zwar nicht zu den Mächtigsten, aber er verfügte als Erbe eines in Jassy eingeführten Geschäftes über weitreichende Verbindungen, und das sollte für Helene – oder Elena, wie sie in Rumänien hieß – bedeutungsvoll sein. Er kaufte in Rußland, Persien, Griechenland und Rumänien Rauchwaren, ließ sie in Leipzig veredeln, tauschte die Pelze in London, Brüssel oder Paris gegen Uhren, Schmuck und Textilien, handelte mit orientalischen Gewürzen, kaufte und verkaufte Heilmittel – einzig als Alibi gegenüber dem Finanzamt verstand er seine Apotheke nicht –, verlieh auch Geld, nach rumänischen Verhältnissen sogar beträchtliche Summen. Durch das väterliche Unternehmen wuchs Helene in die Welt des Handels hinein. Sie konnte selbständig Bilanzen aufstellen, war mit bedeutenden Kaufleuten und Bankiers bekannt und beherrschte vier Sprachen perfekt. Als Frau und Jüdin hatte sie jedoch im Handels- und Bankgeschäft einen schweren Stand, selbst innerhalb der Familie. Das Bukarester Haus Lupescu leitete bis zum Einmarsch der deutschen Wehrmacht ihr Bruder; ihm schien die Schwester im Geschäft erst wichtig, als sie zu den Einflußreichen des Landes zählte.

Als junges Mädchen heiratete sie einen rumänischen Offizier namens Tampeanu, ließ sich aber bald wieder scheiden, da das Eheglück ausblieb. „Verschuldet wie ein preußischer Leutnant“, war Tampeanu wohl nur auf ihre Mitgift ausgewesen. Helene betrachtete diese Ehe als einen Irrtum; sie breitete gern den Mantel des Schweigens darüber, und selbst der Name ihres einstigen

*Helene Lupescu-Wolf · * 1895, † 1977*
Foto um 1935

Carol II. von Hohenzollern-Sigmaringen
** 1893, † 1953 · König von Rumänien 1930–1940*
Porträtfoto um 1920

Gemahls war für sie tabu. Auch ansonsten ignorierte sie gern ihre Vergangenheit. Es steht nicht einmal fest, ob ihr Vorname Helene lautete; die Eltern riefen sie Magda. Ihr Paß war auf den Namen Lupescu ausgestellt, eine Rumänisierung des Namens Wolf.

Auf einem Offiziersball in Bukarest lernte sie 1925 eben 23jährig Prinz Karl (Carol) von Hohenzollern-Sigmaringen kennen, dessen Familie seit 1881 den Königsthron von Rumänien innehatte. Carol, am 3./15. Oktober 1893 im Schloß Sinaia geboren, in Potsdam erzogen, diente dort als Offizier. Ihm schmeichelte, zu hören, er sähe gut aus – „jeder Zoll ein Hohenzollern!" – woran besonders das weibliche Geschlecht nie zu zweifeln schien. Was seine geistigen Fähigkeiten betraf, schrieb man ihm eine gehörige Portion Bauernschläue zu. Sein Leibarzt Dr. Mamulea bezeichnete ihn als Trieb-Neurotiker. Er hatte viel von einem Glücksritter an sich, verstand sich meisterhaft aufs Intrigieren und überraschte seine Umgebung immer wieder durch Gesinnungswandel, und das auf derart frappierende Weise, daß Zweifel aufkamen, ob er überhaupt eine Gesinnung besitze.

Nach den Gesetz der Erbfolge hatte er Anspruch auf den Thron, nur wußte eigentlich keiner, ob er ihn wollte: Feierlich leistete er fünfmal offiziell Verzicht, womit er einen Rekord erzielt haben dürfte. Von Thronanwärtern oder -inhabern, die einer Mätresse zuliebe der Krone entsagt haben, berichtet die Chronik verschiedentlich. So verzichtete 1936 in England Eduard VIII. wegen Wallis Simpson, einer geschiedenen Amerikanerin, auf den Thron. Die Lupescu stand erst mit Carols drittem Verzicht in Verbindung; er hatte der Krone schon zweimal abgeschworen, ehe er Helene zu seiner Geliebten erkor.

In den Revolutionswirren 1918 hatte er sich vom Bürgermeister Odessas in einem Hotel mit Joana (Zizi) Lambrino (1898 bis 1953) trauen lassen, zum Entsetzen des Hauses Hohenzollern-Sigmaringen und der rumänischen Regierung. Die Aufregung verebbte, denn die Ehe währte ganze sieben Tage. Carol erklärte unter dem Druck seiner Familie die Heirat schon in den Flitterwochen für nichtig. Zizi erhielt eine Apanage von 110 000 Goldfranken für sich und den Sohn Mircea.[1] Den vor der Hochzeit ausgesprochenen Thronverzicht wiederholte Carol jedoch bei der offiziell im März 1919 in Bukarest erfolgten Annullierung seiner Ehe, was niemand sonderlich ernst nahm; schließlich hatte er in Sachen Ehe der erbosten Verwandtschaft auch nicht lange widerstanden. Um Gras über die Affäre wachsen zu lassen, schickte ihn seine Familie auf eine Weltreise, und 1921 wurde er mit Prinzessin Helene von Griechenland (1896–1982) getraut, der Tochter Konstantins I., des Königs der Helenen. Aus dieser Ehe ging im selben Jahr Sohn Michael hervor; nachdem die Erbfolge gesichert war, zeigten die Eheleute kaum mehr Interesse füreinander.

In ein Familienidyll brach die Lupescu also keineswegs ein. Ihr Erscheinen verunsicherte aber die Hohenzollern nach den Erfahrungen mit der Lambrino, und König Ferdinand änderte vorsichtshalber sein politisches Testament zugunsten seines Enkels Michael. Ansonsten fiel dem ziemlich ratlosen Familienrat nichts Originelles ein. Als die britische Königin Alexandra starb, durfte Carol Rumänien bei der Trauerfeier vertreten; er sollte wieder einmal abgelenkt werden. Carol begab sich nach London, ganz gehorsames Familienmitglied – und kehrte nicht zurück. Aus Venedig schickte er am 24. Dezember 1925 einen neuerlichen Thronverzicht, derweil den dritten. Inzwischen bemerkte man in Bukarest, daß auch die Lupescu außer Landes gegangen war. Niemand hatte einen Grund gesehen, ihr die Ausreise zu verweigern oder an eine mit Carol vereinbarte Flucht gedacht. Hofmarschall Hioto sollte vor Ort alles klären, erreichte aber nur, daß Carol am 28. Dezember 1925 zum nunmehr vierten Mal auf den Thron verzichtete.

Das flüchtige Paar ließ sich in Mailand nieder, siedelte aber im Februar 1926 nach Paris über, um sich den Nachstellungen der Journalisten zu entziehen, wollte doch die Boulevardpresse den größten dynastischen Skandal der Zeit bis ins kleinste Detail ausschmücken. Vorsichtshalber und mit zeitweiligem Erfolg ersetzte Carol den auffälligen Namen Hohenzollern-Sigmaringen durch das schlichte Pseudonym Caraiman. In Rumänien trauerten ihm wenige nach. Die Sympathien lagen bei der verlassenen Prinzessin Helene. Als König Ferdinand 1927 starb, fehlte Carol bei der Beerdigung. Neuer König wurde – unter Regentschaft – sein sechsjähriger Sohn Michael. Als Prinzessin Helene sich am 21. Juni 1928 in Bukarest scheiden ließ, erschien Carol erwartungsgemäß nicht zur Verhandlung.

Hätte der Lupescu an Geld und Titeln mehr gelegen als an Carol, wäre sie besser in Bukarest geblieben. Nunmehr wurde sie zur Geldbeschafferin. Carol sah sich nach neuerlichem Thronverzicht und Flucht von fast allen Geldquellen abgeschnitten. Auch die Familie Lupescu ging auf Distanz. Helene hatte ihre Mitgift erhalten, mochte diese sich auch in ihrer Ehe mit Tampeanu verflüchtigt haben. Ansprüche konnte sie jedenfalls keine mehr geltend machen, und freiwillig ließen ihr die Angehörigen nichts zukommen, zumal sie die Verwicklung Helenes in einen weltweit diskutierten Skandal als Geschäftsschädigung verstanden. Vorsichtshalber firmierte das Unternehmen nur noch unter dem Allerweltsnamen Wolf.

In Paris wunderte sich zwar niemand, daß sich das Pärchen in Luxushotels einmietete, vermißte aber Meldungen über unbezahlte Rechnungen und Schuldenberge. Erst allmählich wurde klar, daß die Lupescu als Helene Wolf alle möglichen einträglichen Geschäfte abwickelte und flüssig genug war, um sich teure Appartements und einen gehobenen Lebensstandard leisten zu können.

Am 6. Juni 1930 landete Carol überraschend – ohne die Lupescu – auf dem Bukarester Flughafen Baneasa. Entgegen seiner wiederholten Verzichtserklärung wollte er nun doch König werden, und zwei Tage später setzte ihn das Kabinett tatsächlich in seine alten Rechte ein, wenn auch nur mit 6 : 5 Stimmen. So trat der seltene Fall ein, daß der Vater dem Sohn auf dem Thron folgte. Der Überraschungseffekt dürfte bei der Entscheidung des Kabinetts mitgewirkt haben. Vergeblich wandten die Liberalen ein, Carol sei ein Scharlatan und völlig charakterlos. Zu seinen Gunsten sprachen jene, die eine lukrative Stellung erhofften und über Wahlen keine zu erwarten hatten. Viele Bürger und Bauern sahen in Carol angesichts katastrophaler wirtschaftlicher Verhältnisse mit mehr Sozial- und Rentenempfängern als Erwerbstätigen durchaus einen Hoffnungsträger. Die Regentschaft für den nun neunjährigen König Michael hatte sich als unhaltbar erwiesen. Man munkelte sogar, Ministerpräsident Maniu habe Carol ins Land geholt. Daß dieser einen Wink erhielt, vielleicht von seinem Bruder Nicolae von Hohenzollern-Sigmaringen, darf wohl als wahrscheinlich gelten. Ermutigung ging auch von Sir Henry Deterding aus, dem Chef der Royal-Dutch-Petroleum Co., der Carol fünf Millionen Franken als „Starthilfe" zukommen ließ. Einer plötzlichen Eingebung folgte Carol jedenfalls nicht, als er in Paris seine Koffer packte, um nach der so lange verschmähten Krone zu greifen. Sie war ihm einiges wert. Er akzeptierte die ihm auferlegten Bedingungen ohne jegliche Debatte: So schwor er auf die von ihm verachtete liberale Verfassung von 1923 und war bereit, seine privaten Verhältnisse zu ordnen, d.h. die Scheidung von der griechischen Prinzessin zu annullieren, um Rumänien wieder eine Landesmutter zu geben.

Kaum auf dem Thron, ließ er die Lupescu nachkommen. „Das schlug in Bukarest wie eine Bombe ein", kabelte der Korrespondent der „Morgenpost" an seine Redaktion nach Berlin. Man lebte schließlich nicht im 18. Jahrhundert! Prinzessin Helene, die im Vertrauen auf das Wort ihres einstigen Gemahls ihr Domizil in Florenz verlassen und nach Rumänien zurückgekehrt war, flüchtete erneut außer Landes. Es flüchtete auch die Königin-Mutter Mary; sie, die Tochter eines Sachsenherzogs der Ernestinischen Linie, lebte fortan in Dresden oder in Curtea de Argesch und schrieb ihre dreibändigen Memoiren; sie starb 1938 und wurde neben König Ferdinand in der Familiengruft beigesetzt. Während des ersten Weltkriegs hatte sie ihren ganzen Einfluß geltend gemacht, um Rumänien an die Seite der Entente, der späteren Siegermächte, zu ziehen. Sie nahm 1919 an der Pariser Konferenz teil und erregte Aufsehen, weil sie im Hotel Ritz 25 Zimmer mietete, mit jedem Staatenvertreter einzeln sprach und ihre Garderobe, die aus 60 Abendkleidern und 31 festlichen

Roben bestand, genau auf den Verhandlungspartner abstimmte. Rumänien wurde ein riesiger Landgewinn zugesprochen, verbunden mit einer Erhöhung der Einwohnerzahl von acht auf 18 Millionen. „Als ich hier ankam", sagte sie bei der Abfahrt in Paris, „kannte keiner Rumänien. Heute ist Romania mare ein gewaltiges Gebiet, das niemand übersehen kann".[2] Die meisten Rumänen schrieben Mary den Erfolg zu und verehrten sie. Auch Elisabeth, ihre 1916 verstorbene Vorgängerin, war sehr einflußreich; unter dem Namen Sylvia Carmen erlangte sie als Dichterin Ruhm. Nach zwei so populären Königinnen sollte Rumänien nun von einem König mit einer Mätresse regiert werden? Das widersprach dem Nationalstolz der Rumänen. Mit seinem Bruder Nicolae zerstritt sich Carol zudem. Nicolae, der nicht standesgemäß verheiratet war, ging ins Ausland, legte Namen und Titel ab und hieß fortan Brana. Zur Zerreißprobe aber wurden die Kapriolen des neuen Königs nicht, obwohl er ein riskantes Spiel wagte. Arbeitslosigkeit, Hunger und Führungsschwächen der Politiker bewegten die Gemüter am Ende weit mehr als die Bettgeschichten des Monarchen. Ein bitterer Beigeschmack blieb trotz allem. Nach außen zeigte sich dies vor allem dadurch, daß es im Schloß Cotroceni auffallend ruhig zuging. Am rumänischen Hof gab es keine Hoffeste. Da die Lupescu auf ihrer Teilnahme bestand, folgte der Adel keiner Einladung. Carol wich auf Herrendiners aus und auf Pokerrunden, bei denen um Riesensummen gespielt wurde.

Zehn Jahre lang beherrschten Carol und die Lupescu das Land. Es mag sein, daß die Geschichte sich nicht wiederholt, zumindest nicht im Detail, aber die Politik der Willkür, Cliquenwirtschaft und Korruption des 1989 erschossenen Nicolae Ceausescu und seiner Frau Elena erinnerte sehr an die Umtriebe Carols II. und der Madame Lupescu.

Die Rote Villa in der Alea Vulpache am Filipescupark, nach 1945 öffentlich zugänglich gemacht, um die endgültig 1947 gestürzte Monarchie zu kompromittieren, diente der Lupescu als „Residenz". Während ihrer Herrschaft war der rote Ziegelbau mindestens ebenso bekannt wie Carols Schloß Sinaia. Das bezog sich aber nicht auf die Architektur. Das dreiflügelige Schloß, heute vorwiegend als Museum genutzt, ein klassizistischer Bau, ähnelte der Preußischen Bibliothek in Berlin. Die Rote Villa stellte äußerlich nichts Herausragendes dar, war allerdings für die Lupescu im Inneren aufwendig im französischen Stil verändert worden. Besonders die Bibliothek galt als sehenswert. Auf die Dauer gab sich die Lupescu jedoch mit der Roten Villa nicht zufrieden; sie ließ sich in Benesa ein stattliches Schloß bauen, kam allerdings nicht mehr zum Einzug.

In der Roten Villa fanden dubiöse Geschäfte ihren Abschluß. Walter Hagen schreibt in „Die Geheime Front": „Ihr Haus wurde zum Zentrum der Korruption größten Stils. Man konnte dort jeden Staatsauftrag gegen Bestechungsgelder kaufen ..." Madame Lupescu wurde „nicht nur vom König, sondern auch von internationalen Wirtschaftskreisen und einer Gruppe jüdischer Finanziers sehr begünstigt".[3] In Rumänien lagen die wichtigsten Industriezweige zu 95 Prozent in ausländischen Händen. Das Auslandskapital pflegte Ministerien und Parlament zu umgehen, denn über die Lupescu ließen sich Konzessionen unkomplizierter und rascher erlangen. In ihrem Vorzimmer saß eigens ein Sekretär, der die Wünsche der Industriellen bearbeitete. Nur durch einen Garten war die Rote Villa vom Wohnsitz des Ernest Urdarianu getrennt, eines ehemaligen Leutnants, der es – protegiert von der Lupescu – zum Hofminister gebracht hatte. Die Rote Villa wurde als Sitz einer Nebenregierung betrachtet.

Die „100 Familien" Rumäniens hießen die „Hofkamarilla"; wer ohne Beziehungen zum Hof war, gelangte nie in diesen Kreis der Mächtigen. Zu den Favoriten der Lupescu gehörte Max Ausschnitt; sie machte den bis dato unbedeutenden Fabrikanten zum „rumänischen Stinnes", zum Chef des Rüstungskonzerns „Resita". Als die Staatsanwaltschaft ihn bei Valutaschiebungen ertappte, floh er ins Ausland. Der Ausschnitt-Prozeß gab dem Antisemitismus in Rumänien einen nicht zu unterschätzenden Auftrieb. Ausschnitt hatte rechtzeitig Anteile der Westminster Bank und der Armstrong Vickers von „Resita" erworben und dirigierte das Unternehmen weiter, nur vom Ausland her. Ein anderer

Günstling der Lupescu war Nicolaus Malaxa, auch bis dahin völlig unbekannt, 1939 der „rumänische Krupp" genannt. Einen Rüstungsauftrag über 182 Millionen Lei bezahlte der Staat mit 1,6 Mrd. Lei. Wie die Aufteilung der illegal aufgestockten 910 Prozent (!) zwischen der Lupescu und Malaxa erfolgte, ließ sich nie restlos erhellen. Jeder behauptete, der andere habe den großen Gewinn gemacht. Malaxa besaß 1939 auf der New Yorker Bank eine Million Dollar Guthaben und sah sich damit ähnlich gut abgesichert wie Ausschnitt.

Die Lupescu verwandte hohe Summen für sich – und für die Beamtenbestechung. Carol dienten während seiner nur zehnjährigen Herrschaft 25 verschiedene Ministerpräsidenten und mehr als 400 verschiedene Minister. Um jemanden zur Mitarbeit in dem allgemein verachteten Kabinett zu bewegen, bedurfte es meist erheblicher Zuwendungen, und es oblag der Lupescu, unabhängig vom parlamentarisch kontrollierten Etat ein „Honorar" aufzubringen. Ihr Mittelsmann war Hofminister Urdarianu. Wie die Manager der Wirtschaft, begriffen auch die Staatsdiener nur allzubald, wie die Karten gemischt wurden; sie stellten sich auf die wenig beliebte, aber einflußreiche Lupescu ein. Über sie führte der Weg zum König und zum Geld. Sie hielt in diesem System von Intrigen und Korruption die Fäden in der Hand. In Bukarest entschied man zwischen ihr und Carol II. so: „Madame Lupescu befiehlt; der König wünscht." Er fürchte nicht Carol, sagte General Averescu, „ich fürchte diese Frau".[4]

In nur wenigen Jahren entwickelte sich die Lupescu zu einer der meistgehaßten Personen Rumäniens. „Nieder mit der Hofkamarilla!", lautete der Schlachtruf der faschistisch orientierten „Eisernen Garde" von Cornelin Zela Codreanu, womit vor allem die Lupescu gemeint war. Sie soll sieben Mordanschlägen entgangen sein. Davon waren zumindest zwei durchaus ernstzunehmende. Einmal gab ein Hauptmann der Armee zwei Schüsse auf sie ab, als sie sich während einer Huldigungsfeier hinter dem König auf dem Balkon zeigte. Der Offizier habe sich provoziert gefühlt, hieß es, weil sie als Landesmutter aufzutreten wagte und nur eine Mätresse sei. Zum anderen drangen zwei Gardisten in die Rote Villa ein. Man konnte beide dingfest machen; sie wurden ohne Verfahren ins Gefängnis geworfen und umgebracht. Die Lupescu aber begab sich fürs erste einmal in die Schweiz, zur Erholung, wie am Hofe verlautete.

Anfang 1933 brachen schwere Unruhen aus, vor allem unter den Eisenbahnern und Erdölarbeitern, der Staat errang jedoch wieder Oberwasser; etwa 18 000 Legionäre wurden verhaftet, gegen 1 700 ein Verfahren eingeleitet. Das verschaffte auch der Lupescu wieder Freiräume. Ihre größten Geschäfte machte sie in den ersten Monaten des zweiten Weltkriegs, als die kriegführenden Staaten in Rumänien auf der Suche nach Erdöl und anderen Rohstoffen waren und in der Roten Villa eine gute Adresse sahen. Aus dem bisher noch etwas hausbackenen Geschäft der Lupescu entwickelte sich ein „Unternehmen" mit internationalem Zuschnitt. Ihr wichtigster Trumpf waren wie jeher die Beziehungen zu dem ihr sexuell hörigen König.

Der Zorn, der sich über ihr entlud, war verständlich, doch so bedeutend war sie nicht, um ihr allein die Schuld am Chaos im Lande anlasten zu können.

Viel Frust hatte sich in Rumänien angestaut.

Carol verwirklichte 1938 seinen Traum von der Königsdiktatur und schaltete per Staatsstreich Verfassung, Parlament und Parteien aus. Mittels einer Volksbefragung ließ er sich diesen Großangriff auf die Demokratie bestätigen: das Resultat waren verdächtige 99 Prozent Ja-Stimmen. Es schien, der König teile sich die Macht in Rumänien nur mit einer Person: der Lupescu.

Innenpolitisch beherrschten Terror und Gegenterror die Szenerie. Codreanu wurde zu zehn Jahren Zuchthaus verurteilt und zusammen mit 13 anderen Legionären während des Transports ins Staatsgefängnis Jilava „auf der Flucht erschossen". Die Legionäre rächten ihn durch Ermordung des Innenministers. Zur Abschreckung ließ die Regierung 300 Legionäre erschießen, die Leichen an Laternenpfählen aufhängen und tagelang zur Schau stellen. Nach Meinung der Legionäre ging die Ermordung Codreanus auf ein Begehren der Lupescu zurück, die ihn wegen antijüdischer Ausschreitungen verurteilt habe. Die jüdische Bevölkerung litt unter grausamen Verfolgungen, so grausamen, daß der Sprecher der Juden, Willy Filderman, 1938 sogar eine Intervention des Völkerbundes in Rumänien forderte. Carol II. behauptete: Die Legionäre bekämpfe er nicht wegen ihrer Juden-, sondern ihrer Staatsfeindlichkeit.

Außenpolitisch wandelte Carol II. auf einem bedenklich schmalen Grat. Die 1919 erzielten Landgewinne auf Kosten der Nachbarn trieben Rumänien in die Isolation. Bulgarien, Ungarn und die Sowjetunion machten Gebietsansprüche geltend. Ende November 1938 unternahm Carol eine Reise nach Großbritannien, „ausgleichend" einen Abstecher nach Deutschland; in Leipzig hatte er eine Zusammenkunft mit Hermann Göring, in Berchtesgaden mit Adolf Hitler. Von alledem wollte die Lupescu erst aus den Zeitungen erfahren haben. Daß Carol sich wenige Tage nach der berüchtigten „Kristallnacht" mit Hitler traf, blieb für sie, die Jüdin, unverständlich. Beider Verhältnis erfuhr eine merkliche Abkühlung, wenn auch nur für begrenzte Zeit. Von den zwei Millionen Juden Rumäniens knüpften nur einige wenige an diese Spannungen vage Hoffnungen. Die Lupescu war nun einmal keine Sachwalterin des Judentums, obwohl sie ihre Herkunft nie verleugnete, gern hervorhob, daß ihr Großvater noch im Ghetto von Jassy gelebt habe und arme Juden großzügig von ihr unterstützt wurden. Die meisten Juden fürchteten, die korrupte Lupescu könne die Antisemiten zu einem Pogrom provozieren.

Carol arbeitete zumindest ab 1940 eng mit Deutschland zusammen. Er lieferte zu Dumpingpreisen Erdöl, Hitler revanchierte sich mit in Polen erbeuteten Waffen. Am 30. August 1940 kam es zum Wiener „Schiedsspruch" der Achsenmächte: Rumänien mußte Nordsiebenbürgen an Ungarn und die Süddobrudscha an Bulgarien abtreten, etwa ein Drittel des Landes. Der Ausverkauf Rumäniens trat in die entscheidende Phase. Quer durch die Parteien erhob sich eine Welle des Protestes. „Zu den Waffen!" hieß es allerorts. Carol verbot Demonstrationen gegen die Politik der Achsenmächte, doch damit isolierte er sich hoffnungslos. Vier Tage nach dem „Schiedsspruch" putschte die

„Eiserne Garde“. Sie gelangte zwar nicht an die Macht, ebnete aber einer Militärdiktatur unter General Antonescu die Bahn. Die Achsenmächte, von denen in Rumänien Italien stärker als Deutschland auf Ablehnung stieß, wollten keinen Widerstand der Armee beim Einmarsch der Ungarn riskieren und schwenkten auf Antonescu ein. Mit Carol II. sympathisierte niemand mehr, weder die Rumänen noch die ausländischen Mächte. Fortuna ließ den Glücksritter im Stich. Den Plan, Antonescu zu verhaften, verriet sein eigener Adjutant. Antonescu drehte den Spieß um und verlangte von Carol den Rücktritt binnen zwei Stunden bei freier Ausreise. Carol fand sich damit ab, feilschte nur noch um seine Pension. Er bekam denn auch 20 Millionen Lei zahlbar in Devisen als jährliche Abfindung zugestanden.[5]

Einiges deutete darauf hin, daß Antonescu die Lupescu dem Volkszorn auszuliefern gedachte. Eigenmächtig holte er Erkundung beim deutschen Gesandten Dr. Wilhelm Fabrizius ein, ob Sigmaringen Carol Exil gewähren würde. Für den Hohenzollern-Sprößling Carol persönlich lag zwar ein Rückzug auf den Familienbesitz nahe, nicht aber für seine jüdische Mätresse, die den Antisemitismus Hitlers verurteilt hatte. Carol erwog schon seiner Geliebten wegen keinen Gedanken auf den Umzug nach Sigmaringen. Es gibt noch ein weiteres Indiz dafür, daß Antonescu die Lupescu einer Lynchjustiz zu überlassen gedachte: Im Sonderzug, der Carol außer Landes bringen sollte, war für sie kein Platz reserviert.

Am 6. September 1940, früh 6 Uhr, dankte Carol II. ab; die Nachfolge trat sein 18jähriger Sohn Michael an, und Antonescu ließ sich zum Marschall und Conducatorul Statului (Staatsführer) ausrufen. Im allgemeinen Trubel ging der Abgang des gestürzten Königs fast unauffällig vonstatten.

Nur ein österreichischer Journalist war am folgenden Tag zugegen, als früh 4 Uhr auf dem Bukarester Nordbahnhof der aus einem Salonwagen bestehende Sonderzug bereitgestellt wurde. Der Reporter erkannte Carol und Hofminister Ernest Urdarianu. Die hinzutretende schlicht gekleidete Frau sei, so auf Befragen der Bahnhofskommandant, Carols Köchin Fräulein Lorenz. Der Sonderzug war längst unterwegs, als das Fehlen der Lupescu bemerkt wurde. Man begann zu ahnen, daß sich hinter der Köchin Lorenz niemand anders als die Mätresse des Exkönigs verberge. Antonescu hatte zwar die Rote Villa streng bewachen lassen und war sich sicher, daß niemand sie verlassen konnte, aber die Lupescu blieb trotz allem verschwunden! Sie hatte Unterschlupf in der Calea Victoriei gefunden; die Posten bewachten ein leeres Haus. Telegrafisch erging nun Weisung, wenn der Sonderzug in Temisoara (Josefstadt) halte, um Wasser und Kohle zu übernehmen, die Lupescu und Hofminister Urdarianu zu verhaften, den Exkönig aber unbehelligt zu lassen. Antonescu hätte ihn wegen Mißbrauchs des freien Geleits festhalten können, doch lag ihm wenig daran. Carol befahl dem Lok-Personal, in Josefstadt durchzufahren. Ob er gewarnt wurde, wie später verlautete, ist ohne Belang; er wußte ja, daß sich in seiner Begleitung die mit Sicherheit in Bukarest schon vermißte Lupescu befand, bedurfte also keiner Warnung. Die Armeeposten waren zunächst verblüfft, als der Sonderzug nicht hielt, folgten ihm mit Auto oder Motorrad und bedachten ihn mit MG- und Gewehrfeuer.[6] Anders als bei seiner Ankunft vor zehn Jahren wurde Carol „Salut“ gegeben. Die Soldaten, die ihn unter Beschuß nahmen, unterstanden zwei Tage zuvor noch seinem Befehl. Der Salonwagen glich an manchen Stellen einem Sieb, aber niemand war zu Schaden gekommen. Im jugoslawischen Groß-Kikinda wurde der demolierte Sonderzug an den Orientexpreß gekoppelt; keiner stellte überflüssige Fragen.

So gern Antonescu den Rumänen auch Gelegenheit geboten hätte, angestauten Zorn an der Lupescu auszulassen, ihr war nun einmal auf dramatische Weise die Flucht gelungen. Einige, wenig schmeichelhafte Abschiedsgrüße der Presse schafften dem Verdruß wenigstens etwas Luft. Immerhin leistete die Lupescu dem neuen „Staatsführer“ ganz unfreiwillig noch Dienste. Er konnte ihr die katastrophale Wirtschaftslage anlasten, wenigstens zum Teil, und zeigen, wie er mit eiserner Faust Schiebereien und Korruption zu Leibe rücke. Mit 700 Millionen Lei sei sie durchgebrannt, ließ er mitteilen – viel zu hastig. Um das festzustellen, hätte er seinen Fahndern einige Monate Zeit geben müssen. So gering die Kaufkraft des Lei auch war, hier handelte es sich um eine riesige Summe. Das Jahreseinkommen eines Arbeiters betrug damals etwa 21 000 Lei. Der Sonderzug war durchsucht und für „sauber“ befunden worden. Auf ihrer überstürzten Flucht konnte sie schwerlich solche Summen Geldes bei sich geführt haben, zumal die Bahnhofswache die Handtasche der „Köchin Lorenz“ kontrolliert und nichts gefunden hatte. Bei einer Leibesvisitation wäre man allerdings auf Schmuck im Wert von einigen Millionen Dollar gestoßen. Daß die Lupescu über ein Auslandskonto verfügte, lag nahe, aber Antonescu vermutete das Gros des Geldes noch im Lande, deponiert bei der Familie Lupescu. Das väterliche Unternehmen wurde systematisch von einem großen Polizeiaufgebot durchsucht, zwar nichts Belastendes entdeckt, aber trotzdem einiges konfisziert. Der Vater protestierte erfolglos. Beim Bruder wurden in einem Versteck vier Millionen Lei gefunden, ohne viel Federlesens zum Eigentum der Lupescu erklärt und eingezogen. Juden hatten jedoch damals allen Grund, etwas „zurückzulegen“. Sie sahen voraus, was im Oktober 1940 tatsächlich eintraf: Antonescu enteignete alle rumänischen Juden. Helenes Bruder beteuerte, das Geld gehöre ihm, nicht seiner Schwester, was vermutlich stimmte. Und was besagten vier Millionen schon im Vergleich zu den vermißten 700 Millionen! Antonescu brauchte Schlagzeilen. Die Haussuchungen und Konfiszierungen waren schon erfolgt, als der Staat per Dekret entschädigungslos das Vermögen der Lupescu einzog – und selbst bestimmte, was dazu zählte. Die staatlichen Kunstsammlungen beschuldigten die Lupescu, die Museen geplündert zu haben, vermutlich mit Hilfe des Hofministers Urdarianu; ihm traute ohnehin jeder das Schlimmste zu. Es stimmte so global zwar nicht, aber sie hatte in der Roten Villa für Repräsentationszwecke aus den Sammlungen entliehene Gemälde, darunter einige von Rembrandt, gegen Kopien ausgetauscht. Dies bestritt sie übrigens nie, aber sie wollte keinesfalls mit den nach 1945 gemeldeten Defiziten des rumänischen Kunstschatzes in Verbindung gebracht werden und verteidigte sich anhand der Kataloge, die, gedruckt nach ihrer Flucht, noch Exponate auswiesen, die Rumänien 1945 auf die internationale Suchliste setzte. Es konnten ihr wohl tatsächlich nicht alle Verluste angelastet werden, aber der am 22. Oktober 1940 gegen sie und Urdarianu ausgestellte Haftbefehl wegen Diebstahls von Kunstschätzen war durchaus begründet. Die weltweit ausgeschriebene Fahndung, verbunden mit einem Auslieferungsersuchen, mochte inmitten des Krieges als fruchtloses Unterfangen erscheinen, zeitigte aber Wirkung. In Rumänien selbst beeinflußte sie langfristig die Stimmung. Ob die Lupescu in Geschäfte mit Shell oder anderen Konzernen des Westens verwickelt war, interessierte zunehmend weniger. Hitler-Deutschland machte seit Unterwerfung Frankreichs Ansprüche auf alle französischen, später auch englischen Betriebe in Rumänien geltend, und im Vergleich zum Zugriff Deutschlands erschienen die Umtriebe der Lupescu als Bagatelle. Daß sie sich jedoch am Staatsschatz vergriffen hatte, traf die Bürger Rumäniens zutiefst im Nationalstolz.

Die Flüchtlinge erfuhren ziemlich spät vom Haftbefehl. Sie hatten im Hotel Royal-Exelsior zu Aix-les-Bains Quartier bezogen und suchten von hier aus eine ständige Bleibe. Frankreich, Belgien und Holland wurden befragt, lehnten aber ab; sie befürchteten Verwicklungen mit der deutschen Besatzungsmacht. Die Erkundungen gingen weiter. Einige Regierungen antworteten gar nicht oder ausweichend; sie fühlten sich unwohl bei dem Gedanken, einen vertriebenen Exkönig mit steckbrieflich gesuchter Mätresse aufzunehmen, wollten diese aber auch nicht an das inzwischen von Hitler kontrollierte Rumänien ausliefern. In der Schweiz sah Carol eine mögliche Falle, die zuschnappen könnte, wenn Deutschland auch noch Südfrankreich besetzen sollte. Ohnehin verweigerte ihm der Kanton Tessin einen Daueraufenthalt. So wich er mit seinen Begleitern nach Madrid aus. Auch dort lag das Bukarester Auslieferungsersuchen für die Lupescu und Urdarianu vor, und zwischen Spanien und Rumänien bestand ein Auslieferungsabkommen. Carol gab vor, er sei mit der Lupescu in London getraut worden, und man könne doch nicht seine Frau nach Rumänien zurückschicken, wo man sie quälen und ermorden werde. Da man bekanntlich immer zuerst die Kleinen hängt, lieferte Madrid nur den Hofminister Urdarianu aus; er wurde in Bukarest zum Tode verurteilt und hingerichtet. Carol hatte derweil die USA um einen Beistand für die Lupescu ersucht, aber Washington verhielt sich reserviert: Die Lupescu sei keine Bürgerin der USA! General Franco verweigerte ebenfalls jeglichen Beistand. Derweil hatten die spanischen Gerichte Nachforschungen angestellt und von London die Trauung Carols mit der Lupescu nicht bestätigt erhalten. Sie ließen durchblicken, daß Carol ein Verfahren wegen falscher Angaben zu erwarten habe. Mit gefälschten Papieren flohen Carol und die Lupescu aus Spanien nach Portugal; Carol war der Enkel der Infantin Antonia, Grund genug, meinte er, auf Unterschlupf rechnen zu können. Er hatte auch keinen Anlaß, sich über mangelnde Gastfreundschaft zu beklagen, reiste aber in Begleitung der Lupescu trotzdem weiter, und zwar nach Amerika, weil ihm der europäische Boden unter den Füßen brannte; der Krieg konnte auch auf Portugal übergreifen. Die erste Station in Übersee war Kuba. Hier gab es eine neuerliche Enttäuschung: Kuba genehmigte den erwünschten Daueraufenthalt nicht. Auch die USA wollten nichts von dem Paar aus Rumänien wissen. An die alten Geschäftsverbindungen, auf die Helene Lupescu gesetzt hatte, wollte sich keiner mehr erinnern, da sie keinen Wert mehr besaßen. Carol unternahm einen zweiten Versuch. Er reichte ein ärztliches Attest ein, daß die Lupescu dringend medizinische Hilfe benötige, die nur in den USA zu haben sei. Auch das fand keinen Widerhall. Im Weißen Haus befürchtete man wohl, einmal in den USA ansässig, werde Carol eine rumänische Gegenregierung ausrufen. Mexiko zeigte sich entgegenkommender. Hier erlag man wohl dem Trugschluß, wer in dieser Zeit aus Europa emigriere, müsse ein Opfer des deutschen Faschismus sein. Obwohl die Klärung der Formalitäten auf sich warten ließ, entfaltete die Lupescu aufs neue eine rege geschäftliche Betriebsamkeit, nicht eben wählerisch vorgehend; sie kaufte sich in einen Night-Club ein, der in Mexiko-City keinen guten Ruf hatte, erwarb Anteile an der wegen ihrer Dumpingpreise berüchtigten

Sodorra Fishing Co., beteiligte sich an einer Filmgesellschaft, die als wenig seriös galt ... Und all dies ohne Aufenthaltserlaubnis! Im Parlament kam es zu einem regelrechten Skandal. Der Abgeordnete Madardo Senando verlangte, mit viel Beifall bedacht, die sofortige Ausweisung der beiden Rumänen. Es war aber nicht die Lupescu, die dazu den Anlaß gab, sondern Carol. Wie es schien, hatte er sich noch nicht in die Lage eines Flüchtlings zu finden vermocht. Er wollte unbedingt mit „Majestät" angesprochen werden. Das Ministerium des Auswärtigen teilte ihm daraufhin mit: „Sie befinden sich in einer Republik, die solche Forderungen nicht versteht. Wenn Ihre Anhänger Sie als König ansehen, so ist das deren Sache. Für unser Land aber bleiben Sie ein Ausländer wie jeder andere, der sich den Gesetzen und Bestimmungen in Mexiko zu fügen hat."[7] Carol hätte eigentlich gewarnt sein müssen, wartete aber immer wieder mit Forderungen auf. So beanspruchte er einen diplomatischen Status, den das Auswärtige Amt strikt verweigerte. Er hielt eine Rundfunkansprache, in der er sein Recht auf den Thron zu verteidigen suchte, und das in einem Land, das stolz darauf war, Republik zu sein. Die vorgesehene Wiederholung dieser Sendung untersagte der Intendant auf Anweisung des Kabinetts. Ähnlich wie die USA fürchtete wohl auch Mexiko, Carol könne eine rumänische Gegenregierung proklamieren. Die nächste Station des Paares war Rio de Janeiro. Das eingereichte Gesuch um Aufenthaltserlaubnis war noch nicht entschieden, als die Lupescu erkrankte. Die Presse meldete sogar ihren Tod, eine vermutlich bewußt in Umlauf gesetzte Nachricht. Zwar kränkelte die inzwischen 45jährige Lupescu in der Tat, aber in Lebensgefahr schwebte sie keineswegs. Der tiefere Grund war der: Es bestanden Heiratspläne! In Brasilien konnte die Ehe mit einem Sterbenden problemlos geschlossen werden. Carol bestellte dringlich den Standesbeamten in sein Quartier, das Palace-Hotel in Copacabana, und ließ sich am 3. Juni 1947 mit der „sterbenden" Lupescu trauen. Ebenfalls im Palace-Hotel fand einige Tage später die Hochzeitsfeier statt. Die Lupescu erschien zwar etwas blaß, aber ansonsten recht fidel. Sie nahm nicht den

Namen ihres Mannes an – von Hohenzollern-Sigmaringen; Carol verlieh ihr den Titel Prinzessin von Rumänien, obwohl ihm die Berechtigung fehlte, da er nicht mehr König von Rumänien war, genausowenig wie sein Sohn; Rumänien hatte inzwischen die Republik ausgerufen. Die ganze Zeremonie erinnerte ohnedies an eine Seifenoper. Die Nachricht von der Eheschließung des rumänischen Exkönigs mit seiner Mätresse machte bald international die Runde; die Welt war um einen Skandal reicher. Einige Publizisten meinten zwar, der brasilianische Gastgeber sei gehörig überlistet worden, aber der Hohe Gerichtshof Brasiliens erkannte die Ehe am 11. September 1947 ausdrücklich für rechtsgültig an und akzeptierte auch den zugelegten Titel der Lupescu „Prinzessin von Rumänien". Was immer die Diener Justitias zu diesem Urteil veranlaßt haben mochte, es blieb unanfechtbar; die höchste gerichtliche Instanz des Landes hatte entschieden! Die meisten Beobachter interessierte die Haltung Rio de Janeiros ohnehin nur am Rande. Die Lupescu mochte das unkomplizierte Ehegesetz Brasiliens und den hier lockeren Umgang mit Titeln ausgenutzt haben, aber der Geprellte blieb wohl Carol. An ihre Erkrankung glaubend, hatte er ihr den Gefallen getan und sie vor „ihrem Ende" geheiratet. Beide waren von ihren früheren Partnern offiziell geschieden. Jeder Standesbeamte der Welt hätte die Trauung vollzogen. Also lag der Verdacht nahe, daß die Lupescu zu einer List gegriffen hatte. Einen Daueraufenthalt verweigerte übrigens auch Brasilien dem trauten Paar. Nach einem Zwischenaufenthalt in New York zog es sich auf die Bermudas zurück, eine britische Kronkolonie, und beantragte in London Asyl. Carol vergaß nicht zu erwähnen, Bukarest habe ihm wie der Lupescu nach Errichtung der Republik 1947 die Staatsbürgerschaft offiziell entzogen. Die englische Verwandtschaft interessierte sich nicht für seine Argumente; der Asylantrag wurde abgewiesen.

Schließlich kehrten Carol und die Lupescu nach Portugal zurück, in das einzige Land, das ihnen während der jahrelangen Irrfahrten nicht die Tür gewiesen hatte. Die Aufenthaltserlaubnis versetzte die Lupescu wieder in die Lage, sich kommerziell zu betätigen. Sie legte ihr in Rumänien zusammengerafftes Kapital in der gewinnträchtigsten Branche dieser Zeit an, der Erdölindustrie. Die Sacor-Erdölraffinerie in Lissabon beherrschte den Binnenmarkt fast völlig, und das Geld der Lupescu war ihr im Konkurrenzkampf mit Shell höchst willkommen. Aus den internationalen Beziehungen hielt die Konzernleitung die Lupescu jedoch nach Möglichkeit heraus. Die Haie im Ölmeer waren zwar nicht feinfühlig, aber im Umgang mit der „Prinzessin von Rumänien" ließen sie Vorsicht walten. Während das unredlich verdiente Geld für sie arbeitete, verschrieb sie sich der Haute Couture. Dazu trug sicher die neue Umgebung das ihre bei.

Carol, des Hotel-Daseins müde, hatte sich auf Estoril an der portugiesischen Riviera das „Weiße Schloß" – die Villa Mary y Sol – gekauft. Auf Estoril gaben sich nach 1945 europäische Exmonarchen, verhinderte Kronerben und verjagte Quislinge ein Stelldichein. In unmittelbarer Nachbarschaft Carols lebten jetzt seine einstigen Staatsfeinde Nikolaus von Horthy, früher Reichsverweser von Ungarn, und Italiens letzter König, Umberto II., etwas entfernter die Thronprätendenten von Frankreich, Spanien und Österreich. Exklusive Bodenpreise ließen die Hocharistokratie unter sich bleiben. Die Lupescu wurde trotz ihres Titels „Prinzessin" als Fremdling behandelt und gemieden. Daran änderte auch ihr zweiter Versuch der Etablierung wenig: Sie ließ sich am 18. August 1949 mit Carol von dem im Pariser Exil lebenden Oberhaupt der rumänisch-orthodoxen Kirche, Martinian Winowitsch, kirchlich in Lissabon trauen. Damit betrachtete sie ihr Mätressendasein für endgültig beendet. Der Rest der Welt sah es anders, soweit er sich für Madame Lupescu überhaupt noch interessierte.

Carol starb 1953 in Estoril. Helene überlebte ihn um 24 Jahre. Als Witwe befaßte sie sich mit dem, was sie zeit ihres Lebens am liebsten getan hatte: Sie verfolgte die Aktienkurse. Seit dem Tode Carols verkehrte in Estoril erst recht niemand mehr mit ihr. Sie starb am 29. Juni 1977. So brachte sie sich, längst in Vergessenheit geraten, der Öffentlichkeit noch einmal in Erinnerung.

Kurzbiographien

August der Starke eigtl. Friedrich August I., geb. 12.5.1670, gest. 1.2.1733 Warschau; Kurfürst von Sachsen seit 1694, König von Polen seit 1697; verh. mit Christiane Eberhardine von Brandenburg-Bayreuth (1671-1727).

Auguste Prinzessin von Preußen geb. 1.5.1780 Berlin, gest. 19.2.1841 Kassel; seit 1797 verh. mit dem späteren Kurf. Wilhelm II. von Hessen-Kassel.

Barbarina Gräfin Campanini, geb. 1721 Parma, gest. 7.6.1799 Barschau (Schlesien); Tänzerin; galt als Mätresse Friedrichs des Großen; verh. seit 1749 mit Cocceji ; 1789 geadelt; seit 1789 Äbtissin des Stifts Barschau; beigesetzt in Hochkirch; Oper von Otto Neitzel „Die Barbarina".

Beichling Wolf Dietrich Reichsgraf von, geb. 13.4.1665, gest. 28.9.1725; verh. mit Anna Catharina von Neitschütz, Schwager der Sibylle von Neitschütz; 1693 Hof- und Legationsrat, 1697 Großkanzler, 1703-09 inhaftiert; Freikauf durch Verzicht auf Schloß Hoyerswerda zugunsten der Fürstin Teschen.

Brockdorff Anna Margarethe von, geb. Marselis, verw. Berns, (getauft) 6.8.1648 Hamburg, gest. 1736 Depenau; heiratete 1672 in Hamburg den Ritter von B.; Mutter der Gräfin Cosel.

Brockdorff Joachim Ritter von, geb. 2.4.1643, gest. 1719, Herr auf Depenau; als Oberst 1689 aus dänischen Diensten geschieden; Vater der Gräfin Cosel.

Carl August von Sachsen-Weimar, seit 1815 Großherzog, geb. 3.9.1757 Weimar, gest. 14.6.1828 Graditz b. Torgau; unter ihm wurde Weimar ein Zentrum des deutschen Geisteslebens; verh. seit 1779 mit Louise von Hessen-Darmstadt; seine Mätresse war Karoline Jagemann.

Carol Prinz von Hohenzollern-Sigmaringen, geb. 15.10.1893 Sinaia, gest. 4.4.1953 Estoril b. Lissabon, 1930-40 als Carol II. König von Rumänien; 1918 kurzfristig verh. mit „Zizi" Lambrino, 1921-28 verh. mit Helene Prinzessin von Griechenland, heiratete 1947 seine Mätresse Helene Wolf-Lupescu.

Cocceji Carl Ludwig Frhr. von, geb. 1726, gest. 12.7.1808 Glogau; Sohn des preußischen Staatskanzlers; 1752 nach Glogau strafversetzt, zuletzt dort geschätzter Regierungspräsident; verh. seit 1749 mit Barbarina, seit 1759 getrennt lebend, 1788 geschieden; heiratete 1789 Johanna Christiane Charlotte Knappe.

Cosel Anna Constanze Reichsgräfin von, geb. 17.10.1680 Depenau, gest. 31.3.1765 Burg Stolpen b. Pirna; 1703-06 verheiratet mit Adolph Magnus Hoym; 1705-13 Mätresse Augusts des Starken; ab 1716 17 965 Tage auf der Feste Stolpen; mit ihren Enkeln starb 1783 die Linie Cosel aus.

Dönhoff Juliane Friederike Wilhelmine (Sophie Julie) Gräfin von, geb. 17.10.1768, gest. 28.1.1834 Werneuchen i. d. Mittelmark; 1790/92 Frau König Friedrich Wilhelms II. zur Linken; 1793 aus Berlin verbannt; Mutter des Grafen Friedrich Wilhelm von Brandenburg (1792-1850) – 1848 Ministerpräsident.

Eberhard Ludwig Herzog von Württemberg, geb. 18.9.1667, gest. 31.10.1733; regierte seit 1693; seit 1712 ranghöchster Feldherr des Hl. Römischen Reichs Deutscher Nation; errichtete Ludwigsburg; bedeutender Fürst der Barockzeit; verh. mit Johanna Elisabeth von Baden-Durlach; nahm Wilhelmine von Grävenitz zur Mätresse.

„Eberhardine“, eigentlich **Christiane Eberhardine von Brandenburg-Bayreuth,** geb. 1671, gest. 1727 Pretzsch; seit 1693 verheiratet mit August dem Starken von Sachsen; einziges Kind der spätere Friedrich August II.; lebte zumeist im Schloß Pretzsch (a. d. Elbe); blieb protestantisch, daher nie Königin von Polen geworden.

Elisabeth („Sissi“), österr. Kaiserin; geb. 25.12.1837 München, gest. als Opfer eines Attentats 9.9.1898 in Genf, begraben in der Kapuzinergruft zu Wien; galt als „schönste Monarchin der Welt“; seit 1854 verh. mit Franz Joseph I., Mutter von Kronprinz Rudolf.

Elisabeth Christine von Braunschweig-Bevern Königin von Preußen, geb. 8.11.1715 Wolfenbüttel, gest. 13.1.1797 Berlin, beigesetzt in der Domkirche; heiratete am 12.6.1733 in Salzdahlum den späteren König Friedrich II.; die Ehe blieb kinderlos.

Elisabeth von Braunschweig („Lisbeth von Stettin“), geb. 1746, gest. 1840 Stettin; Nichte Friedrichs des Großen; 1765-1769 verheiratet mit Friedrich Wilhelm (II.) von Preußen; lebte 70 Jahre verbannt in Küstrin bzw. Stettin.

Elisabeth Marie („Erzsi“), geb. 2.9.1883 Laxenburg, gest. 16.3.1963 Wien, begraben Friedhof Wien-Hütteldorf; einziger ehelicher Nachkomme des österr. Kronprinzen Rudolf; heiratete 1902 Otto Fürst Windischgrätz, 1924 geschieden; seit 1948 verheiratet mit dem Sozialdemokraten Leopold Petznek (1881-1956); zerstritten mit ihren Kindern aus erster Ehe, hinterließ „die rote Erzherzogin“ ihr Vermögen der Gemeinde Wien.

Franz Joseph I. geb. 18.8.1830, gest. 21.11.1916 Schönbrunn; seit 1848 Kaiser von Österreich; verh. mit Elisabeth, der schönsten Monarchin (Sissi); Sohn Rudolf beging 1889 Selbstmord; lebte ohne Aufsehen zu erregen mit der Schauspielerin Katharina Schratt (gest.1940) zusammen.

Friedrich II., „der Große", 1740-86 König von Preußen, geb. 24.1.1712 Berlin, gest. 17.8.1786 Potsdam; Sohn von Friedrich Wilhelm I. (1688-1740), heiratete 1733 in Salzdahlum Elisabeth Christine von Braunschweig-Bevern; die Ehe blieb kinderlos; den Thron erbte Neffe Friedrich Wilhelm II.

Friedrich Wilhelm II., „der dicke Wilhelm", 1786-97 König von Preußen, geb. 25.9.1744, gest. 16.11.1797 Potsdam, Neffe Friedrichs des Großen; zu seinen zahlreichen Mätressen zählten Rietz-Lichtenau (Wilhelmine Encke), Voß und Dönhoff; heiratete 1765 Elisabeth von Braunschweig ; 1769 Scheidung; heiratete 1769 Friederike Luise von Hessen-Darmstadt; Sohn aus dieser Ehe der spätere Friedrich Wilhelm III. (1770-1840).

Grävenitz Christiane Wilhelmine Friederike von, geb. 4.2.1686 Schwerin, gest. 21.10.1744 Berlin; seit 1707 Gräfin von Urach. 1707 mit Eberhard Ludwig Herzog von Württemberg eingegangene Ehe, 1710 vom Kaiser für ungültig erklärt. Heiratete 1710 Graf Würben. Herrschte von 1711 bis 1731 als Landhofmeisterin gleich einer Regentin in Württemberg.

Grävenitz Friedrich Wilhelm Graf von, geb. 1679, gest. 1754; Bruder von G.1; seit 1705 Kammerjunker des Herzogs von Württemberg, später Premierminister; unter Herzog Karl Alexander in Haft; kaufte sich frei; starb als preußischer Generalleutnant.

Hatzfeldt-Trachenberg Sophie Josepha Gräfin von, geb. 10.8.1805 Berlin, gest. 25.1.1881 Wiesbaden; heiratete 1822 Graf Edmund von Hatzfeldt-Wildenburg; Ehe 1851 geschieden; drei Kinder: Alfred (1825), Melanie (1828) und Paul (1831-1901); Geliebte von Ferdinand Lassalle; beigesetzt auf dem Friedhof Frauenstein nahe Wiesbaden.

Hatzfeldt-Wildenburg Edmund Reichsgraf von, geb. 28.12.1798, gest. 14.1.1874, 1822-1851 verheiratet mit seiner Cousine Sophie von Hatzfeldt-Trachenberg.

Hoym Adolph Magnus Frhr. von, geb. 1668, gest. 1724; ältester Sohn von H. 2.; Geheimer Rat und Akzisedirektor bis 1706; Ehe mit der späteren Gräfin Cosel 1706 geschieden; in zweiter Ehe verheiratet mit einer Gräfin Friesen; beide Ehen kinderlos.

Hoym Ludwig Gebhard Frhr. von, gest. 1711; Kammerpräsident; als Günstling der Neitschütz 1694 auf dem Königstein festgesetzt, daselbst der erste Staatsgefangene; 21 Kinder aus vier Ehen; zwei seiner Söhne waren Minister Augusts des Starken; Schwiegervater der späteren Gräfin Cosel.

Jagemann Karoline, seit 1809 Freifrau von Heygendorf, berühmte deutsche Schauspielerin, geb. 25.1.1777 Weimar, gest. 10.7.1848 Dresden;

Mätresse des Großherzogs Carl August von Sachsen-Weimar, dem sie zwei Söhne und eine Tochter gebar.

Johann Georg III., geb. 20.6.1647, gest. 12.9.1691 Freiberg; seit 1680 Kurfürst von Sachsen; entschiedener Gegner der Sibylle von Neitschütz; Vater von Johann Georg IV. und August dem Starken.

Johann Georg IV., geb. 18.10.1668, gest. 27.4.1694 Dresden, älterer Bruder Augusts des Starken; seit 1691 Kurfürst von Sachsen; verh. mit Eleonore Erdmuthe von Sachsen-Eisenach; wurde ein Opfer seiner Liebe zu Sibylle von Neitschütz; als letzter Wettiner in Freiberg beigesetzt.

Königsmarck, Gräfin Aurora von, geb. um 1668 Agathenburg, gest. 16.2.1728 Quedlinburg; 1694-96 Mätresse Augusts des Starken; gemeinsamer Sohn Moritz von Sachsen; seit 1700 Pröpstin von Quedlinburg, daselbst begraben.

Königsmarck, Graf Philipp Christoph von, geb. 24.3.1664 Stade, ermordet 12.7.1694 Hannover, Bruder von K 1; Dr.med. h.c; sächs. General, seit 1689 im Dienste Hannovers; wegen einer Affäre mit der Erbprinzessin von Hannover von dem Geistlichen Don Nicolò di Montalban im Solde des Landesherren erstochen; die Leiche wurde in die Leine geworfen.

Larisch-Moennich, Marie Gräfin, geb. 24.2.1858 als Tochter des Herzogs Ludwig in Bayern und der Schauspielerin Henriette Mendel; als Vertraute der Mary Vetsera vom Hof verbannt; lebte in Schlesien auf dem Gut ihres Mannes; Ehe 1896 geschieden; heiratete Kammersänger Otto Brucks, der 1916 starb; im ersten Weltkrieg Rotkreuzschwester; 1924 Auswanderung in die USA, Ehe mit dem Farmer William Meyers – geschieden; starb am 4.7.1940 im Augsburger Servatiusstift.

Lassalle, Ferdinand, geb. 11.4.1825 Breslau, im Duell getötet am 31.8.1864 in Genf; Hegelianer; sein historisches Verdienst bestand in der Gründung des „Allgemeinen Deutschen Arbeitervereins“ 1863 in Leipzig; seine Geliebte Sophie Gräfin von Hatzfeldt suchte, von der Arbeiterbewegung weithin abgelehnt, sein politisches Erbe zu übernehmen; L. Grab befindet sich auf dem Jüdischen Friedhof zu Breslau (Wroclaw).

Lichtenau, Wilhelmine (Encke) Gräfin von, geb. 29.12.1753 Dessau, gest. 9.6.1820 Berlin; Mätresse Friedrich Wilhelms II. von Preußen; auf königliche Weisung verheiratet mit Johann Friedrich Rietz; 1796 in den Grafenstand erhoben; 1798 nach Glogau verbannt; 1800 auf freien Fuß gesetzt: Übersiedlung nach Breslau; 1802-06 verheiratet mit dem Dichter Franz Holbein von Holbeinsberg; beigesetzt in der Hedwigskirche zu Berlin.

Ludwig I., 1825–1848 König von Bayern, geb. 25.8.1786 Straßburg, gest. 29.2.1868 in Nizza, bestattet neben seiner Frau Therese in St.Bonifaz in München; nach Carl August von Sachsen-Weimar bedeutendster Mäzen seiner Zeit; eine Affäre mit der

Tänzerin Lola Montez zwang ihn in der 48er Revolution zum Thronverzicht.

Lupescu (Wolf), Helene, geb. 15.9.1895 Hertza, gest.29.6.1977 Estoril, Geliebte von König Carol II. von Rumänien, Prinz von Hohenzollern-Sigmaringen, verheiratet mit diesem seit 1947.

Michael von Rumänien, Prinz von Hohenzollern-Sigmaringen, geb. 1921 als Sohn von Carol II., König von Rumänien 1927-30 und 1940-47, verh. seit 1948 mit Anna Prinzessin von Bourbon und Parma, Kinder Margarita (geb.1949) und Elena (geb.1950), wohnhaft in Hertfordshire (England), letzter Sproß des Hauses Hohenzollern-Sigmaringen.

Montez, Lola (eigtl. Maria Dolores Gilbert), Tänzerin, geb. 25.8.1818 Limerick, gest. 17.1.1861 New Yorck; Ernennung 1847 zur Gräfin Landsfeld führte zum Sturz des Königs Ludwig von Bayern.

Moritz Graf von Sachsen, Herzog von Kurland, geb. 28.10.1696 Goslar, gest. 30.11.1750 Chambord; Sohn Augusts des Starken und der Gräfin Aurora von Königsmarck; seit 1744 Marschall von Frankreich. Schrieb 1731 „Einfälle über die Kriegskunst" (deutsch 1757).

Neitschütz, Rudolf von, geb. 11.8.1627, gest.22.4.1703 Gaußig; Vater der Sibylle von N.; 1673 Oberst im Kurprinz-Leibregiment, 1686 Generalmajor der Leibgarde; nach Verabschiedung 1689 Administrator in Hoyerswerda; zuletzt Kammerherr Augusts des Starken.

Neitschütz, Sibylle, Gräfin Rochlitz seit 1693; geb. 8.2.1675 ; Mätresse des sächs. Kurfürsten Johann Georg IV.; starb am 4.4.1694 in Moritzburg an den Blattern.

Neitschütz, Ursula Margaretha von, geb. von Haugwitz, geb. 1650, gest. 3.7.1713 Gaußig; Mutter der Sibylle von N.; in einem Prozeß wegen „Liebeszauberei" 1696 der dreifachen Tortur unterworfen, 18.11.1699 vom Königstein entlassen und aus Dresden verbannt.

Nicolae von Hohenzollern-Sigmaringen, Bruder von Carol II., heiratete 1937 nicht standesgemäß Johanna Lucie Doleti, legte Namen und Titel ab, nannte sich Brana; Ehe kinderlos.

Reichenbach, eigtl. Emilie Ortlöpp, seit 1721 Gräfin Reichenbach, geb. 1791 Berlin als Tochter eines Goldschmieds, gest. 12.2.1843 Frankfurt am Main; seit 1810 Mätresse des späteren Kurfürsten Wilhelm II. von Hessen-Kassel, seit 1841 dessen Frau.

Rietz, Johann Friedrich, geb. 22.5.1755 Potsdam, gest. 19.9.1809 Potsdam, Geheimer Kämmerer, heiratete gemäß königlicher Weisung 1782 Wilhelmine Encke (Gräfin Lichtenau), die ihm 1785 den 1799 staatlich als ehelich erklärten Sohn Friedrich Wilhelm gebar, den Vater des 1843 als von Ritz-Lichtenow geadelten Wilhelm Jakob; heiratete nach dem

Sturz der Lichtenau 1799 die Schauspielerin Henriette Baranius.

Rudolf von Habsburg, geb. 21.8.1858 Schloß Laxenburg b. Wien, gest. 30.1.1889 Mayerling; österr. Thronfolger, einziger Sohn von Kaiser Franz Joseph; beging zus. mit Mary Vetsera Selbstmord.

Stephanie Prinzessin von Belgien, Fürstin von Lonyay, geb. 21.5.1864 Schloß Laeken, gest. 23.8.1945 Stift Pannonhalma (Ungarn); verh. mit Kronprinz Rudolf von Österreich; Elisabeth Marie einziges Kind aus dieser Ehe; heiratete 1900 den Ungarn Graf (seit 1917 Fürst) Elemer Lonyay, was zum Ausschluß aus dem österr. Kaiserhaus führte; schrieb: „Ich sollte Kaiserin werden“ (1935).

Therese von Sachsen-Hildburghausen, heiratete 1810 Kronprinz Ludwig von Bayern; litt sehr unter dessen Affären (Lola Montez); ihr Schwiegervater richtete ihr zu Ehren am 17.10.1818 auf der „Theresien-Wiese“ das erste Oktoberfest aus; gestorben 1854 an der Cholera.

Vehse, Karl Eduard, geb. 18.12.1802 Freiberg, gest. (erblindet) 18.6.1876 Striesen b. Dresden; Jurist; seit 1825 im Staatsarchiv Dresden tätig; schrieb u.a. die 48bändige „Geschichte der deutschen Höfe seit der Reformation“, (1851-58); lehnte „trockene“, stark abstrahierende Geschichtswerke als seelenlos ab, benutzte aber stets archivalische Quellen; zu seinen Verteidigern gehörte Theodor Fontane. Neue Herausgabe seiner Werke seit 1990 in Leipzig.

Vetsera, Helene Baronin von, geb. 1847 (Mädchenname Baltazzi), gest. 1.2.1925 Wien, verh. mit dem 22 Jahre älteren Diplomaten Frhr. von V., Mutter der Mary V. ; mußte Wien nach der Tragödie in Mayerling verlassen; gab zu ihrer Rechtfertigung im Juni 1889 eine von der Zensur beschlagnahmte Denkschrift heraus.

Vetsera, Mary Baronesse von, geb. 19.3.1871, gest. 30.1.1889 Mayerling durch die Hand des österreichischen Kronprinzen Rudolf von Habsburg.

Voß, Julie von, Gräfin von Ingelheim (seit 1787), geb. 24.7.1766 Buch, gest. 25.3.1789 Berlin, Hofdame; Friedrich Wilhelm II. heiratete sie am 22.12.1786 „zur Linken“; sie starb entgegen anderslaut. Meinungen – Giftmord durch die Encke (Gräfin Lichtenau) – an Tbc.

Wilhelm II., Kurfürst von Hessen-Kassel, geb. 1777, gest. 20.11.1847 in Frankfurt am Main; verh. seit 13.2.1797 mit Auguste von Preußen, seit 1810 liiert mit Emilie Ortlöpp, Gräfin Reichenbach, die er 1841 ehelichte: 1831 Thronverzicht.

Anmerkungen und Literaturverzeichnis

Sibylle von Neitschütz und der sächsische Liebeszauber

Anmerkungen

1 Jühling, J.: a.a.O., S. 40
2 Czok, K.: a.a.O., S.11 f.
3 Jühling, J.: a.a.O., S.49
4 ebda., S. 57
5 Pöllnitz, C.L. v.: a.a.O., S. 17
6 kompletter Abdruck bei Böttiger, Carl Wilhelm: Geschichte des Kurstaates und Königreichs Sachsen, Bd.2 , Ausgabe von 1836, S.184
7 Archiv für die sächsische Geschichte, Bd.8, S.217, Anm.8
8 Jühling, J.: a.a.O., S. 229 f.
9 Bruck, R.: Die Sophienkirche in Dresden, 1912, S.16

Literatur

Archiv für die sächsische Geschichte, Bd.8, Leipzig 1870, S.213 ff. (Neitschütz-Prozeß), vergl. auch Neues Archiv…, 4.Bd.,1878, S.169 ff.

Bassermann, Lujo: Die ungekrönte Geliebte, Wien-Düsseldorf 1967

Boetticher, Walter von: Geschichte des Oberlausitzer Adels und seiner Güter 1635-1815, Bd.2, Görlitz 1913

Haugwitz, E.Graf von: Die Geschichte der Familie von Haugwitz, 2 Bde., Berlin 1910

Helbig, Karl Gustav: Kurfürst Johann Georg IV. und Feldmarschall Hans Adam v. Schöning 1691-1694, in: Archiv für die sächsische Geschichte, Bd. 11, Leipzig 1873, S. 351 ff.

Hitzigs Annalen der deutschen und ausländischen Criminalrechtspflege, N.F., Leipzig, Bd.XIX, S.206 ff.

Jühling, Johannes: Die Liebeszaubereien der Gräfin von Rochlitz. Nach der Handschrift des Johann Friedrich Klotzsch, Stuttgart 1914

Minckwitz, A.von: Geschichte von Pillnitz, o.O.1893

Pöllnitz, Carl Ludwig von: Das galante Sachsen, Neudruck München 1992

Vehse, Eduard: Geschichte der Höfe des Hauses Sachsen, 3 Bde., Hamburg 1854

Wilcke, Gero von: Die Familie der Sibylle von Neitschütz, in: Genealogie, Neustadt, Jg. 13, 1964, H.4, S.182 ff.

Aurora von Königsmarck und Augusts kurze Leidenschaft

Anmerkungen

1 vergl. Pöllnitz, C.L. v.: a.a.O., S.144; Pöllnitz irrt, wenn er von drei Schwestern Königsmarck schreibt;

Aurora hatte nur noch eine Schwester, eine zweite war als Kind gestorben.

2 vergl. Czok, K.: a.a.O., S.20
3 Cramer, F.: Denkwürdigkeiten…, S.12
4 zit. nach: Schöner Frauen Liebe, Macht und Schicksal…, S.6 f.
5 Cramer, F.: Denkwürdigkeiten…, S.4
6 Sternberg, A.v.: a.a.O., S. 37
7 Palmblad, W.F.: a.a.O., S. 157
8 Burg, P.: Sieben Abenteuer…, S. 77 bzw. Die schöne Gräfin…, S.152
9 Burg, P.: Die schöne Gräfin …, S.153
10 Pöllnitz, C.L.v.: a.a.O. S.180
11 Burg, P.: Die schöne Gräfin …, S. 153 f.
12 Aschenborn, P.O.: a.a.O., S.115
13 Burg, P.: Die schöne Gräfin…, S.173
14 Cramer, F.: Denkwürdigkeiten…, S. 153
15 ebda., Bd. 2, S. 212
16 ebda., S 170
17 Burg, P.: Die schöne Gräfin…, S.172
18 Palmblad, W.F.: a.a.O., S.181
19 Burg, P: Die schöne Gräfin…, S. 194
20 ebda., S. 202
21 ebda., S.268
22 Cramer, F.: Denkwürdigkeiten…, S.105
23 Palmblad, W.F: a.a.O., Bd.1/2, S.272

Literatur

Aschenborn, P.O.: Aus den Memoiren der Gräfin Aurora von Königsmarck, Berlin o.J. (1928)

Bassermann, Lujo: Die ungekrönte Geliebte, Wien-Düsseldorf 1967, S. 179 ff.

Blaschke, Karlheinz: Aurora Königsmarck, in: Neue Deutsche Biographie, 12.Bd., Berlin 1980, S.359 f.

Burg, Paul: Die schöne Gräfin Königsmark, Braunschweig 1919

Burg, Paul: Die Quedlinburger Äbtissinnen, Halle 1915

Corvin, O. von: Maria Aurora von Königsmark und ihre Beziehungen zu August dem Starken, 1903

Cramer, Friedrich.: Biographische Nachrichten der Gräfin Königsmark, Quedlinburg 1833

Cramer, Friedrich.: Denkwürdigkeiten der Gräfin Königsmark und der Königsmark'schen Familie, 2 Bde., Leipzig 1836

Czok, Karl: August der Starke, Leipzig 1987

Dammert, R.: Aurora von Königsmarck. Ein Frauenschicksal um August den Starken, 1936

– Das sich selbst nicht kennende Sachsen, 1707, in: Archiv für Deutschland, 8.Bd. Mannheim-Leipzig 1788

Gurlitt, Cornelius: August der Starke. Ein Fürstenleben aus der Zeit des deutschen Barock, 2 Bde., Dresden 1924

Haake, Paul: August der Starke, Berlin-Leipzig 1927

Königsmarck: Allgemeine Deutsche Biographie, Bd. 16, Neudruck Berlin 1969, S.526 ff.

Lorenz, H.: Maria Aurora Königsmark, in: Mitteldeutsche Lebensbilder, V. 1930

Mörner, Graf B.: Maria Aurora von Königsmark. Eine Chronik, 1922

Palmblad, Wilhelm Friedrich: Aurora von Königsmark und ihre Verwandten, 6 Bde, aus dem Schwedischen, Leipzig 1848-53, Briefsammlung (frz.) im Anhang von Bd.1/2, S. 251 ff.
Pekrun, R.: Hof und Politik Augusts des Starken im Lichte des Portrait de la cour de Pologne, 2 Bde., Friedland i.M. 1913/14
Poenicke, H.: August der Starke, Göttingen 1972
Pöllnitz, Carl Ludwig von.: Das galante Sachsen, Neudruck München 1992
SanSalvatore: Der galante König und sein Hof, Berlin 1912
Schöner Frauen Liebe, Macht und Schicksal. Waldorf-Bücherei, 7.Reihe, 6.Heft, Maria Aurora von Königsmarck, München 1926
Schreiber, Hermann: August der Starke. Leben und Lieben im deutschen Barock, München 1981
Sternberg, Alexander von: Berühmte deutsche Frauen, Leipzig 1848, I.Teil, S.1 ff. Aurora von Königsmarck
Vehse, Eduard: Geschichte der Höfe des Hauses Sachsen, 3 Bde., Hamburg 1854

Gräfin Cosel oder die Bitternis der Gefangenschaft

Anmerkungen

1 Pöllnitz, C.L.v.: a.a.O., S. 341
2 Hoffmann, G.: a.a.O., S. 514
3 Weber, C. v.: a.a.O.,
4 Pöllnitz, C.L.v.: a.a.O., S. 247
5 Weber, C. v., a.a.O., S. 10 f.
6 ebda., S.15
7 ebda., S. 137
8 Pöllnitz, C.L.v.: a. a. O., S.248
9 Weber, C. v.: a.a.O., S. 57
10 ebda., S. 75
11 Hoffmann, G.: a.a.O., S.498
12 Czok, K.: August der Starke, S. 215

Literatur

Czok, Karl: Am Hofe Augusts des Starken, Leipzig 1990
Czok, Karl: August der Starke und Kursachsen, Leipzig 1987
Gurlitt, Cornelius: August der Starke. Ein Fürstenleben aus der Zeit des deutschen Barock, 2 Bde., Dresden 1924
Haake, Paul: August der Starke, Berlin/Leipzig 1927
Haake, Paul: Christiane Eberhardine und August der Starke. Eine Ehetragödie, Dresden 1930
Hoffmann, Gabriele: Constantia von Cosel und August der Starke, 2.Aufl., Bergisch Gladbach 1990
Kraszewski, Jozef Ignacy: Gräfin Cosel, Dresden 1873
Lubojatzky, Franz: Stolpen und seine Gefangene, die Gräfin Cosel, in: Das goldene Buch vom Vaterlande, Löbau 1860, S. 36 – 51
Nadolski, Dieter: Wahre Geschichten um Gräfin Cosel, Taucha 1992
Pöllnitz, Carl Ludwig von: Das Galante Sachsen, Neudruck München 1992
Pönicke, Herbert: August der Starke. Ein Fürst des Barock, Göttingen 1972
Poeschel, Hans: Schloß Stolpen und die Reichsgräfin Cosel, in: Die Grenzboten, Bd. LXIX (1910), S. 5–17
Schreiber, Hermann: August der

Starke. Leben und Lieben im deutschen Barock, München 1981
Thöne, Friedrich: Wolfenbüttel. Geist und Glanz einer alten Residenzstadt, München 1963
Vehse, Eduard: Geschichte der Höfe des Hauses Sachsen, 3 Bde., Hamburg 1854
Weber, Carl von: Anna Constance Gräfin von Cossell, in: Archiv für sächsische Geschichte, Bd. 9, Leipzig 1871, S.1– 78 und 113–164
Wilsdorf, Oskar: Gräfin Cosel, 6.Aufl., Dresden/Leipzig 1921

Gräfin Lichtenau und die preußischen Hofintrigen

Anmerkungen

1 Schlosser, F.C.: Geschichte des achtzehnten Jahrhunderts..., 3. Aufl., Bd.5, S. 140 f./Bd.7, S.451
2 Allgemeine Deutsche Biographie, Bd. 18, S.535
3 Stadtkirche St. Marien zu Dessau, Taufnummer 1753/68. Voller Wortlaut des Eintrags mit Nennung aller acht Paten in: Archiv für Sippenforschung und alle verwandten Gebiete, Görlitz, 6.Jg.(1929), H.12, S.418
4 zit. nach Vehse, Ed.: Berliner Hof-Geschichten, S. 207
5 Vehse, Ed.: Berliner Hof-Geschichten, S. 208
6 Cölln, Fr. v.: Vertraute Briefe ..., Bd. 1, S.105 f.
7 Cölln, Fr. v.: Vertraute Briefe..., Bd. 1, S. 59
8 Vehse, Ed.: Berliner Hof-Geschichten, S.93
9 Cölln, Fr.v.: Vertraute Briefe..., Bd.1, S.160
10 Reede-Ghinkel, a.a.O., S.136
11 Apologie... S.26
12 Haase-Faulenorth, B.: Gräfin Lichtenau, S.251
13 Cölln, Fr.v.: Vertraute Briefe..., Bd 1, S.109
14 Mirabeau, Geheime Geschichte des Berliner Hofes, deutsche Ausgabe 1792, 2.Teil, S.133 f.
15 Kania, H.: a.a.O., S. 98
16 Tagebuchnotiz des Obersten Christian Frhr. von und zu Massenbach, zit.nach Vehse, a.a.O. S.204
17 Krieger, B.: a.a.O., S. 426
18 ebda.
19 Oppeln-Bronikowski, F. v.: Liebesgeschichten..., S. 72
20 Erman, H.: a. a. O., S.109
21 Cölln, Fr. v.: Vertraute Briefe...., Bd.1, S.105
22 Lehndorff, a.a.O., S.111
23 Kania, H.: a.a.O., S. 124
24 Vergl. Grünhagen, Colmar: Zerboni und Held in ihren Konflikten mit der Staatsgewalt 1796 bis 1802, Berlin 1897
25 Atzenbeck, C.: a.a.O., S.49
26 vergl.Breuer, Karl: Die Pfaueninsel, Diss. TH Berlin 1923
27 zit.nach Atzenbeck, C.: a.a.O., S.49
28 Atzenbeck, C.: a.a.O., S.50
29 vergl. Manfred Laubert: Die preußische Polenpolitik von 1772-1914, Berlin 1920
30 Vehse, Ed.: a.a.O., S.119
31 Kania, H.: a.a.O., S.131/ Haase-Faulenorth,B.: Gräfin Lichtenau, a.a.O., S. 199
32 Adler, Max: a.a.O., S.92
33 Adler, Max: a.a.O., S.61 f.
34 Haase-Faulenorth, B.: Gräfin Lichtenau, S. 56

35 Oppeln-Bronikowski, F.v.: Liebesgeschichten…, S. 80
36 Kania, H.: a.a.O., S. 102
37 Haase-Faulenorth, B.: Gräfin Lichtenau, S. 221
38 Haase-Faulenorth, B.: Gräfin Lichtenau, S. 234
39 vergl. Baranius, A.W.: a.a.O.,S.107
40 Adler, Max: a.a.O., S 69
41 Haase-Faulenorth, B.: Gräfin Lichtenau, S.228
42 Haase-Faulenorth, B.: Gräfin Lichtenau, S. 240
43 Haase-Faulenorth, B.: Gräfin Lichtenau, S. 299
44 D'Alton-Rauch, H.: a.a.O., S.137
45 Haase-Faulenorth, B.: Gräfin Lichtenau, S. 239
46 Haase-Faulenorth, B.: Gräfin Lichtenau, S. 240
47 Krieger, B.: a.a.O., S 427
48 vergl.: Wiedemann, F.: a.a.O., S. 72 ff.
49 Adler, M. a.a.O., S.118
50 Haase-Faulenorth, B.: Gräfin Lichtenau, S.12
51 Dorow, W.: a.a.O., S.169

Literatur

Adler, Max (Hrsg.): Memoiren der Gräfin Lichtenau, Dresden 1922

Alton-Rauch, Helene d': Der Sturz der Gräfin Lichtenau, in: Mitteilungen des Vereins für die Geschichte Berlins, Jg.1929, H.4 , S. 136-141

Apologie der Gräfin Lichtenau, bearb. von Johann Gottlieb Schummel, 2 Bde., Leipzig-Gera 1808

Atzenbeck, Carl: Die deutsche Pompadour, Leipzig 1925

Bailleu, Paul: Gräfin Wilhelmine Lichtenau, in: Allgemeine Deutsche Biographie, Bd.18, Neudruck Berlin 1969, S.534-536

Baranius, August Wilhelm: Versuch einer Biographie der Frau Gräfin von Lichtenau, einer berühmten Dame des vorigen Jahrhunderts, Zürich-Lindau 1800

Behrend, Horst: Der Vielgeliebte, Friedrich Wilhelm II., König von Preußen, in: Preußische Könige, München-Gütersloh 1972

Bissing, Moritz Frhr.von: Das Leben Friedrich Wilhelms II. König von Preußen, Berlin 1967

Breuer, Karl: Die Pfaueninsel, Diss. TH Berlin 1923

Cölln, Friedrich von: Vertraute Briefe über die inneren Verhältnisse am preußischen Hofe seit dem Tode Friedrichs II., 6 Bde., Amsterdam-Köln 1807

Dorow, Wilhelm: Erlebtes aus den Jahren 1790-1827, Leipzig 1845

Erman, Hans: Berliner Geschichten. Geschichte Berlins, 5. Aufl., Tübingen-Basel 1975

Geiger, L.: Berlin 1688-1890, 2 Bde., Berlin 1893/1895

Graßhoff: Das wahre Gesicht der Hohenzollern, Berlin 1930

Grünhagen, Colmar: Zerboni und Held in den Konflikten mit der Staatsgewalt 1796 bis 1802, Berlin 1897

Haase-Faulenorth, Berthold: Gräfin Lichtenau, Berlin 1934

Haase-Faulenorth, Berthold: Lichtenaunotizen, in: Mitteilungen des Vereins für die Geschichte Berlins, Jg.1928, H.3 u. 4., Jg. 1929, H.1

Haase-Faulenorth, Berthold: Von der Gräfin Lichtenau, ihren Vorfahren und Nachkommen, in: Archiv für

Sippenforschung und alle verwandten Gebiete, 6.Jg., H.12 (Dez.1929), Görlitz
Haeger, Albert: Die Gräfin Lichtenau. Schauspiel in 5 Aufzügen. Leipzig 1872 (Reclamheft)
Kania, Hans: Barbarina und Lichtenau, Potsdam 1928
Krieger, Bogdan: Berlin im Wandel der Zeiten, Berlin 1924
Lyon, Frhr.von: Liebesaffären der Gräfin von Lichtenau. Chronik europäischer Fürstenhöfe, Bd.1, Leipzig o.J.
Menzel, K.A.: Zwanzig Jahre Preußischer Geschichte, 1786-1806, Berlin 1849
Oppeln-Bronikowski, Friedrich von: Abenteuer am Preußischen Hofe 1700-1800, Berlin-Leipzig 1927
Oppeln-Bronikowski, Friedrich von: Liebesgeschichten am Preußischen Hofe, Berlin 1930
Paulig, F.R.: Friedrich Wilhelm II., König von Preußen. Sein Privatleben und seine Regierung, Frankfurt 1895
Preußen – Legende und Wirklichkeit, Berlin 1985
Preußen, Luise von, Fürstin Anton Radziwill: Fünfundvierzig Jahre aus meinem Leben (1770-1815), Berlin 1912
Reede-Ghinkel, Gräfin: Bunte Bilder vom Preußischen Hofe aus dem 18.Jahrhundert, hrsg. v. Ursula von Pfuel, in: Deutsche Rundschau, Bd. CCXII (1922), S.132 ff.
Rehmann, Max: Zur Geschichte der Gräfin Lichtenau, in: Schriften des Vereins für die Geschichte der Neumark, H.33, 34, 37
Salomon, Ernst von: Die schöne Wilhelmine, Hamburg 1972 (rororo)
Schnitzler, Sonja (Hrsg.): Die Mätresse Wilhelmine. Spottschriften wider die schöne Gräfin Lichtenau, Berlin 1989
Schurig, Arthur: Das galante Preußen gegen Ende des 18. Jahrhunderts, Berlin-Leipzig 1910
Stümke, Bruno: Wilhelmine Enke. Der Roman einer ungekrönten Königin Preußens, Berlin 1931
Tschirch, Otto: Geschichte der öffentlichen Meinung in Preußen vom Baseler Frieden bis zum Zusammenbruch des Staates (1795-1806), 2 Bde., Weimar 1933
Vehse, Eduard: Berliner Hof-Geschichten, Düsseldorf-Köln 1970
Voß, Gräfin Sophie Marie: Neunundsechzig Jahre am Preußischen Hofe, 9. Aufl. München-Leipzig 1913
Wiedemann, Franz: Die Gräfin Lichtenau im Webskyschlößchen zu Breslau, in: Schlesische Monatshefte, 6.Jg., 1929, H.2, S.72-76

Barbarina Campanini und die Legende um Friedrich den Großen

Anmerkungen

1 Kania, H.: a.a.O., S. 45 ff.
2 Hahnke, F.W.M.v.: a.a.O., S. 145
3 zit.nach Schneider, Wolfg.: Berlin, Leipzig-Weimar 1983, S.200
4 Volz, G.B.: Aus der Welt…, S.68
5 ebda., S. 71
6 ebda., S. 76 f.
7 ebda., S.72
8 Schneider, L.: a.a.O., S. 102
9 Volz, G.B.: Aus der Welt…, S.89

10 ebda., S.83
11 Schneider, L.: a.a.O., S. 104
12 Volz, G.B.: Aus der Welt..., S. 13
13 Collini, C.A: Mon sèjour auprès de Voltaire, Paris 1800, zit.nach: Forschungen zur Brandenburgischen und Preußischen Geschichte, 24.Bd., 1.Halbband, Leipzig 1911, S.296/vergl. Direske, F.: a.a.O., S.15
14 Volz, G.B.: Aus der Welt ..., S.92
15 Oppeln-Bronikowski, F.v.: Liebesgeschichten..., S. 39
16 Volz, G.B.: Aus der Welt..., S. 94
17 ebda., S. 92
18 ebda., S. 95
19 Volz, G.B.: Rezension.... S.299
20 Berg, W.: a.a.O., S.72
21 Volz, G.B.: Aus der Welt..., S.95
22 ebda., S. 110
23 Olivier/Norbert: a.a.O., S.110
24 ebda., S. 113
25 ebda., S.123
26 Direske, F.: a.a.O., S. 21
27 Olivier/Norbert: a.a.O., S. 130
28 Direske, F.: a.a.O., S. 22
29 ebda., S. 8

Literatur

Berg, W.: Die Barbarina, in: Die Grenzboten, 69.Jg. (1910), H.1., S.25 ff.; H.2., S.67 ff.; H.3, S.121 ff.

Burg, Paul: Des großen Friedrich Prima Ballerina Barberina, Leipzig 1922; in Neufassung: Die Tänzerin des Königs, Dresden 1936

Direske, Franz: Die Barberina in der Gruft von Hochkirchen, Breslau o.J. (1932)

Hahnke, Friedrich Wilhelm M. von: Elisabeth Christine, Königin von Preußen, Gemahlin Friedrichs des Großen, Berlin 1848

Kania, Hans: Barbarina und Lichtenau, Potsdam 1928

Olivier, Jean Jacques/Willy Norbert: Barberina Campanini. Eine Geliebte Friedrichs des Großen, Berlin 1909

Oppeln-Bronikowski, Friedrich von: Liebesgeschichten am Preußischen Hofe, Berlin 1930

Paul, Adolf: Die Tänzerin Barberina, Berlin 1942

Schneider, Louis: Geschichte der Oper und des Königlichen Opernhauses in Berlin, Berlin 1852

Vehse, Eduard: Berliner Hof-Geschichten, Düsseldorf-Köln 1970

Volz, Gustav Berthold: Aus der Welt Friedrichs des Großen, Dresden 1922

Volz, Gustav Berthold: Rezension zu Olivier/Norbert (vergl.ebda), in: Forschungen zur Brandenburgischen und Preußischen Geschichte, hrsg.von Otto Hintze, 24.Bd., 1.Halbbd., Leipzig 1911, S. 294-300

Karoline Jagemann, Herzog Carl August und das Weimarer Hoftheater

Anmerkungen

1 Müller-Harang, U.: a.a.O., S. 75
2 Bergmann, A.: a.a.O., S. 50
3 Burg, P.: a.a.O., S. 119
4 Müller-Harang, U.: a.a.O., S. 74
5 Kühnlenz, F.: a.a.O., S. 57
6 Bamberg, E.v.: a.a.O., S. 95
7 Kühnlenz, F.: a.a.O., S. 57
8 „Brockhaus“, Wiesbaden 1984, Bd. 10., S.369
9 Bamberg, E.v.: a.a.O., S.96
10 Müller-Harang, U.: a.a.O., S.59

11 Kühnlenz, F.: a.a.O, S., 57
12 Bamberg, E.v.: a.a.O., S. 429
13 ebda., S. 431
14 Burg, P.: a.a.O., S.210 f.
15 Bamberg, E.v.: a.a.O., S.210
16 Vehse, E.: a.a.O., S.148
17 Bamberg, E.v.: a.a.O., S.310
18 Bergmann, A.: a.a.O., S. 55
19 Burg, P.: a.a.O., S. 130 f.
20 ebda.
21 Bergmann, A.: a.a.O., S. 57
22 Burg, P.: a.a.O., S.143
23 Bamberg, E.v.: a.a.O., S. 301 f., 305
24 ebda., S.310
25 Kiehn, H.: a.a.O., S. 75
26 Thümmler, H.: a.a.O., S. 151
27 Burg, P.: a.a.O., S.171
28 Vehse, E.: a.a.O., S.150
29 Bamberg, E.v.: a.a.O., S. 548 f.

Literatur

Andreas, Willy: Carl August von Weimar, Stuttgart 1953

Bamberg, Eduard von: Die Erinnerungen der Karoline Jagemann, Dresden 1926

Bergmann, Alfred: Carl August Begegnungen mit Zeitgenossen, Weimar 1933

Bojanowski, Eleonore von: Louise Großherzogin von Sachsen-Weimar und ihre Beziehungen zu den Zeitgenossen, Stuttgart-Berlin 1903

Burg, Paul: Leben und Lieben des Herzogs Carl August von Weimar, Weimar 1928

Carl-August-Büchlein. Lebenszüge, Aussprüche, Briefe und Anekdoten von Carl August, Großherzog von Sachsen-Weimar, zusammengestellt von A. Schöll, Weimar 1857

Flemming, Willi: Goethe und das Theater seiner Zeit, Stuttgart etc. 1968

Hammerich, Louis. L.: Großherzogin Louise von Sachsen-Weimar – eine politische, keine schöne Seele. Zwei kleine Goethestudien, Kobenhavn 1962

Kiehn, Holger: Zur Charakterisierung der Literaturverhältnisse in Weimar um 1800, (Ms.) Diss. Potsdam 1988

Kindermann, Heinz: Theatergeschichte der Goethezeit, Wien 1948

Koenigsegg, Adda von: Fürstin im Schatten. Luise von Weimar, 2.Aufl. Leipzig/Berlin 1940

Kühnlenz, Fritz: Weimarer Porträts, NF Rudolstadt 1965

Müller-Harang, Ulrike: Das Weimarer Theater zur Zeit Goethes, Weimar 1991

Schrickel, Leonhard: Geschichte des Weimarer Theaters, Weimar 1928

Thümmler, Hans: Carl August von Weimar, Goethes Freund, Stuttgart 1978

Vehse, Eduard: Die Höfe zu Weimar, Neudruck Leipzig 1991

Wahl, Hans: Carl August von Weimar. Ein Leben in Briefen, Weimar/Leipzig 1928

Weimar im Urteil der Welt, Berlin-Weimar 1977

Lola Montez und der Münchner Aufruhr um eine fesche Tänzerin

Anmerkungen

1 Luise von Kobell…: a.a.O., S 156
2 ebda., S.157
3 vergl.detaillierte Lebensbeschreibung bei Pottendorf, E.: a.a.O., einleitendes Kapitel

4 Thies, H.A.: a.a.O., S. 57
5 Riehl, H.: a.a.O., S.56
6 Vehse, E.: a.a.O., S. 303
7 Aberle, A.: a.a.O., S. 100 f.
8 Erdmann Paul: Lola Montez und die Jesuiten, zit. nach Pottendorf, E.: a.a.O., S. 69
9 Thies, H.A.: a.a.O., S.23
10 Riehl, H.: a.a.O., S.99
11 zit.nach: Gollwitzer, H.: a.a.O., S. 679
12 Gollwitzer, H.: a.a.O., S. 680
13 ebda., S. 674
14 Bassermann, L.: a.a.O., S.278
15 Pottendorf, E.: a.a.O., S. 191 f.
16 Aberle, A.: a.a.O., S. 105
17 Pottendorf, E.: a.a.O., S.238
18 Gollwitzer, H.: a.a.O.; S.674, Fels, E.: a.a.O., S.40
19 Pottendorf, E.: a.a.O., S. 254
20 ebda., S. 285 f.
21 d'Auvergne, E. B.: Lola Montez, London o.J., zit. nach: Pottendorf, E.: a.a.O., S. 267
22 Thies, H.A.: a.a.O., S. 66
23 vergl. Wolf, G.J.: a.a.O., S.285
24 zit. nach Riehl,H.: a.a.O., S.102
25 Riehl, H.: a.a.O., S. 104
26 Luise von Kobell: a.a.O., S. 167 f.
27 Gollwitzer H.: a.a.O., S. 706

Literatur

Aberle, Andreas: Bayerische Königsanekdoten (Rosenheimer Raritäten), o.J.

Augustin-Thierry, A.: Lola Montès, favorite royale, Paris 1936

Breieck, Otto E.: Abenteurer-Könige-Kurtisanen, Pfaffenhofen 1977

Cortis, Egon Caesar Conte: Ludwig I. von Bayern, München 1937

Costello, Conte: Lola Montez und Ludwig von Bayern, Berlin 1954

Fels, Eberhard: Lola Montez und die Zeiten, in: Prisma, Jg.1948, Nr.16

Fournier, August: Lola Montez, in: Deutsche Revue, 27.Jg. (1902)

Fuchs, Eduard: Ein vormärzliches Tanzidyll. Lola Montez in der Karikatur, Berlin 1904

Gollwitzer, Heinz: Ludwig I. von Bayern. Eine politische Biographie, 1986

Grimm, C. (Hrsg.): Geschichte, Politik und Kunst unter Ludwig I., 3 Bde., 1986

Heigel, Karl Theodor: Ludwig I., König von Bayern, in: Allg. Dt. Biographie, 19.Bd., Neudruck Berlin 1969, S.517-527

Heigel, Karl Theodor: Ludwig I., König von Bayern, 1872

Hojer, G.: Die Schönheitsgalerie König Ludwigs I., 1983

Holdvedge, Helen: The life of Lola Montez, New York 1955

Kraus, Andreas: Ludwig I., König von Bayern, in: Neue Deutsche Biographie, 15.Bd, Berlin 1987, S.367-374

Lola Montez: Abenteuer der berühmten Tänzerin. Von ihr selbst erzählt, o.O. 1847 (nicht authentisch!)

Luise von Kobell und die Könige von Bayern, hrsg. von Kurt Wilhelm, München 1980

Orlopp, N.: Von Garibaldi bis Ludwig III. Herzöge, Kurfürsten und Könige in Bayern, München 1979

Popon, A.(Hrsg.): Lola Montez. Memoir in Begleitung vertrauter Briefe Seiner Majestät des Königs Ludwig von Bayern und der Lola Montez, Stuttgart 1849

Pottendorf, Erich: Lola Montez, Wien 1955

Rau, Reinhold: Lola Montez. Die königliche Mätresse, München 1992
Riehl, Hans: Märchenkönig und Bürgerkönige. Wittelsbacher Geschichte(n) 1800-1918, Bindlach 1987
Seitz, Max: Die Februar- und Märzunruhen in München 1848, Phil. Diss., München 1924
Thies, Hans Arthur: König Ludwig I. und die Schönheiten seiner Galerie, München 1977
Vehse, Eduard: Bayrische Hofgeschichten, München 1922
Wolf, Georg Jacob: Ein Jahrhundert München 1800-1900, Leipzig 1935
Zorn, W.: Gesellschaft und Staat in Bayern im Vormärz, in: Staat und Gesellschaft in Deutschland. Vormärz 1825-48, hrsg.v. W. Conze, 1962, S. 113-142

Gräfin Reichenbach und ein spätes Eheglück

Anmerkungen

1 Vehse, E.: a.a.O., S.107
2 ebda., S. 81
3 Losch, Ph.: Schönfeld, S.83
4 Losch, Ph.: Geschichte des Kurfürstentums Hessen, S.129
5 Losch, Ph.: Schönfeld, S. 86 f.
6 Losch, Ph.: Der letzte deutsche Kurfürst, S.20
7 voller Wortlaut bei Kühn, J.: Kurhessische Bilderbogen, S. 122
8 ebda., S. 149

Literatur

Braun, Carl: Bilder aus der deutschen Kleinstaaterei, Bd.4: Bilder aus Kurhessen, Hannover und Bayern, 3.Aufl., Hannover 1881
Gervinus, Georg Gottfried: Geschichte des 19. Jahrhunderts, Bd.8, Leipzig 1866
Hagen, Karl: Geschichte der neuesten Zeit, vom Sturze Napoleons bis auf unsere Tage, Bd.1, Braunschweig 1851
Horn, Johann von: Die Verschwörung gegen den Kurfürsten Wilhelm II. von Hessen-Kassel, Ilmenau 1824
Kühn, Joachim: Das Ende einer Dynastie, Berlin 1929
Kühn, Joachim: Kurhessische Bilderbogen, Berlin 1924
Losch, Philipp: Der letzte deutsche Kurfürst Friedrich Wilhelm I. von Hessen, Marburg 1937
Losch, Philipp: Geschichte des Kurfürstentums Hessen 1803 bis 1866, Marburg 1922
Losch, Philipp: Schönfeld, Leipzig 1913
Meysenburg-Lauenau, Hermann Frhr.von: Freiherr Karl Rivalier von Meysenburg, kurfürstlich hessischer Staatsminister, „Hessenland", Sonderdruck Kassel 1900
Varnhagen von Ense, Karl August: Blätter aus der preußischen Geschichte, Leipzig 1868 ff.
Vehse, Carl Eduard: Die Höfe zu Hessen, Neudruck Leipzig 1991
Wippermann, Carl Wilhelm: Kurhessen seit dem Freiheitskriege, Kassel 1850

Wilhelmine von Grävenitz oder das „Übel von Stuttgart"

Anmerkungen

1 Rümelin, G.: a.a.O., S. 278
2 Gerhardt, O.: a.a.O., S.4

3 ebda., S.5
4 Vehse, E.: a.a.O., S.6
5 Vann, J.A.: a.a.O., S.176
6 Gerhardt, O.: a.a.O., S. 5 f.
7 ebda., S. 6
8 Allgemeine Deutsche Biographie, Bd. 5, S. 563
9 Fleischhauer, W.: a.a.O., S. 140
10 Söll, W.: a.a.O., S. 96
11 Borst, O.: a.a.O., S. 172
12 Gerhardt, O.: a.a.O., S.10 f.
13 ebda., S.12
14 ebda., S. 14

Literatur

Borst, Otto: Württemberg und seine Herren, Herzog Eberhard Ludwig S.165 ff.
Fleischhauer, Werner: Barock im Herzogtum Württemberg, 2.Aufl. Stuttgart 1986
Gerhardt, O.: Maitressen und Judenregiment in Württemberg vor 200 Jahren, Stuttgart 1936
Marquardt, Ernst: Geschichte Württembergs, 3.Aufl., Stuttgart 1985
Pfaff, Karl/ Peter Lahnstein: Württembergs geliebte Herren, Neudruck Stuttgart 1965
Rümelin, Gustav: Reden und Aufsätze, in: Württ. Jahrbücher, Jg. 1864, S. 277-283
Söll, Wilhelm: Die staatliche Wirtschaftspolitik in Württemberg im 17. und 18.Jahrhundert, Phil. Diss. Tübingen 1932
Vann, James Allen: Württemberg auf dem Weg zum modernen Staat 1593-1793, Stuttgart 1986
Vehse, Eduard: Süddeutsche Fürstenhöfe, Bd. II. Der Württembergische und der badische Hof, Karlsruhe 1921

Sophie von Hatzfeldt und das tragische Ende von Lassalle

Anmerkungen

1 Hentig, H. W. v.: a.a.O., S.67
2 vergl. Vogel, J.: Deutsche Frauen in der Anekdote, Berlin o.J. (1920), S.231 ff.
3 Hirsch, H.: Sophie von Hatzfeldt, Düsseldorf 1981, S. 20
4 Brief vom 14.10.1850 an Tochter Melanie, zit. nach: Kling-Mathey, Chr., a.a.O., S. 24
5 vergl. Mehring, Franz: Graf Paul Hatzfeldt, in: Die Neue Zeit 20 (1901/02), H.7., S.193 ff.
6 Hirsch, H.: Gräfin von Hatzfeldt..., in: Heimat-Jahrbuch Wittlaer 1980, S. 27
7 Hirsch, H.: Sophie von Hatzfeldt, in: Rheinische Lebensbilder..., S.124
8 Hirsch, H.: Sophie von Hatzfeldt, Düsseldorf 1981, S.25
9 Faust, H.: a.a.O., S. 208
10 ebda. S. 209
11 Oncken, H.: a.a.O., S. 62
12 ebda., S. 66
13 Großmann, St.: Ferdinand Lassalle, S. 182
14 Kohn, E.: a.a.O., S. 52
15 ausführlicher zit. bei Kling-Mathey, Chr.: a.a.O., S.37
16 Hirsch, H.: Sophie von Hatzfeldt, Düsseldorf 1981, S. 25 f.
17 Kling-Mathey, Chr.: a.a.O., S. 72
18 Oncken, H.: a.a.O., S.67
19 Kling-Mathey, Chr.: a.a.O., S. 91 f.
20 Rothfels, H.: a.a.O., S. 190 f.
21 vergl. Mayer, G.: Vorwort zu „Lassalles Briefwechsel"/Marx an seine Cousine Antoinette Philips 24.3. und 13.4.1861

22 Oncken, H.: a.a.O., S.490 f.
23 Kohn, E.: a.a.O., S. 86
24 vergl. Kling-Mathey, Chr.: a.a.O., S. 308, Anm. 37

Literatur

Becker, Johann Philipp: Die letzten Tage von Ferdinand Lassalle, Hamburg 1864

Faust, Helmut: Geschichte der Genossenschaftsbewegung, Frankfurt.a.M. 1965 (Lassalle = S. 207 ff.)

Großmann, Stefan: Ferdinand Lassalle, Berlin 1919

Großmann, Stefan: Lassalle und die Hatzfeldt,in: Das Tage-Buch 5 (1924), S.71 ff.

Hartig, Margarete: Frauen im Schatten großer Männer. Sophie von Hatzfeldt – Helene von Dönniges, in: Gleichheit – Das Blatt der arbeitenden Frau 26, (1963), H.9, S. 337 ff.

Hentig, Hans Wolfram v.: Sophie Josepha Ernestine Gräfin Hatzfeldt..., in: Neue Deutsche Biographie, Bd.8, Berlin 1969, S.67 f.

Heym, Stefan: Lassalle. Eine Biographie, 2. Aufl., Berlin 1974

Hirsch, Helmut: Gräfin von Hatzfeldt und Ferdinand Lassalle – ein Ehekrieg hinter Kalkumer Schloßmauern, in: Heimat-Jahrbuch Wittlaer 1980, Düsseldorf 1979, S. 27 ff.

Hirsch, Helmut: Sophie von Hatzfeldt, Düsseldorf 1981

Hirsch, Helmut: Sophie von Hatzfeldt (1805-1881), in: Rheinische Lebensbilder, Bd.10, Köln 1985, S.121 ff.

Kautsky, Karl: Lassalle und die Gräfin Hatzfeldt, in: Die Gesellschaft, I. (1924), H.4, S.384-399

Kling-Mathey, Christiane: Gräfin Hatzfeldt, Bonn 1989

Kohn, Erwin: Lassalle der Führer, Leipzig/Wien/Zürich 1926

Lassalle: Friedrich-Ebert-Stiftung (Hrsg.): Ferdinand Lassalle 1825-1975, Bonn 1975

Mayer, Gustav (Hrsg.): Ferdinand Lassalle, Nachgelassene Briefe und Schriften; Bd. IV, Lassalles Briefwechsel mit Gräfin Sophie von Hatzfeldt, Stuttgart/Berlin 1924

Mayer, Gustav: Gräfin Sophie von Hatzfeldt, Bismarck und das Duell Lassalle-Racowitza, in: Historische Zeitschrift 134 (1926), S. 47 ff.

Molzberger, I.: Trauerrede auf die hochgeborene Frau Reichsgräfin Sophie von Hatzfeldt-Wildenburg, gehalten am 29.Januar d.J. in der Pfarrkirche zu Frauenstein, Rüdesheim 1881

Oncken, Hermann: Lassalle. Eine politische Biographie, 3.Aufl., Stuttgart/Berlin 1920

Racowitza, Helene von: Meine Beziehungen zu Ferdinand Lassalle, Breslau 1879

Rothfels, Hans: Lassalle und die Gräfin Hatzfeldt, in: Preußische Jahrbücher 198, (1924), Berlin, S.185 ff.

Saenger, S.: Ferdinand Lassalle und Sophie von Hatzfeldt,in: Die Neue Rundschau 35 (1924), S. 173 ff.

Schlesinger, Therese: Lassalle und die Frauen, in: Der Kampf 17 (1924), S.329 ff.

Schulte, Hans: Der Einfluß einer Aristokratin auf den Allgemeinen Deutschen Arbeiterverein, Diss. Graz 1968

Stephan, Cora: Hatzfeldt, Sophie

von, in: Lexikon linker Leitfiguren, hrsg. v. Eduard Jacoby, Frankfurt/Olten/Wien 1988
Valentin, Veit: Lassalle und die Gräfin Hatzfeldt, in: Die Weltbühne, Jg.1925, Nr.15, S.547 ff.
Weidenhaupt, Hugo: Gräfin Sophie von Hatzfeldt und Ferdinand Lassalle, in: Schloß Kalkum, hrsg. von W. Bader, Köln 1968, S.249 ff.

Mary Vetsera und die Bluthochzeit zu Mayerling

Anmerkungen

1 Schaefer, C.: a.a.O., S. 15
2 Günzel, K.: a.a.O., S.34
3 Berliner Illustrierte Zeitung vom 24.4.1932, zit. nach: Hamann, B.: Rudolf. Kronprinz, S. 474
4 Schiel, I.: a.a.O., S. 27
5 Bankl, H.: a.a.O., S. 148
6 Hamann, B.: Elisabeth, S. 557
7 Schaefer, C.: a.a.O., S. 144
8 Baltazzi-Scharschmid/Swistun: a.a.O., S. 204
9 Bankl, H.: a.a.O., S.148 f.
10 Schaefer, C.: a.a.O., S.149 f.
11 Bankl, H.: a.a.O., S.151
12 Schaefer, C.: a.a.O., S. 173
13 ebda., S.164
14 Authentischer Bericht (sogenannter Krauß-Akt), Facsimilia des offiziellen Aktes des k.u.k. Polizeipräsidiums, Zürich 1955
15 Weissensteiner, F.: a.a.O., S. 238
16 Louise von Coburg: a.a.O., S. 137f., S.143
17 Bankl, H.: a.a.O., S.124
18 Weissensteiner, F.: a.a.O., S. 244
19 Hamann, B.: Rudolf. Kronprinz, S.432
20 Mitis, O.v.: a.a.O., S.205
21 Schiel, I.: a.a.O., S.211/ Stockhausen, J.: a.a.O., S. 27
22 Hamann, B.: Rudolf. Kronprinz, S.435
23 Bankl, H.: a.a.O., S. 140
24 Schaefer, C.: a.a.O., S. 76
25 Sokop, B.: a.a.O., S. 191
26 Schaefer, C.: a.a.O., S.71
27 Hamann, B.: Rudolf. Kronprinz, S. 469
28 ebda.,S.468
29 Schaefer, C.: a.a.O., S. 22
30 Hamann, B.: Rudolf. Kronprinz, S. 458

Literatur

Anet, Claude: Mayerling, Wien 1930
Baltazzi-Scharschmid, Heinrich und Hermann Swistun : Die Familien Baltazzi-Vetsera im kaiserlichen Wien, Wien 1980
Bankl, Hans: Woran sie wirklich starben. Krankheiten und Tod historischer Persönlichkeiten, Wien 1989
Bibl, Viktor: Kronprinz Rudolf. Die Tragödie eines sinkenden Reiches, Leipzig-Budapest 1938
Burg, Paul: Das Geheimnis von Mayerling, Leipzig 1927
Coburg, Louise Prinzessin von: Throne, die ich stürzen sah, Zürich-Leipzig-Wien 1926
Dekret der Helene Vetsera. In Bearbeitung von Ernst Edler von der Planitz, Berlin o.J.
Günzel, Klaus: Reifsein zum Tode, in: Die Zeit, Hamburg, 27.Dezember 1991
Hamann, Brigitte: Elisabeth. Kaiserin wider Willen, 3. Aufl., München-Zürich 1989
Hamann, Brigitte: Rudolf. Der Weg

nach Mayerling, Wien-München 1988
Hamann, Brigitte: Rudolf. Kronprinz und Rebell, 3.Aufl., München 1991
Hollaender, Albert E.J.: Steiflichter auf die Kronprinzen-Tragödie in Mayerling, in: Festschrift für Heinrich Benedikt, Wien 1957, S.135 ff.
Holler, Gerd: Mayerling. Die Lösung des Rätsels. Der Tod des Kronprinzen Rudolf und der Baronesse Vetsera aus medizinischer Sicht, Wien-München-Zürich 1980
Hummelberger, Walter: Maria Caspar und Josef Bratfisch. Biografische Notizen, in: Jahrbuch für Geschichte der Stadt Wien, Jg.1963/64, Bd.19/20, S.277 ff.
Judtmann, Fritz: Mayerling ohne Mythos, 2. Aufl. Wien 1982
Kronprinz Rudolf und Maria Vetsera (Königliche Romanzen 7), Hamburg 1991
Larisch, Marie Luise Gräfin, geb. v. Wallersee: Meine Vergangenheit, Leipzig 1937
Loehr, Clemens: Mayerling, eine wahre Legende, Wien-Zürich 1968
Markus, Georg: Rudolf und Miszy Caspar, in: G'schichten aus Österreich, 2. Aufl., Wien 1988
Mitis, Oskar Frhr.von: Das Leben des Kronprinzen Rudolf, Wien 1928, neu hrsg.v. Adam Wandruszka, Wien 1971
Morton, Frederic: Schicksalsjahr Wien 1888/89, Wien 1979
Neck, Rudolf: Über die Abschiedsbriefe des Kronprinzen Rudolf, in: Mitteilungen des Österreichischen Staatsarchivs, 11.Bd., Wien 1958, S. 495 ff.
Planitz, Ernst Edler von: Die volle Wahrheit über den Tod des Kronprinzen Rudolf von Österreich, o.O., o.J.
Polzer, Wilhelm: Licht über Mayerling, Graz 1954
Rudolf. Ein Leben im Schatten von Mayerling. Katalog zur 119. Sonderausstellung des Historischen Museums der Stadt Wien, Wien 1989
Salvendy, John T.: Rudolf. Psychogramm eines Kronprinzen, Wien-München 1987
Schaefer, Camillo: Mayerling. Die Tragödie und ihre Deutungen, Wien 1987
Schiel, Irmgard: Stephanie, Kronprinzessin im Schatten von Mayerling, Wien 1978
Sokop, Brigitte: Jene Gräfin Larisch, Wien 1985
Stephanie Prinzessin von Belgien, Fürstin von Lonyay: Ich sollte Kaiserin werden, Leipzig 1935
Stockhausen, Juliane von: Im Schatten der Hofburg, Heidelberg 1952
Swistun, Hermann: Mary Vetsera. Gefährtin für den Tod, Wien 1983
Weissensteiner, Friedrich: Frauen um Kronprinz Rudolf, Wien 1991

Helene Lupescu und „ihr“ Prinz, der die Welt mit fünf Thronverzichten narrte

Anmerkungen

1 Bassermann, L.: a.a.O., S.289
2 Kober, A.H.: a.a.O., S. 174
3 Hagen, W.:a.a.O., S.279
4 Bassermann, L.: a.a.O., S.295
5 Hillgruber, A.: a.a.O., S.95
6 Laeuen, H.: a.a.O., S. 50
7 Kürenberg, J.v.: a.a.O., S. 217

Literatur

Bassermann, Lujo: Die ungekrönte Geliebte, Wien/Düsseldorf 1967

Cusin, Alex: Die rumänischen Nationalisten und das Bündnis mit Deutschland, Bukarest 1941

Hagen, Walter: Die Geheime Front, Linz/Wien 1950

Heinen, Armin: Die Legion „Erzengel Michael" in Rumänien, München 1986

Hillgruber, Andreas: Hitler, König Carol und Marschall Antonescu, 2. Aufl. Wiesbaden 1965

Hoven, Helene von: King Carol of Roumania, (London) 1940

Kober, August Heinrich: Europäische Fürstenhöfe – damals, Frankfurt a. M. 1938

Kürenberg, Joachim von: Carol II. und Madame Lupescu, Bonn 1952

Laeuen, Harald: Marschall Antonescu, Berlin 1943

Schuster, Hans: Die Judenfrage in Rumänien, Leipzig 1936

Personenregister